全国医药中等职业技术学校教材

公 关 礼 仪

全国医药职业技术教育研究会　组织编写
陈世伟　主编　　李松涛　主审

化学工业出版社
生物·医药出版分社
·北京·

本书是全国医药中等职业技术学校教材，由全国医药职业技术教育研究会组织编写。本教材共九章，从公共关系概述开始，系统讲述了在处理公共关系、参加公关活动时应注意的各种礼仪。内容包括公关礼仪概述、个人礼仪、交往礼仪、日常礼仪、口头语言礼仪、书面语言礼仪、会议和仪式礼仪、商务礼仪、涉外礼仪。本教材内容新颖，事例生动。本书可供中等职业学校各类专业学生使用。也可供对公关礼仪有兴趣的一般读者使用。

图书在版编目（CIP）数据

公关礼仪/陈世伟主编．—北京：化学工业出版社，2006.6（2015.8 重印）
全国医药中等职业技术学校教材
ISBN 978 - 7 - 5025 - 9019 - 2

Ⅰ．公…　Ⅱ．陈…　Ⅲ．公共关系学 - 礼仪 - 专业学校 - 教材
Ⅳ．C912.3

中国版本图书馆 CIP 数据核字（2006）第 071115 号

责任编辑：陈燕杰　余晓捷　孙小芳　　文字编辑：谢蓉蓉
责任校对：洪雅姝　　装帧设计：关　飞

出版发行：化学工业出版社　现代生物技术与医药科技出版中心
（北京市东城区青年湖南街 13 号　邮政编码 100011）
印　　装：三河市万龙印装有限公司
787mm × 1092mm　1/16　印张 13　字数 320 千字　2015 年 8 月北京第 1 版第 7 次印刷

购书咨询：010 - 64518888（传真：010 - 64519686）　售后服务：010 - 64518899
网　　址：http://www.cip.com.cn
凡购买本书，如有缺损质量问题，本社销售中心负责调换。

定　　价：23.00 元

《公关礼仪》编审人员

主　　编　陈世伟　（山东中药技术学院）

主　　审　李松涛　（山东中药技术学院）

副 主 编　赵　瑛　（上海市医药学校）

编　　委　（以姓氏笔画为序）

王　佳　（北京市医药器械学校）

王　莹　（北京市医药器械学校）

陈世伟　（山东中药技术学院）

赵　瑛　（上海市医药学校）

姜丽芳　（山东中药技术学院）

姜厚臻　（山东中药技术学院）

全国医药职业技术教育研究会委员名单

会　长　苏怀德　国家食品药品监督管理局

副会长　（按姓氏笔画排序）

王书林　成都中医药大学峨眉学院
严　振　广东化工制药职业技术学院
陆国民　上海市医药学校
周晓明　山西生物应用职业技术学院
缪立德　湖北省医药学校

委　员　（按姓氏笔画排序）

马孔琛　沈阳药科大学高等职业技术学院
王吉东　江苏省徐州医药高等职业学校
王自勇　浙江医药高等专科学校
左淑芬　河南中医学院药学高职部
白　钢　苏州市医药职工中等专业学校
刘效昌　广州市医药中等专业学校
闫丽霞　天津生物工程职业技术学院
阳　欢　江西中医学院大专部
李元富　山东中药技术学院
张希斌　黑龙江省医药职工中等专业学校
林锦兴　山东省医药学校
罗以密　上海医药职工大学
钱家骏　北京市中医药学校
黄跃进　江苏省连云港中医药高等职业技术学校
黄庶亮　福建食品药品职业技术学院
黄新启　江西中医学院高等职业技术学院
彭　敏　重庆市医药技工学校
彭　毅　长沙市医药中等专业学校
谭骁彧　湖南生物机电职业技术学院药学部

秘书长　（按姓氏笔画排序）

刘　佳　成都中医药大学峨眉学院
谢淑俊　北京市高新职业技术学院

全国医药中等职业技术教育教材建设委员会委员名单

前　言

半个世纪以来，我国中等医药职业技术教育一直按中等专业教育（简称为中专）和中等技术教育（简称为中技）分别进行。自20世纪90年代起，国家教育部倡导同一层次的同类教育求同存异。因此，全国医药中等职业技术教育教材建设委员会在原各自教材建设委员会的基础上合并组建，并在全国医药职业技术教育研究会的组织领导下，专门负责医药中职教材建设工作。

鉴于几十年来全国医药中等职业技术教育一直未形成自身的规范化教材，原国家医药管理局科技教育司应各医药院校的要求，履行其指导全国药学教育、为全国药学教育服务的职责，于20世纪80年代中期开始出面组织各校联合编写中职教材。先后组织出版了全国医药中等职业技术教育系列教材60余种，基本上满足了各校对医药中职教材的需求。

为进一步推动全国教育管理体制和教学改革，使人才培养更加适应社会主义建设之需，自20世纪90年代末，中央提倡大力发展职业技术教育，包括中等职业技术教育。据此，自2000年起，全国医药职业技术教育研究会组织开展了教学改革交流研讨活动。教材建设更是其中的重要活动内容之一。

几年来，在全国医药职业技术教育研究会的组织协调下，各医药职业技术院校认真学习有关方针政策，齐心协力，已取得丰硕成果。各校一致认为，中等职业技术教育应定位于培养拥护党的基本路线，适应生产、管理、服务第一线需要的德、智、体、美各方面全面发展的技术应用型人才。专业设置必须紧密结合地方经济和社会发展需要，根据市场对各类人才的需求和学校的办学条件，有针对性地调整和设置专业。在课程体系和教学内容方面则要突出职业技术特点，注意实践技能的培养，加强针对性和实用性，基础知识和基本理论以必需够用为度，以讲清概念，强化应用为教学重点。各校先后学习了《中华人民共和国职业分类大典》及医药行业工人技术等级标准等有关职业分类、岗位群及岗位要求的具体规定，并且组织师生深入实际，广泛调研市场的需求和有关职业岗位群对各类从业人员素质、技能、知识等方面的基本要求，针对特定的职业岗位群，设立专业，确定人才培养规格和素质、技能、知识结构，建立技术考核标准、课程标准和课程体系，最后具体编制为专业教学计划以开展教学活动。教材是教学活动中必须使用的基本材料，也是各校办学的必需材料。因此研究会首先组织各学校按国家专业设置要求制订专业教学计划、技术考核标准和课程标准。在完成专业教学计划、技术考核标准和课程标准的制订后，以此作为依据，及时开展了医药中职教材建设的研讨和有组织的编写活动。由于专业教学计划、技术考核标准和课程标准都是从现实职业岗位群的实际需要中归纳出来的，因而研究会组织的教材编写活动就形成了以下特点：

1. 教材内容的范围和深度与相应职业岗位群的要求紧密挂钩，以收录现行适用、成熟规范的现代技术和管理知识为主。因此其实践性、应用性较强，突破了传统教材以理论知识为主的局限，突出了职业技能特点。

2. 教材编写人员尽量以产学结合的方式选聘，使其各展所长、互相学习，从而有效地克服了内容脱离实际工作的弊端。

3. 实行主审制，每种教材均邀请精通该专业业务的专家担任主审，以确保业务内容正确无误。

4. 按模块化组织教材体系，各教材之间相互衔接较好，且具有一定的可裁减性和可拼接性。一个专业的全套教材既可以圆满地完成专业教学任务，又可以根据不同的培养目标和地区特点，或市场需求变化供相近专业选用，甚至适应不同层次教学之需。

本套教材主要是针对医药中职教育而组织编写的，它既适用于医药中专、医药技校、职工中专等不同类型教学之需，同时因为中等职业教育主要培养技术操作型人才，所以本套教材也适合于同类岗位群的在职员工培训之用。

现已编写出版的各种医药中职教材虽然由于种种主客观因素的限制仍留有诸多遗憾，上述特点在各种教材中体现的程度也参差不齐，但与传统学科型教材相比毕竟前进了一步。紧扣社会职业需求，以实用技术为主，产学结合，这是医药教材编写上的重大转变。今后的任务是在使用中加以检验，听取各方面的意见及时修订并继续开发新教材以促进其与时俱进、臻于完善。

愿使用本系列教材的每位教师、学生、读者收获丰硕！愿全国医药事业不断发展！

全国医药职业技术教育研究会
2005 年 6 月

编写说明

中华民族素来被称为文明古国、礼仪之邦。其悠久的历史和灿烂的文化，处处体现出炎黄子孙热情、诚恳、礼让、谦和的美德。

21世纪，随着我国改革开放事业的进一步发展和全球化进程的加速，无论组织或个人都需要在日益广泛而频繁的社会交往中，谋求自身发展。时至今日，公共关系已成为人们的日常话题，礼仪问题也日益受到大家的重视。

礼仪的养成有多种渠道，学校培养是一个重要的方面。因此为满足中职在校学生学习公关礼仪的需要，我们组织编写了本书。本书体系完整，注重实践，融科学性、实践性、通俗性于一体。目的是提高学生的公关礼仪水平，加强学生的综合素质。教材每一节的开头通过具体的事例引导本节内容，同时注重语言的优美、流畅。

本教材共分九章，内容包括公关礼仪概述、个人礼仪、交往礼仪、日常礼仪、口头语言礼仪、书面语言礼仪、会议和仪式礼仪、商务礼仪、涉外礼仪。

本书编写分工如下：王佳负责编写第四章；王莹负责编写第八章；陈世伟负责编写第一章、第七章、第九章；赵瑛负责编写第三章、第五章；姜丽芳负责编写第二章；姜厚臻负责编写第六章。

本教材在编写过程中得到了全国医药中等职业技术教育教材建设委员会领导和专家的支持，他们提出许多意见和建议。编写人员对教材结构、有关内容进行了多次修改，使教材趋于完善。谨对各位领导、专家表示衷心感谢。

由于作者水平所限，编写过程中不足之处在所难免，望广大读者不吝指正。

编　者

2006年5月

目 录

第一章　公关礼仪概述

第一节　公共关系概述

【事例】 2005年1月19日8名中国人在伊拉克被武装分子绑架的消息传出后，胡锦涛、温家宝等国家领导人当即指示外交部和驻伊拉克使馆等有关方面，迅速采取有力措施，全力解救被挟持人员。经过多方面几天的艰苦工作，8名中国人质成功获救。不同于有些国家以国家利益高于一切、对人质事件感到无奈，中国领导人成功地在世人面前塑造了人的生命高于一切、以人为本、负责任的大国形象。

一、公共关系的含义

公共关系的定义很复杂，要弄清其含义，先看一下其历史发展情况。

(一) 公共关系的发展阶段

同任何一门学科都会有其产生和发展的过程一样，公共关系也经历了产生和发展的几个阶段。

1. 人类早期的“公共关系”

人类早期的“公共关系”，只是一些萌芽的、类似公共关系的想法、行为，并非现代意义上的公共关系。在2300年前，古希腊著名学者亚里士多德在其《修辞学》中，对如何运用修辞艺术来影响听众的思想和行为进行了阐述。他认为，一个人的修辞能力是其参与政治过程的重要条件之一，因为政治家与公众之间要靠修辞来构架桥梁。古罗马的统治者儒略·凯撒就是这样一位善于修辞、精于沟通的政治家。他为了记录、宣传自己的功绩，专门写了一本记载他的功绩的纪实性著作《高卢战记》。一些西方的公共关系学者将亚里士多德的《修辞学》当作人类历史上最早的公共关系著作，认为《高卢战记》是一流的公共关系著作。

在我国，带有公共关系色彩的事例俯拾皆是。春秋战国时期苏秦周游列国宣讲自己的“合纵”论，使齐、楚、燕、韩、赵、魏六国结成同盟。而魏国人张仪却四方奔走宣传其“连横”观，对六国采用各个击破的办法，终使六国同盟瓦解。这其中苏、张二人的说服、宣传、沟通与现在的公共关系有许多类似之处。三国时期诸葛亮舌战群儒，联吴抗曹，留下许多公关佳话。但他在择人上过分谨慎苛求，致使其在治蜀时人才寥若晨星，表现出在处理内部公共关系上的不足。而刘备待人宽厚，善于用人，身边人才济济。在日常生活中，诸如“天时不如地利、地利不如人和”、“和气生财”、“和为贵”等许多语言，也体现了中国特色的公共关系思想。

2. 现代公共关系兴起的历史条件

现代公共关系的兴起有其特有的条件，大致如下。

(1) 经济条件　经济的发展为公共关系的兴起提供了条件。在资本主义社会之前，农业文明时期，社会的基本单位——一家一户是在血缘乡土观念的基础上构成基本的生产单位，人与人的交往非常简单，甚至是“鸡犬之声相闻，老死不相往来”。在这种情况下，社会基层基本没有所谓公共关系，跟公共关系有关的，也只是表现在政府管理国家等有限的方面。

随着经济的发展，尤其是进入资本主义社会以后，生产活动是社会化的，人们生产的产品必须通过在市场上销售来实现其价值。这时企业要获得成功，就必须争取得到政府有关部门、上下游企业、消费者及相关社会公众的信赖和支持。这就为公共关系的兴起创造了条件。

(2) 科技条件　现代科学技术的发展与进步，为公共关系的兴起提供了技术支持。尤其是交通速度和信息传输速度的提高，汽车、火车、轮船、飞机的出现，电话、电报、广播、电视的发明，极大地缩小了人与人之间的空间距离，扩大了人们的信息占有率。使得每个组织、个人都能够运用这些技术成果，加强与有关对象的沟通，传播对自身有利的信息，扩大自身影响，树立起良好的组织形象和个人形象。

(3) 文化条件　随着历史的进步，人们对社会的认识逐步提高，民众的平等、独立、自由等观念逐渐形成，通过多种文化形式表现出来并成为社会的主流思想，影响着民众的行为。各种组织为了自身利益，必须与有关各方建立起协调的关系。这是公共关系兴起的又一个原因。

(4) 政治条件　在封建时代，由于统治者有着至高无上的权力，民众更多的时候是"草民"。虽然也有"民为重、社稷次之、君为轻"的说法，但实则是"君君臣臣"、"君要臣死，臣不敢不死"。此时所谓的公共关系也多是统治者用来统治、笼络民众的一种手段。随着民主政治的逐渐形成，统治者要维护、巩固自己的统治，就不得不争取民众的支持，要与各界保持良好的关系。这时政府和社会组织就更加注重了解民意，并通过各种传媒宣传自己的政策，争取支持。这就为公共关系的兴起提供了政治条件。

3. 公共关系的发展阶段

公共关系在 19 世纪末 20 世纪初逐渐兴起。简要地说，公共关系的发展经历了如下几个阶段。

(1) 巴纳姆时期　这一时期公共关系不再局限于高层的政治活动和思想宣传，而是"昔日王谢堂前燕，飞入寻常百姓家"，与更广泛的企业组织的谋利活动逐步地结合在一起，表现为有一定的组织性和目的性，这为下一时期公共关系的快速发展打下了基础。

(2) 艾维·李时期　以 1903 年美国著名记者艾维·李在美国正式开办公关事务所为标志，公共关系进入了近代时期。艾维·李开办的公关事务所专门为企业和其他社会组织提供服务，协助客户与社会公众建立良好的关系，因此他被称为"现代公共关系学之父"。

(3) 伯内斯时期　艾维·李时期的公共关系主要是实践经验的积累、丰富，但未形成系统科学的理论，被称为"只有艺术，没有科学"。完成科学理论这一工作的，是美国著名的公共关系学家伯内斯，他系统地研究、阐述了公共关系的有关理论。公共关系也由此进入了伯内斯时代。

(4) 现代时期　以 1955 年国际公共关系学会在英国伦敦的成立为标志，公共关系步入了现代时期。

在这一时期，随着微机、通讯卫星等新科技的运用及交通工具速度的进一步提高，公共关系开始吸收传播学、行为学、心理学等学科的知识，注重研究公众心理、公众舆论，并相应地策划公共关系的实施。公共关系真正走上了科学化、规范化的道路。

(二) 公共关系的含义

公共关系涉及的领域十分广泛，它既是一门新兴的边缘、交叉学科，又是一门应用性、实践性很强的学科，它的定义随着人们对其理解的不同、观察角度的差异而多种多样。1978 年 8 月世界公共关系协会大会上形成的具有代表性和权威性的共识是：公共关系是一门艺术和社会科学。公共关系的实施是分析趋势、预测后果，向机构领导人提供意见，履行一连串有计划的行动，以服务于本机构和公众利益。

除上面这类比较全面、抽象、理论色彩较浓的含义描述外，还有一些虽不全面但比较形象、注重实用性且简单明了的表述，如：

公共关系就是争取公众的喜欢。

公共关系就是百分之九十靠自己做的对，百分之十靠宣传。

公共关系就是说服或左右社会大众的技术。

简而言之，考虑到公共关系是一种组织和公众间的关系；是一种管理职能；是以传播作为手段；是一种有计划的、有益于机构与公众的行动等，我们认为：公共关系即是一个社会组织运用传播的手段使自己与公众相互了解、沟通，从而采取有利行动的职能。

二、公共关系三要素

与关系的三要素对应，公共关系的三要素分别是社会组织、传播、公众。

（一）社会组织

1. 社会组织的含义

社会组织即由特定关系组成的人的集合，如政府、公司、团体、协会等。

2. 公关部门的任务

对每个社会组织而言，其良好的运行都要有内、外部环境支持，要妥善处理好各方面的关系。其中公关部门的任务如下。

（1）调查策划　公关部门采用科学的办法，得出公众对本组织的真实看法，进而以此为依据策划相应的公关方案。

（2）宣传报道　通过编写、制作相应的宣传材料、组织有关活动等多种渠道，对本组织进行宣传；或通过各种媒体对本组织进行宣传报道，达到有利于本组织的目的。

（3）组织协调　在组织内部并非全部工作都由公关部门来完成，而是需要公关部门组织、协调相关部门共同完成。在组织外部，公关部门要协调媒体、公众等相关人员的活动，以使公关工作顺利开展。

（4）参谋决策　公关人员拥有丰富的内部、外部信息，在对信息进行整理、加工的基础上，形成自己的意见、建议，为领导决策进行参谋，协助领导形成正确的决策。

3. 公关人员应具备的素质

公关人员是处理公共关系或公关活动时的主要方面，其自身素质是影响公关任务完成的首要因素。概括而言，公关人员应具备以下素质。

（1）思想素质　思想是行动的指南。作为公关人员，应该有端正的思想；要有自信、热情、开放的心理；要有服务公众、服务大局、注重形象、善于沟通、努力创新等意识，为各项工作的开展打好思想基础。

（2）道德素质　《国际公共关系道德准则》对从业人员有明确的道德规范。我国也有《〈中国公共关系职业道德准则〉·草案及实施方案》。概括地讲，公关人员的道德素质大致包括爱国守法、明礼诚信、恪尽职守、团结协作等几个方面。

（3）能力素质　根据公关人员的职责，要求公关人员应具备以下或其中的几种能力：掌握规则能力、组织协调能力、调查策划能力、宣传表达能力、社交沟通能力、随机应变能力、审美修饰能力等。

（4）知识素质　知识是人类进步的阶梯。广博精深的知识是公关人员不断进步的保证。概括而言，公关人员应具备的知识有：公共关系理论及实务知识，相关学科知识，上知天文、下知地理、中知人情的综合知识。

(二) 传播

传播是连接主体和客体的媒介。通过媒体的传递、传播，社会组织和公众之间交流信息，互相沟通，彼此协调，塑造良好的组织形象。

1. 传播的含义

在社会活动中，人们需要在相互之间表情达意、交流思想、沟通感情、调节行为。这需要通过传播作为媒介来传递相关信息。传播就是人们之间相互交流信息的一种行为。

2. 传播的分类

按照不同的标准传播可分为不同的类别。

(1) 按传播的范围分　按照传播的范围可分为：①自我传播。即人自身内部信息的流转。如心灵独白、自言自语、自身思考、反思等。通常人们说要战胜自我，战胜自我过程中自身的相关活动就是典型的自我传播。②人际传播。即个人对个人，或个人对多人，或多人对多人的传播。如两人间的书信交往、演讲、群口相声等。③组织传播。是指组织按照一定途径要求进行的一定规模的传播。如上级组织对多个下级组织下发文件时的传播。④大众传播。即传播者通过大众传播媒介将信息传递给大量受众的传播活动。譬如电视、报纸、互联网等。

(2) 按照传播的媒介分　按传播媒介可分为：①语言传播。语言是人们交流的主要媒介。这里主要是狭义的指口头语言、文字语言两种传播方式。无论是日常说话以空气为载体、文字以纸张为载体，还是电视、广播、互联网以电磁波、电子为载体，凡是通过声音、文字进行传播的，都是语言传播。②实物传播。主要指物质实体的传播。如一件具体的产品所提供的有关信息。③其他传播。主要包括图片、视频影像等以及人的语调、表情、穿着、风度、气质等传播方式。

3. 善于传播

公关传播的渠道很多，从简单的见面招呼，到举办推介会，再到公关广告，都是公关传播。传播是中性的，既可以传播对组织形象有益的信息，也可以传播负面信息。因此对传播要善加利用，善于传播。

(1) 交往传播　在人际交往中，无论是拜访、接待还是其他交往，都要了解清楚双方的基本情况、意图、办事程序、操作过程等并做好相应的准备。譬如在交际场合两位做公关工作的互不相识的人经自我介绍相互认识，除一见如故的情况外，双方主要是通过自我介绍，告知对方自己的基本情况，并通过沟通增进了解，为以后交往打下基础。之后，若无具体合作事宜双方可以在适当时候互致问候、保持联络、增进感情；若有合作事宜双方则要明白对方为何而来？要达到什么目的？应如何进行？通过交往相互传递善意的、有用的、利于达到目的的信息。

(2) 会议、仪式传播　会议、仪式传播中要注意以下问题。首先，策划好会议或仪式的主题、目的；定好时间、地点、场所、参加人员，并做好邀请、通知工作。其次，备好讲话稿、签到簿、会议议程或活动安排等资料。同时，准备好接待中需要的瓜果、饮料、音响、摄像设备、纪念品，安排好座次、迎送等事宜。最后，随时注意活动的进展，妥善解决计划外或突然出现的各种情况，保证会议、仪式的顺利进行，取得预期的传播效果。

(3) 大众传播　大众传播是指通过广播电视、报刊杂志、互联网等大众传播媒体所进行的传播。大众传播具有覆盖面广、受众多、信息量大、传播及时、可信度和权威性高等特点，是公关工作的重要工具，其褒贬对组织的生存发展具有重要影响。要利用好大众传播，需要注意以下几个方面。①明确媒体的位置。媒体的位置，包括媒体的倾向性、传播范围、主要内容等。在媒体开放度较大的国家，不同的媒体其政治、宗教等倾向性往往不同，与之合作前需要明确其倾向，不能犯方向性错误。不同媒体的传播范围不同，是国家级、省级还是地市级？上没上卫星？媒体是综合的还是新闻的？是体育的还是文艺的？这些都必须清楚。明确媒体的位置还有一个谁请谁的问题。通常，国内某一级别的宣传部、知名度很高、具有相当实力的单位或个人是不用请对应级别媒体的，需要请的只是高级别媒体。但对于大多数组织、单位、企业而言，需要主动地与媒体搞好关系，请媒体为自己进行传播，以提高自身的知名度和美誉度。②明确媒体的要求。媒体的要求主要是指媒体的专业要求。通常，对于不支付费用的免费传播，如新闻性报道，媒体有真实性、时效性、趣味性等要求；对于提供的稿件，除以上要求外，还要求用“倒金字塔”式写作等。而对于支付费用的广告类传播，媒体大都持欢迎的态度，甚至有求于你。此时要注意与媒体积极配合，除及时、全面地提供相关素材外，还要将其作为一种方式，以加强与媒体之间的关系。③处理好与媒体的关系。曾使克莱斯勒公司起死回生的美国著名企业家艾科卡曾幽默地说道：“当某一个人因某事遭到谴责时，新闻界立即予以公布。但当同一个人后来被澄清是无辜的时候，新闻界的报道却很迟缓……对人们的起诉似乎总在头版见报，而对于他们被判无罪的消息却登在第26页上。”由于发行量、收视率、新闻价值等因素的影响，利用“好事不出门、恶事传千里”的民众心理，有的媒体在素材取舍上有报道“问题新闻”的倾向。这种倾向启示我们，无论是为了传播美化自身的信息，还是防止负面消息的被传播，都要处理好与媒体的关系。如积极提供有价值的信息；尊重记者、编辑的意见；平时常联系、常接触，以朋友之礼对待媒体工作者。通过多种方式，与媒体形成良好的互动关系。

(三) 公众

公众是公关工作的对象，是公共关系的客体。

1. 公众的含义

与日常我们所说的人群、人们、群众不同，公众是与公共关系相连的，专指与公关主体有关、是公关对象的那部分人或组织。其含义是：与特定公关主体相对应，为公关主体所作用并与其相互作用的个人或组织的总和。公众的含义有三个要点。

① 公众既可能是个人也可能是某一组织，其是一个动态的集合，并不单纯是某一群特定的人。

② 这些个人或组织是与公关主体相对应的，不是“八竿子打不着”、“鸡犬之声相闻，老死不相往来”无对应关系的。

③ 作为公关对象，公关主体要作用于这些个人或组织，并根据这些个人或组织的反馈改善自己的工作，改善自己的形象。

2. 公众的分类

如同人可分为男女老少高矮胖瘦等一样，根据不同的标准，公众可作出很多分类。如按照公众所处的位置可以分为组织内部的内部公众和组织之外的外部公众；按照重要程度可分为首要公众、次要公众、边缘公众等。这里只按照重要程度进行一下分类。

(1) 首要公众 首要公众是指对组织的生存发展具有决定意义的那部分公众。如开一家药店，其中药品监督管理部门、内部职工、药品供应商、顾客中的大客户都是极其重要的，是首要公众。首要公众对公关工作是最重要的，必须高度重视，尽全力做好相关工作。

(2) 次要公众 次要公众是指与组织的生存发展有关联，但重要程度低的那部分公众。如对开药店而言，当地派出所、消防部门、不经常光顾的顾客等就是次要公众。对次要公众，在公关工作中要统筹兼顾，有时在某一事、某一点上次要公众也可能是首要公众，不能忽视。

(3) 边缘公众　边缘公众是指与组织的生存发展几乎无关的公众。如外地游客对一家很少与旅游业相关的药店而言，几乎没有发生业务的可能，就属于边缘公众。对边缘公众，虽极少有合作可能，但不能漠视。从公关工作而言，山不转水转，水不转人转，谁也难说不会碰到一些特别的机遇。

三、公共关系处理

公共关系处理包括影响公共关系处理的因素及如何处理两个方面。前者主要包括人的性格、人或组织的状态等。后者按照公众所处的位置分为内部公共关系处理和外部公共关系处理。

(一) 影响公共关系处理的因素

对个人或社会组织而言，不同的性格、状态都会影响公共关系的处理。要处理好公共关系，必须了解相关方面的知识。

1. 人的性格类型

一般而言，人的性格决定人的行为特点。心理学家通常将人的性格分为下面四类。

(1) 胆汁质　胆汁质的人通常表现为“直”、“易冲动”。情绪、言语、行为来得快，心理外露，不多思考，口无遮拦，容易暴躁，路见不平便拔刀相助，典型代表如中国古代的张飞、李逵。

(2) 多血质　多血质的人通常表现为“热情”、“富有生气”，热衷于公共事务，善于人际交往。通常认为这类人做公关工作最为合适。典型代表如美国前总统克林顿。即便其卸任多年，仍在世界各地奔波，魅力不减。

(3) 黏液质　黏液质的人通常表现为“温和”、“冷静”、“善思”、“理性”。

典型代表如俄国著名文学家克雷洛夫，为人温文善思，对社会充满理性关怀。在他的文学作品中，这些性格特征都文如其人地体现出来。

(4) 抑郁质　抑郁质的人通常表现为“易感”、“少言”、“喜欢独处”。典型代表如韩国的围棋天才李昌镐，他可以一天不说几句话。再如《红楼梦》中的林黛玉等。

在这四种性格类型中，前两种是日常所说的外向型性格，只是程度不同；后两种是日常所说的内向型性格，也是程度不同。需要说明的是，性格类型的划分是大致的，并不绝对。人在不同时间、不同地点、不同场合可能表现出不同的性格特征。不同性格的人可能有不同的成功方向，但并不决定是否成功。古今中外的成功者中什么性格的人都有。俄国历史上四位著名的文学家普希金、赫尔岑、克雷洛夫、果戈里就分别属于胆汁质、多血质、黏液质、抑郁质性格，普希金与人决斗，果戈里独自写作，都未影响其成功。在考虑自己的性格类型与事业成功关系时，重点需要考虑的是如何扬长避短及以什么态度、什么方法去实现理想，而不是以性格决定论妄自菲薄或任意妄为。

2. 人或组织的状态

人的状态主要指人的心理、位置、重要程度、关系程度等方面。下面主要看心理和位置两项。组织的状态主要是指组织的位置及运行情况。

(1) 人的交往心理　心理影响是指在处理公共关系时双方的心理状况。对个人而言，有四种情况。①刻板印象。初次交往前，都会存有刻板印象。即一方因为对某一类人的普遍看法而形成一个对另一方认识前的印象。②第一印象。初次交往，第一印象十分深刻，一般会成为一段时间内对一个人的看法。③心理定势。任何人都有心理定势，喜怒哀乐都会有一个顺延趋势。④月晕效应。与人交往时常常会出现一白遮百丑的现象，即月晕效应。

对于双方而言，也有四种情况。①相近心理。人们常说的远亲不如近邻、近邻不如对门，老乡见老乡两眼泪汪汪就是这种情况。通常籍贯相同的人、相互距离近的人易于交往。②相似心理。即所谓物以类聚、人以群分。有相同兴趣爱好的人易于交往。③相补心理。如干部搭配中的一文一武即这种情况。④相悦心理。如与知音、知己交往或志同道合的人为了共同的事业走到一起等。

(2) 人的位置　位置是影响公共关系处理的重要因素之一。公关人员在各种场合必须找准自身的位置，使自己的言行举止与自己的位置、身份相符。就相互之间而言，位置主要看级别、看年龄、看性别、看风格等。公关人员要从长远、大局出发，动态地看待每个人的位置，采取得体的行动，塑造良好的形象。

(3) 组织的状态　组织的状态包括：①组织的级别。这是层级社会的必然要求。在可以对比或相对可以对比的组织之间，级别高的组织和级别低的组织有所不同。②组织的规模、影响范围。产值几百亿的大型企业和业务量几百万的小公司不可能在一个层次上。③组织的运行状态。效益良好的企业和濒临破产的企业在处理公共关系时不可同日而语。

(二) 内部公共关系处理

内部公众是首要公众，对一个组织的发展至关重要。内部公共关系依照层级主要分为上下级关系和同级关系。

1. 上级对下级的关系处理

上级对下级，分为对下级部门和对个人两种情况。按照是否直属又可分为直属和不直属领导关系。

(1) 上级领导对下级部门　在组织内部，如果下级部门在自己的分管范围之内，上级领导首先要明确下属部门的人员情况、工作职责、目标任务、工作计划等基本情况，加强管理，督促检查下属部门履行职责和工作进展等情况，协调处理相应关系，完成目标任务，并对目标完成情况进行总结。

如果下级部门不直属自己管理，则要配合其他领导，协调行动，促进整体工作的完成。

(2) 上级领导对下级员工　上级领导对下级员工尤其是自己直属管理的员工，主要是管理职责。①要做到明确职责、知人善任。所辖范围内有哪些岗位，岗位职责是什么，员工有什么特点，能力是否适合、胜任，都应相应地做好安排。②做好督促检查工作。包括员工履行职责情况、遵守劳动纪律情况等。③注重激励。管理的一项重要职责就是激励员工。要采取诸如奖罚分明的奖惩激励、以身作则、言出必行的榜样激励、让员工参与决策的民主管理激励、动之以情的情感激励等多种激励措施，以提高工作效率、效益。④要真正地了解员工，关心员工。管理观念中首要的观念是人本观念。职工是一切工作得以完成的基础。在工作、学习、生活的各个方面要尽可能地了解、关心员工。如了解下级在工作、学习、生活中遇到的困难并给予指导、解决；对下级生活中的重大事宜，如婚丧嫁娶等予以关照、帮助等。真正形成上下同心，齐心协力的工作局面，保持组织良好的生存、发展态势。

2. 下级对上级的关系处理

下级对上级，可以简单地分为直属和不直属两种情况。

(1) 下级对直属上级　直属上级也就是通常所说的顶头上司。作为下属，以下几个方面要注意。①尊重上级，这也是中国传统文化中的一个重要方面。一般而言，上级能担任现在的职务，总有其工作努力、能力强、素质高等多种理由，理应受到尊重。即便对上级有看法、意见，也要体现出起码的尊重。这既是对上级个人的尊重，也是对其所在位置的尊重。对上级的尊重具体表现在认真完成上级交办的各项工作任务；对权力之外、把握不好、决定不了的事宜及时请示；工作完成后及时汇报等方面。即便对个别问题另有异议，也应以合适的方式、途径告知领导。工作中切忌有令不行、敷衍拖拉、马马虎虎、没上没下等不敬行为。②尽职尽责，努力工作。随着社会的发展，过去那种人浮于事混日子的现象将会越来越少。能力型社会、学习型社会将蔚然成风。一名员工，能够完成本职工作是基本要求，并应在此基础上有所创新，有所发展，以使自己不断进步。③要有距离感，注意小节。到领导办公室应先敲门经准许后再进入；在领导办公室不要随便翻看领导的资料、物品等。细微之处见精神，正确处理好与上级的关系，有利于工作的开展，有利于自身的进步。

(2) 下级对非直属上级　对非直属上级，常有人以“管不着”的心态不加注意。其实，上级领导除了具体分管职能外，还有综合管理职能，譬如在各级委员会、办公会上对各类事务的表决权。即便没有这些权力，从尊敬师长、尊敬领导的角度也应该尊敬自己的领导。

3. 同级关系处理

同级关系包括同级部门之间的关系和同级个人之间的关系。良好的部门、个人关系是塑造良好组织形象的基础。

(1) 同级部门关系　同级部门之间，要摆正位置、相互尊重、彼此协调、讲团结、讲大局，在合作、协调的基础上完成各自的职责任务。而不是只看对方的权利、好处，不看对方的辛苦、难处，推诿扯皮，见利益就上，见困难就让，精力内耗，损伤组织累及自身。

(2) 同级个人关系　同级个人之间关系处理如下。①定位明确。大家是利益共同体，即便相互间存有竞争关系，但更重要的是同船共渡的关系。大家要相互支持、相互合作，心往一起想，劲往一起使，努力工作，为组织的发展奠定基础。不能相互拆台、相互指责、相互埋怨、相互揭丑、非议他人。②珍惜友谊。俗话说有缘千里来相会，无缘对面不相识。在一起工作，通俗说是缘分。同事之间应珍视这种缘分，互相关心，互相帮助，形成团结友爱、心情舒畅的工作氛围。③正确处理老少、男女、同事等各种具体关系。在老少之间，要尊老爱幼，不能没大没小、没老没少；在男女之间，既要大大方方，又要注意避嫌；同同事，是人在一天清醒状态中相处时间最长的，尤其要处理好相互关系。

同级个人关系要多忍让，多包涵，同甘共苦。同事有成绩、喜事要热烈祝贺而不是嫉妒贬低；同事遇祸端、丧事要表示同情而不是幸灾乐祸。应避免东家长李家短，鸡毛蒜皮扯个没完。更不能揭人隐私，搬弄是非，将本应很团结、友好的同事关系搅得彼此猜忌，互不信任。

(三) 外部公共关系处理

外部公共关系处理包含的范围很广。与媒体的关系处理在前面已讲到，这里主要看与政府机关、与上下游组织的公共关系处理。

1. 与政府机关的公共关系处理

我们正处于社会主义初级阶段，法制水平、政府职能的转变还不完善。因此少数组织、个人对政府机关有不正确、不全面的看法。如将腐败行为扩大化，认为政府机关不给好处不办事，给了好处乱办事；甚至有个别人对政府机关的印象还是“脸难看、事难办”。毋庸讳言，在过去一段时间内个别地区的个别部门曾有过这样的个别现象。但总而言之，我们看到政府在职能、服务态度等方面比从前已经有了很大的进步，并在继续改善。

正确处理好与政府机关的关系，包括以下几个方面。

(1) 明确关系　对政府机关，要明确双方的关系。每个组织、个人做事不可能完全绕过政府的管理。任何人都要按照宪法所规定的，要爱国、爱社会主义，要拥护党和政府的领导。

(2) 服从领导　对属于政府机关管辖范围内的事务，该请示的请示，该报批的报批，该缴纳的缴纳，该送达的送达，该参加的参加，该执行的执行，积极听从政府机关的号召、倡导，执行政府的政策、规定，服从政府机关的正确领导。

(3) 积极联系　一般而言，政府机关工作人员的政策水平、综合素质比较高，积极地多和政府机关联系，争取和公务人员成为好朋友，主动地寻求他们的指导、帮助，对自己所在组织及个人的事业大有助益。

(4) 遵纪守法　部分人认为要和公务员打交道就少不了吃、请、送。这有片面性。诚然，人不能生活在真空中，和公务员交往也会有礼节、人情方面的往来，但要遵守党纪国法，不能行贿、受贿，害人害己。

2. 与上游组织的公共关系处理

上游组织主要是指企业的上游组织，其公共关系处理如下。

(1) 精于计算　上游组织是企业成本的一个重要方面，要精心计算。一个企业，所进机械、原料、燃料或所进货物等价格的高低，是所获利润多少的决定性因素之一。因此，对上游组织要尽可能地进行精算清楚。

(2) 讲究诚信　市场经济就是法制经济，必须按照游戏规则办事。在经济领域，一个重要的规则就是必须讲究诚信。每个组织、个人必须按法律规定办事，信守承诺，遵守约定，言出必行。不能搞坑蒙拐骗，假冒伪劣。

(3) 关系牢固　在市场经济的海洋中，谁也不敢说自己的企业会一直在风平浪静的环境中平稳地航行。当出现恶劣环境时，企业要能与上游企业进行良好的沟通、合作，寻求支持、帮助。此时，牢固的关系是获得帮助的前提，而牢固的关系是在平时的交往、合作中建立起来的。因此，企业要有相对牢固的上游关系，无论是正常经营还是非常情况下的应对，都对企业的生存发展有着重大作用。

3. 与下游组织的公共关系处理

下游组织主要是指企业的下游组织，其公共关系处理如下。

(1) 质量第一　质量是企业的生命。无论是工业、商业还是服务等行业，各行各业都应将质量放到首位。生产性行业要生产优质产品，服务性行业要提供优质服务。这样，企业的产品才能得到消费者的青睐，企业才能树立起良好的企业形象，得到社会的信赖。很难想象靠生产假冒伪劣产品、靠坑蒙拐骗、做“一锤子买卖”的企业能够生存、发展下去，更遑论有好的发展。

(2) 顾客至上　多年前，为了强调顾客的地位，社会上流行过顾客就是上帝的口号。虽夸张，但道出了问题的实质。不管是哪类企业，最终其产品要由消费者进行消费，才能完成企业的一个循环。赢得了消费者就赢得了市场，赢得了市场就赢得了利润。

落实到具体行动中，顾客至上就是对顾客的充分尊重。譬如一个药店，在店铺卫生、物品摆放、服务快捷周到等工作做好的基础上，顾客进来要热情迎接、主动招呼；顾客询问要正确介绍，百问不厌；顾客挑剔要耐心解释，化解不满；顾客离开要请顾客走好，慎说“欢迎再来”等。

(四) 危机公关处理

俗话说，好事不出门，恶行传千里。现代社会，虽然“好事”也广为传播，但“恶行”似乎传得更快更广。著名投资家巴菲特要求其投资的企业，有好事不一定告诉他，有坏事一定立即告诉他。一个组织取得突出成绩、得到重大荣誉时，大家欢欣鼓舞、皆大欢喜，共祝未来有更好的发展。但当遇到突发性危机事件尤其是重大事件时，如果处理不当，轻则使企业形象、声誉受损，重则可能危及组织的生存。因此，要特别注重危机公关处理。

1. 危机的特性

危机有外部环境导致的，也有内部管理不善造成的，甚至有人为制造的。无论是哪种情况，都具有以下特性。

(1) 突发性　不管是SARS病毒的传播，还是20世纪末的东南亚金融危机，或是美国遭受"9.11"恐怖袭击等，危机发生前虽然可以，也应当有预警、预防，但当危机真正发生时，仍都具有突发性。

(2) 严重性　之所以称为"危机"，就不是日常的小痛小痒，不是一般事故。无论是天灾还是人祸，一旦其发生，如果处理不当，通常会造成严重的后果。

(3) 破坏性　大的方面，如地震、海啸、不时出现的政府丑闻、中国上市公司目前的整体性诚信危机……都具有极大的破坏性；小的方面，如飞机失事、美国安然公司造假、煤炭开采瓦斯爆炸等，也都可能使相关企业停产、破产、倒闭。危机造成的危害是严重的、多方面的。

2. 危机公关处理

危机的特性决定了危机的处理方式。就一个组织而言，危机公关处理的重点是避免引发公众的信任危机，尽量减少对组织形象的损害。

(1) 建立预警　凡事预则立，不预则废。任何危机，即便是所谓飞来横祸，也都可以有一定预警，只是预警的准确程度不同。要预警，就不能麻痹大意、没有防范意识。要具体地分析各类危机可能爆发的时间、范围、影响的程度、造成的损失等。既全面又要有重点地进行监控，能防患于未然的尽最大努力将隐患消除在萌芽状态。无法消除的，应尽早预测、尽快拿出预测结果。

(2) 制定预案　对可能发生的危机，要有针对性的处理预案。可能发生的危机有哪些？谁负责组织处理？危机早期如何处理？危机中如何处理？危机如何善后？谁负责联系新闻媒体？该准备哪些器材设备？谁负责器材设备的保管维护检修等事项，都应该明确、到位，以备应急启动。公关人员应具体地制定好危机公关处理预案。

(3) 立即行动　危机一旦发生，应该立即启动处理预案。人、财、物全部到位，尽早尽快地正确处理。公关人员要保持与信息源、有关领导、公众的联系，负责信息的发布、反馈，妥善处理公众的各种需求。

危机公关处理的目的，是尽量减少对组织形象的破坏。在有些危机的处理中，处理的好，甚至能够变坏事为好事。譬如国外一家足球生产企业，被一家庭妇女以丈夫迷恋足球而告上法庭，闹得沸沸扬扬。法庭的宣判结果无疑会对企业产生影响。该企业的处理方式是：继续扩大事件的影响，使得更多的媒体关注这一案件，搞得人人皆知。然后，大方地认输。等大家从事件中明白过来后，方知企业做了一次绝妙的公关宣传活动，大大提高了企业的知名度，并通过这一案件向世人展示了其足球的质量、魅力。甚至让人怀疑此案件是企业自导自演的天才公关策划。由此可见，只要用心，充分发挥公关人员的创意，组织虽然可能遇到危机，但危机也可能正是一次绝好的公关良机。世界固然时时都有危机，但危机可能正一次次地为天才的公关人员提供着机会。

练习题：

1. 结合自己的心得，你认为公共关系最重要的是什么？

2. 公共关系的三要素是什么？

3. 结合公关人员应具备的素质，做一个提高自身素质的计划。

4. 假如你是一位销售员，你的公众有哪些？

5. 你将如何处理工作后相应的公共关系？

第二节　礼仪概述

【事例】 德国《明镜》周刊曾有这样一篇报道：中国的一些企业老总、官员，因为工作需要，在一家德国人开在上海的礼仪班补习西方礼仪。除不能随地吐痰、当众挖鼻子、要按秩序排队等内容外，还有这样的几个学习细节：喝汤时不要出声响、正式工作餐时不要打手机、说话声音要适当、鸡尾酒会上与陌生人小叙的内容最好是天气等。

我国历来被称为文明古国，礼仪之邦，几千年的历史形成了光辉灿烂的中华文化。礼仪作为文明的一部分，与我国的文明史一样源远流长。在现代社会，礼仪更与每一个人、每一个组织、每一个场合都密切相关。可以说，它既是一个国家文明程度的标志，又是一个民族繁荣兴旺的象征。

一、礼仪的含义

(一) 礼仪的产生与发展

正如恩格斯所说，当世界上许多民族还没有形成的时候，中国就已进入文明时代了。礼仪在中国历史上具有独特的、极其重要的意义。

在人类社会早期，原始人类的生存环境极为恶劣，“茹毛饮血、插羽披皮”、“朝避猛虎、夕避长蛇”。限于当时人们的认识水平，对雷电风雨、人的生死等基本的自然现象无法解释，只能理解为冥冥上天、广袤大地的示意。人们认为只有神灵、祖先能影响人类的繁衍生存、生产生活等活动。于是将神灵看的至高无上，出现了对上天、神灵的敬畏行为，进而演化成敬神祖以求福的仪式，并逐渐由祭神祖到敬老，由敬老而分出长幼尊卑。在日常行为中，人们从御寒遮羞等基本要求出发开始装扮自己，距今约1.8万年的北京山顶洞人就用兽齿、石头做成装饰品，用于装扮自己。用手势、表情表达自己的意向，用拍手、击掌、拉手、拥抱等表示感情，对高兴、喜悦的事手舞之、足蹈之。这些都是礼仪的雏形、萌芽。

随着社会的发展，当人类劳动的收获多于其需求时，人性中自私的消极面使得掌握权力的人开始侵占他人的劳动。为了约束人的行为规范，统治阶层就开始制定各种礼节以维护自己的统治，这从另一个方面促进了礼仪的产生。正如古代《荀子·礼记》中所说：“人生而有欲，欲而不得，则不能无求。求而无度量分界，则不能不争。争则乱，乱则穷。先王恶其乱，故制礼以分之，以善其欲，给人之求，使欲不穷乎物，物必不屈于欲，两者相持而长，礼之所由起也。”

中国的礼仪在周朝时期趋向系统、完备。他们把“礼”与“德”结合起来，将人的言行举止、心理操守制定出一个系统的规范，体现于《周礼》之中，作为统治的工具用以区分贵贱、尊卑。《周礼》分为六篇，详细介绍六类官职，分别是天官、地官、春官、夏官、秋官、冬官。其中春官主管五礼、乐舞等。五礼即吉礼、凶礼、宾礼、军礼、嘉礼。吉礼是祭祀时的礼仪；凶礼主要指丧葬礼仪；宾礼是指诸侯对天子及诸侯之间的礼仪；军礼是军队礼仪；嘉礼是冠礼、婚礼等礼仪。五礼的范围基本包括了中国古代社会生活的各个方面。形成了一套较完整的礼仪规范，甚至到了以礼治国的程度。《周礼》可谓中国的第一部礼仪专著。

周朝的后期，由于统治者无力全面恪守繁杂的礼仪制度，导致了“礼崩乐坏”。直到春秋战国时期，孔子、孟子、荀子等又将礼仪理论推上了一个新的高度。

孔子是著名的思想家、教育家。他编修的《礼仪》，详细记录了战国以前王公贵族生活的各种礼节。孔子认为，“不学礼，无以立”（《论语·季氏篇》），要求人们“非礼勿施，非礼勿听，非礼勿言，非礼勿动”（《论语·颜渊》），倡导“仁者爱人”。孟子发展了孔子的仁学思想，主张“王道”、“仁政”、“以德服人”，讲究“修身”，提出了“民为重、社稷次之、君为轻。”的重要思想。荀子主张“隆礼”，礼法并重。他说，“礼者，贵贱有等，长幼有差，贫富轻重皆有称者也。”（《荀子·富国》），“礼之于正国家也，如权衡之于轻重也，如绳墨之于曲直也。故人无礼不生，事无礼不成，国家无礼不宁。”（《荀子·大略》）

秦始皇统一中国，在全国实行中央集权，推行“书同文”、“行同伦”。到西汉时期，汉武帝刘彻采纳著名思想家董仲舒“罢黜百家，独尊儒术”的建议，实行儒家礼教。董仲舒提出“唯天子受命于天，天下受命于天子”的“天人感应”说。将儒家的礼仪概括为“三纲五常”。“三纲”即“君为臣纲、父为子纲、夫为妻纲”，“五常”即“仁、义、礼、智、信”。与此同时，孔子的追随者们编撰了《礼记》。其中《礼记·曲礼上》中写道：“道德仁义，非礼不成，教训正俗，非礼不备。分争辩讼，非礼不决，君臣上下父子兄弟，非礼不定。宦学事师，非礼不亲，班朝治军，莅官行法，非礼威言不行。祷词祭祀，供给鬼神，非礼不诚不庄。”《礼记》共包括家庭礼仪、服饰制度、师生关系、道德修养等共计49篇。可谓集前代礼仪之大成。与《周礼》、《礼仪》合称为“三礼”。

到盛世唐朝，“三礼”被升格为“礼经”。在国家社会生活的各个方面发挥了重要作用。

宋代推崇程、朱理学，指出“礼即是理也”。程颢、程颐两人认为，“父子君臣，天下之定理”。朱熹进一步说：“仁莫大于父子，义莫大于君臣，是谓三纲之要，五常之本。”当时，还涌现出许多关于家庭礼仪方面的专著，以司马光的《涑水家仪》和朱熹的《朱子家礼》最为有名。

时至明代，礼仪在进步的同时，忠、孝、节、义等礼仪日趋复杂。及至清代，礼仪中“仪”的成分日多，逐步变得烦琐。如品级低的官员见到品级高的官员轻则一跪三叩、重则三跪九叩。这些繁文缛节虽然也起着调节各种社会关系的作用，使人们循规蹈矩地参与社会生活，但其烦琐、虚浮逐步走向事物的反面，许多礼仪变得不合时宜。

20世纪之前，中国的礼仪是以“君权”为轴心的。随着时代从“君权”向“民权”的转变及西风东渐，礼仪发生了根本性的变革。

在清朝末年，一些西方礼仪传入中国。如北洋新军的陆军就以西方的举手礼代替了打千礼。1912年1月1日孙中山就任中华民国临时大总统后，开始破旧立新，以民权代替君权；提倡自由、平等；实行剪辫子、禁缠足；从西方传入的握手礼开始在全国由上层逐渐普及到民间。“五四”运动后，在推翻封建统治、猛烈抨击封建制度的同时，对旧的礼教习俗也进行了深层次的批判，倡导新的文明礼仪。

新中国成立后，中国共产党重视移风易俗，废除了束缚人们思想、行为的“神权”、“天命”、“愚忠愚孝”、“三从四德”等封建礼教。在继承中华民族传统礼仪精华的基础上，确立了同志合作、男女平等、尊老爱幼、礼尚往来等新的社会关系以及与之相对应的礼仪。改革开放以后，随着中外交流的增多，西方的一些礼仪也大量涌入我国。这使我国的礼仪增加了许多新的、符合国际惯例的内容。如称男同志为“先生”，称女同志为“女士”、“小姐”等。当前，随着建设和谐社会的工作不断推进，相信我们文明古国的礼仪水平将上升到更高的层次。

在西方，古希腊哲学家对礼仪有许多论述。如亚里士多德认为："如果不讲礼法、违背正义，人就堕落为最恶劣的动物。"欧洲封建社会鼎盛时期，形成了严格、繁杂的贵族礼仪、宫廷礼仪。如贵族子弟从小就要以做"标准的绅士"为目标，接受礼仪教育。到资本主义时代，奉行"一切人生而自由、平等"，出现了大量礼仪著作。如教育家夸美纽斯编撰的《青年行为手册》，就对青年人应遵守的行为规范做了具体的讲述等。

在现代，作为文明的标志之一，世界各国都非常注重礼仪教育。在新加坡，20 世纪 70 年代李光耀就提出要建设"富而有礼"的国家。到80 年代，又将"忠孝、仁爱、礼义、廉耻"作为治国之方。在日本，到企业工作的新大学生都要接受上岗前的礼仪培训，内容具体到在什么情况下鞠躬 15 度、30 度、45 度等。即便是讲求自由的美国人，在小学阶段也开设专门的礼仪课，教育学生掌握基本的礼仪知识。

(二) 礼仪的含义

礼，繁体字写为"禮"，左边为神，右边为祭物。从字的结构来看，"禮"是祭神以敬天求福。仪，即仪式。这二者合起来，简单理解为人类社会早期的礼仪即是祭神求福的仪式。

古今中外的礼仪含义、形式都各不相同。

1. 古今中外礼仪的区别

(1) 我国礼仪的古今之别　在我国，礼仪的古今差异很大。最大的区别是古代的礼仪主要是为了维护统治阶级的统治而建立在等级、尊卑的基础上，以"君权"为轴心，以"礼"作为重要统治手段的同时，在具体的礼仪掌握上有"礼不下庶人"的说法；而现代礼仪是建立在平等的基础上，是为了标志文明、调节行为，在人们之间建立起和谐愉快的关系。在清朝，官员见到皇帝要下跪叩拜，"君要臣死臣不敢不死"，且是"赐死"，甚至要"株连九族"；现在下级官员见到国家领导人是同志式的握手，官员犯罪要依法进行处理，不牵连无辜。

(2) 中外礼仪的区别　中国礼仪中，血缘关系起着很重要的作用。"老吾老以及人之老，幼吾幼以及人之幼"，尊老爱幼之风自古皆然。中国礼仪讲究含蓄谦虚，强调共性。与中国礼仪不同，西方礼仪讲究的是简单实用，不多客套，坦率直接；提倡个人尊严，强调个人隐私权，讲究平等自由；如"女士优先"，很注意尊重妇女。中国人对年龄大的人经常称"老人家"或"您老"；而西方人认为"老"即"日薄西山"、"不中用"了，他们不服老，不愿被别人称老。在接受别人的礼品时，中国人只表示谢意，一般不当场打开；西方人则要当场打开并表示喜欢和谢意。请客人吃饭，即便美酒佳肴，中国人常客气地使用"略备薄酒、家常便饭"之类的谦词；西方人则明说"这是我们最珍贵的酒，是我精心做的菜"。诸如此类，不胜枚举。

2. 礼仪的含义

在现代社会，礼仪的内涵和外延都发生了很大的变化。《现代汉语词典》中解释"礼仪"为：礼即是社会生活中由于风俗习惯而形成的为大家共同遵守的仪式。礼仪即礼节和仪式。也有学者说礼仪即一定场合应遵守的礼节；礼仪即礼貌等。

礼仪的含义应包括以下几个方面。

(1) 礼仪要针对一定场合　虽然从习惯成自然的角度考虑，人在独处时也要注意自己的礼仪表现，以防止在一定场合中不自觉地表现出不合乎礼仪的行为。但礼仪强调的是一定场合的行为准则和交往规范，一般并不包含一人独处的情况。这也是对个人自由、个人隐私的一种保护。

（2）“礼”是起约束作用的　礼的含义是多方面的。有礼貌之礼，仪节之礼以及人伦之礼等多种区分。礼制、礼教、礼治又从不同侧面表述了礼的内容和功能。广义而言，礼可以扩展到一个时代的规章制度。例如《周礼》、《礼仪》、《礼记》即周朝到汉代期间在政治、经济、社会等多方面的制度。在现代，礼仪作为行为准则和交往规范，虽不与制度相提并论，但它也是对人的行为的一种约束；虽不像法律那样是强制性的，但为了展示个人的素质，表达对对方的尊重、善意，人们在交往中应自觉接受这些约束。

（3）“仪”是一种表现形式　“仪”通常指一个人的外表或某一仪式。在社交活动及日常生活中，人们借助仪容、仪表、仪态，通过称呼、交谈、仪式等多种方式来表现出自己的善意、谦虚、尊重。同时也塑造出自己讲文明、讲礼貌的良好形象。作为组织，通过一定的仪式纪念重大事件，展示组织的发展，同时也宣传了组织的成绩，凝聚了人心，塑造了良好形象。

（4）礼仪的核心是真善美　礼仪中的行为准则和交往规范，以及由此透射出的个人的道德水准、人文修养。归根到底是真善美的外在表现。礼仪不是为了礼仪而礼仪，是为了表达真善美而讲礼仪。真善美要求礼仪必须是内容与形式的有机统一，不符合真善美要求的礼仪是不合时宜的礼仪。一个注重礼仪、在各种场合都能做到彬彬有礼的人，某种程度上就是一个求真、求善、求美的人。

（5）礼仪的内容极为广泛　它包括各种场合人们应遵守的行为准则和交往规范。不同的时间、不同的地点、不同的人群、不同的环境、不同的事务，会形成千变万化、各种各样的场合。在不同的场合，按照行为准则和交往规范，人们会有不同的解读和表现，从而形成门类繁多的礼仪分支。甚至一人独处，也要“慎独”。譬如参加一个舞会，你的事先准备、你的仪容仪表、你的举手投足、你的一言一行、你的气质风度、你的道德修养等，无一不包含在礼仪的内容之中。

（6）礼仪的目的是为了人际关系的和谐　通过一定的礼仪，表现出对对方的尊重、友好，也表现出自己的善意、素质。使人与人之间形成和谐、愉快的关系。在一个和谐友好、大家通情达理、彬彬有礼、没有内耗的氛围中学习、生活、工作，你会感到生命的可贵、生活的美好。礼仪也会出力量、出效益、出人才、出健康。

礼仪即一定场合人们应遵守的行为准则和交往规范。

二、礼仪的特性、原则

通过以上对礼仪含义的分析，可以看出，相对于其他的行为准则和规范，礼仪具有如下特性、原则。

（一）礼仪的特性

礼仪的特性大致分为以下四个方面。

1. 发展性

世界在发展，人类在发展，礼仪当然也在不断地发展。礼仪在不同历史阶段的表现不同，是社会发展的重要标志之一。礼仪的不断发展既有内容的发展也有形式的发展。从内容上，如从以“君权”为轴心发展为以“民权”为轴心；从形式上，如男性发型的变化，从蓄辫到剪辫，从黑发到染成多种颜色，总是在不断的发展、变化着。

2. 共同性

共同性既包含着原理的共同，也包含着内容和形式的共同。具体包括如下。

（1）不同的国家，不同的民族，在具体礼仪上虽然存在差异，但也有共同性。表现在礼仪都是为了表示对对方的友好和尊重，是每个国家、民族、社会各个阶层的成员都应遵守的原则。

（2）在许多大的方面礼仪都是相同的。如礼貌待客、宾主有序、礼尚往来、遵时守约等。

（3）为了方便不同国家、地域、民族的人们互相交往，在发展过程中逐渐形成了通行的礼仪，如握手礼。在世界范围内，除极个别的民族外，无论是什么民族、什么地域、什么性别、什么级别、什么年龄，相互见面都行握手礼。可以预见，随着世界各国间交流与合作的增多，一体化进程的加快，共同性的特点将越来越明显。

3. 传统性

任何礼仪都有其历史传承。礼仪是约定俗成的，这是礼仪的一个重要特性。我国被称为礼仪之邦，几千年来不断地崇礼、习礼，形成了丰富多彩的礼仪、民俗。礼仪的作用也在不断地变化。其他国家也都有各自千百年来约定俗成的传统礼仪。如与世界通行的握手礼相对照，日本人的传统礼仪是鞠躬，佛教国家多是合十，还有拥抱、吻礼等多种不同的传统方式。在我国，传统的座次排列是以左侧为上座，而西方人则以右侧为上座等。

4. 差异性

礼仪的差异性大的方面是由不同的历史文化、不同的传统造成的；小的方面是由不同的风土人情、特定文化约定俗成所造成的。在西方国家女士优先，在阿拉伯国家女士却不能出入社交场合；在正式的带有民族色彩的场合，日本女性着和服，中国女性着旗袍，美国女性则是通行性很强的礼服。礼仪的差异性还表现为个体的差异。每个人的经历、地位、所受教育等的不同，外在表现上就有所不同。有的不拘小节，有的谨言慎行，有的举止有度，有的言行夸张。即便在很细微的地方，也有不同。同样是拱手礼，通常是一手虚握、另一手抱住向对方拱手，但江泽民总书记是十指交叉，朱镕基总理是两手斜握，温家宝总理是近似合十。这都是礼仪差异性的表现。

（二）礼仪的原则

要发挥礼仪的作用，必须坚持其原则，礼仪的原则包括如下。

1. 尊重原则

礼仪所要表现、所要达到的目的是尊重，或说尊敬。《礼记·典礼》的第一句话就是“毋不敬”，尊重是礼仪最重要的原则。所有的礼仪规范都是为了表示尊重。如女士优先表示的是对女士的尊重，握手时下级先伸手是对上级的尊重等。我们常说尊老爱幼、尊师爱生、互相尊重，尊重他人就是尊重自己。在交际场合，每个人必须学会尊重对方，以礼相待，才能营造和谐的氛围。尊重原则也包括自尊，一个不自尊的人不会得到别人的尊重。

2. 遵守原则

礼仪规范是为维护社会生活的稳定及人与人之间的和谐相处而形成的。它反映的是人们的共同要求，是彼此的需要。要满足这种共同需求，就要求人们要自觉地遵循、遵守这些礼仪规范。如遵守时间，既已约定就应准确遵守，按时到达约定、规定的地点。遵守礼仪规范虽不像法律般是必须的，但正如违法犯罪要受到法律的惩处一样，违背了礼仪规范，就会受到社会舆论和人们的议论甚至谴责。

遵守的内容是全方面的。从基本的遵纪守法，到遵守社会公德、职业道德、家庭美德，再到具体的重信守诺、热情待客、举止文明、语言礼貌等。都应该遵守，做到有礼有节。

3. 适度原则

所谓适度，即“过犹不及皆病也”，不能过了，也不能不及。就礼仪而言，就是在各种场合中，要注意相互间的距离、把握好感情的分寸、掌握好行为的尺度，做到仪表得体，语言得当，举止适度。譬如握手，两位男性朋友握手视感情、交往时间等因素可以紧握、双手握、握较长时间，但男女之间就不能这样。

适度原则具体包括如下。

(1) 感情适度　要情真意切、热情大方，而不虚情假意、虚伪应酬。

(2) 语言适度　既诚挚友好、言词得体，又不夸张俗套、阿谀逢迎。

(3) 举止适度　既优雅得体、尊重风俗，又不低三下四、卑躬屈膝。

4. 自律原则

礼仪是在人类社会发展过程中约定俗成的规范。对照这些规范，明礼的人知书识礼、有礼有节；不明礼的人举止失措、粗俗无礼。因此，人需要不停地学习、实践，自觉地遵循礼仪规范，不断提高自己的自我约束、自我控制能力，加强自身修养，提高礼仪水平，做一个通情达“礼”的人。

5. 相互原则

礼仪是为了表示尊重、尊敬，而尊重必须是相互的。“来而不往非礼也”。我们不能只要求对方尊重自己而自己不尊重对方。虽然国家不同、民族差异、官职高低、年龄长幼、性别差异等在礼仪讲究上也有所不同，但必须互相尊重。客人要有“入乡随俗”之心，主人要有“悉听尊便”之意。日常生活中我们常说的尊老爱幼、尊师爱生，周恩来同志与邓颖超同志所定的互敬、互谅、互爱、互让……所表示的都是相互之间的礼仪，而不是单向的有来无往。

三、礼仪的修养

礼仪是行为准则和交往规范，是对人的行为而言的，即“论迹不论心”。但从修养而言，一个人的行为取决于其思想水平、道德水平、学识水平、练习水平等多重因素。

（一）思想修养

思想是行动的指南。一个人的行为表现如何，关键在其思想水平如何。

思想修养包括思想的正确和不走极端。正确的思想，即在各自学习、工作、生活的范围内，在各自的位置上的所思所想符合法律的要求，符合道德的要求、符合礼仪的要求。要学会辩证地、历史地、全面地看问题。如对礼仪的学习，正确的思想是礼仪文明的标志，是个人素质的重要体现，应与时俱进地认真学习，积极锻炼，努力使自己成为一个有礼有节的人。对待礼仪，既不能抱残守缺，食古不化；也不能太新潮另类，超越时代；更不能不修边幅，不通世故，不闻不问，放浪形骸。

思想修养也含有心理修养的成分。正常的礼仪心理包括真诚热情、积极主动、团结友好、实事求是、反应适度等多个方面。不能老气横秋、麻木不仁，不能自以为是、目中无人，不能贪慕虚荣、吹嘘炫耀，不能严于律人、宽以待己，不能听风是雨、过激反应等。要正确地认识自己、正确地评价他人，对人对事反应适度。

（二）道德修养

道德是一定社会调整人与人之间以及人与社会之间相互关系及行为规范的总和。道德修养一般包括如下内容。

1. 明确目标

要学习并把握道德的原则及规范，确立正确的修养目标，指导自己的道德修养实践。

2. 注重修养

要从性格、气质、意志、能力等多个方面使自己诚信踏实、谦虚谨慎、戒骄戒躁，有涵养，有毅力。

3. 以人为镜

要注意观察别人的优点和不足，并自觉学习他人的优点，防范自身出现类似的不足。同时，要虚心听取别人的意见，修正自己的言行。

4. 自我反省

要经常反思自己的言行，多做自我批评，分析并纠正自己的错误和不足，“勿以恶小而为之，勿以善小而不为”，使自己逐步形成良好的道德品质和习惯。

(三) 学识修养

知识是人类进步的阶梯，学习使人进步。人只有不停地学习，才能丰富自己，提高自己。礼仪涉及到的知识非常广泛，包括伦理学、社会学、法学、语言学、美学、风俗习惯等。譬如礼仪的一个很重要的外在表现即求美，要讲求礼仪，美学修养是一个不可忽视的因素。而美学的内容是深邃而又广泛的，包括身体美、心灵美、行为美、语言美、环境美、艺术美、自然美等多种内容。有不少美的东西甚至是只可心领神会而难以言传身教。只有多学习美学等各方面的知识，才能提高自己的情趣、自己的格调，才能“腹有诗书语自华”地表现出优美的礼仪特征，塑造自身的良好形象。

(四) 加强练习

学习礼仪贵在学以致用。练习包括如下方面。

1. 勤于练习

业精于勤而荒于嬉。要将理论上学到的礼仪知识转化成自己的行动，必须经过不断的实践、练习，通过练习使其成为习惯，习惯成为自然。

2. 规范练习

虽然礼仪不会像法律一样要求必须如何，但讲究应该如何。如穿单排扣西装如果只下边一个扣子不扣给人的感觉是正气，全部不扣是帅气，只系下边的扣子便是流气。如果扣的不规范，就会有损自身形象。

3. 系统练习

礼仪的种类很多，不同类别的礼仪要求不同。就主要方面而言，譬如练习学校礼仪，要尊师爱生；练习家庭礼仪，要尊老爱幼；练习公共礼仪，要遵守公德；练习交际礼仪，要善结良缘；练习公关礼仪，要善于沟通；练习涉外礼仪，要知己知彼。不一而举。要系统地、全面地加以练习、实践，才能使自己的综合礼仪水平得到不断的提高。

四、礼仪的作用

礼仪作为人们在一定场合应遵守的行为准则和交往规范，渗透在社会生活的各个方面。在生产、生活等各个方面都发挥着它的作用。如润滑人与人之间的关系，维护社会、家庭的稳定，建立良好的人际沟通等。其主要表现在如下方面。

(一) 示范道德

任何社会的道德都是人们判断是非、善恶、荣辱的标准，是社会中存在的一种虽无形却力量庞大的约束力。礼仪作为道德的外在表现，在道德示范上起着重要作用。孟子说：“父子有亲，君臣有义，夫妇有别，长幼有序，朋友有信。”这之中虽然含有封建的伦理观念，但其中包含的父慈子孝、夫妻相敬如宾、朋友真挚诚信等要求却是任何时代都有其积极意义的礼仪规范。通过礼仪表现出的相互尊重、相互友好、平等自由等都是道德行为中的重要内容。反之，若不讲文明礼貌，为人处世粗枝大叶甚至粗俗无礼，则会被看成是缺乏道德修养的不文明行为。

（二）标志文明

早在我国的西周时代，就有了“见龙在田，天下文明”的说法，指出了“文明”是一种进步的、美好的形态。后来，又有了“经天纬地曰文，昭临四方曰明”的说法，将文明的含义提到很高的高度。

在现代，更是将文明分成物质文明、精神文明和政治文明。礼仪作为文明程度的标志，在人际交往中，可以通过礼仪表现反映出其文明程度；在国际交往中，可以看出其国家的文明程度。一个社会中人的礼仪水平如何，是否具有优雅的仪态、得体的举止，是否有热情友好、诚心好客的风气，是否有相互礼让、女士优先的习惯，是否养成了严于律己、宽以待人的风范等，都直接反映出了一个国家或地区的文明程度。

（三）传递信息

礼仪传出的信息往往是第一位的，能给人以极深的印象。人与人之间的交往，从开始约见、见面，到进一步的交流、建立长久关系，每一个细节中都有礼仪传出的信息。约见时打电话的语气、用词，函件的格式、用语；初次见面时对方的仪表、仪态；交往中的言谈举止、礼尚往来，都包含着丰富的信息。

初次交往，如果你不修边幅，蓬头垢面，对方就会认为你缺乏教养，对对方缺少尊重；如果你语无伦次，举止轻狂，别人就会认为你轻浮、浅薄。老朋友久别相逢会双手紧握，喜不自胜；接待来宾热烈、隆重、周到、热情，都是对客人的最大尊重。

（四）交流感情

感情是人与人之间交往的黏合剂。礼仪虽然是外在表现，但并非只是形式的东西，许多场合都是通过礼仪来表达感情。交往的一方也能从对方给予自己的礼遇中分析判断出对方的心态、意向及情感，并因此影响自己的情绪及决定。若能够产生共鸣，则为以后打下好的基础；若因礼数不周甚至遭遇无礼而使感情冷淡，则为未来的交往设下了障碍。

从某种程度上来说，礼仪对感情的交流起着决定性作用，尤其是第一印象。如果你着装得体、举止优雅、言谈真诚，则会使人乐于与你交往，能够增进双方的感情。如果你随意穿戴、面无表情、东张西望甚至目中无人，则会使对方感到受了侮辱，损伤对方的感情。

（五）调节行为

礼仪对人的行为具有重要的调节功能。其调节作用包括如下方面。

1. 形象调整

一个人自己想成为什么样的人？是温文尔雅还是豪情奔放？是细致周到还是不拘小节？是老成持重还是少年意气？心中有了目标之后，必然在各种场合要为这个目标而努力，从而表现出不同的礼仪风格。

2. 行为调整

礼仪的调节作用还表现在人受场合、氛围的影响而调整自己的行为。通常，他人就像一面镜子，你对他热情，他也会对你热情；你对他不冷不热，他对你也面无笑容。在一个欢歌笑语、热情欢快的氛围中，大家通常都会热情高涨；在一个冷冷清清的氛围中，大家都难有兴致。这都是礼仪的调节作用。

礼仪的作用是多方面的。每个人都应充分认识这些作用并努力使自己知书识礼，以诚相待，以礼待人，在全社会形成讲文明、讲礼貌的良好氛围，促进人类文明的进步。

练习题：

1. 礼仪有什么特性？
2. 礼仪的原则有哪些？
3. 在校期间有哪些重要礼仪必须遵守？

第三节　公关礼仪概述

【事例】 中国人民外交学会会长卢秋田讲过一段他在国外任大使期间的往事。一次，我国一个代表团出访即将归国之际，举行宴会答谢接待方。宴会气氛非常热烈，代表团团长认为这次出访取得了圆满成功。但当代表团走了以后，外方主人却对卢会长说，他非常讨厌这位团长，因为当他进入宴会厅时，代表团团长握着他的手，眼睛却看着他身后的一个人，而且还跟他身后的人讲话。他认为这是对他人格的侮辱。作为一次具有公关性质的活动，代表团团长在握手这一细节上的失误影响了出访效果。

公关礼仪是礼仪的重要分支之一，是随着公共关系的发展而发展的。在我国，因为公共关系从发达国家传入至今只有二十多年的历史，公关礼仪的形成与发展时间很短。但在这很短的时间内，公关礼仪在我们礼仪之邦这片肥沃的土地上很快就开花结果，初步形成了其自有的体系。

一、公关礼仪的含义

公关礼仪是现代文明的产物，是一门交叉学科，在我国的发展时间又很短，对其含义虽然形成了一定共识，但确切定义至今也难以定论。

综合不同观点的共同之处并针对公关礼仪的本质特征，通常认为：公关礼仪是以公共关系活动中的礼仪问题为研究对象，旨在探索处理公共关系时应遵循的行为准则和交往规范。较之日常礼仪、商务礼仪等其他礼仪，公关礼仪更侧重于塑造组织形象，更加规范。同时，因为公关礼仪的主体是每个具体的人或组织，每项准则、规范都要由每个具体的人或组织来落实。由此，从狭义而言，公关礼仪是指公关人员或社会组织在处理公共关系时应遵循的行为准则和交往规范。

如果从广义的角度看公关礼仪，考虑到现代社会每个人都需要有公关意识，都需要自我推销等因素，公关礼仪涵盖的范围可以扩展到礼仪的许多方面。

二、公关礼仪的特征

公关礼仪与其他礼仪相比较，其自身特征包括如下方面。

(一) 公关礼仪侧重于塑造组织形象

一般礼仪主要针对个人而言，讲述个人应遵循的行为准则和交往规范，注重个人自身素质、修养的提高，强调个人形象的塑造。而公关礼仪则是在个人礼仪的基础上，以塑造组织形象为目的，强调公关人员在公关活动中所代表、树立的组织形象，更注重宣传自己的组织，扩大本组织的影响。公关部门的主要职责之一，就是宣传自己的组织、调查本组织在公众中的形象并提供给组织的领导以协助决策。

(二) 公关礼仪更注重时代性

一般礼仪注重传统性，而公关礼仪更注重时代性。在一般礼仪中，多是以风俗为礼，沿用已久的风俗日久成为传统性的礼节。如在我国部分地区招待客人喝酒以劝客人多喝甚至喝多为敬，逢人以递香烟为敬。这在公关活动中一般是不合适的。公关礼仪要求注重时代性，必须与时俱进，跟上时代的潮流。以敬烟敬酒而言，现在是戒烟限酒，个人最好戒烟，一般不要敬烟，公共场合不能抽烟；喝酒应是敬酒不劝酒，更不能强劝。这方面过时的礼仪一般是不受欢迎的。当然，为达到公关目的，入乡随俗、客随主便等礼仪例外。

（三）公关礼仪更为规范

作为行为准则和交往规范，公关礼仪较一般礼仪更加规范。一般礼仪的规范性、标准性在具体的执行过程中并不作严格要求。见面后是否握手？谁先伸手？握一只手还是两只手？握多大力度？多长时间？只要合适、得体即可。而公关礼仪则要求必须标准、到位。必须讲究伸手的顺序、握手的力度、时间。因而较一般礼仪更加规范。

（四）公关礼仪具有广泛适应性

一般礼仪经常受地域、民族等情况的限制，而公关礼仪则具有广泛的适应性。人们常说，百里不同音，十里不同俗。一般礼仪多具有民族特色或地方特色。如藏族在接待贵宾时要献洁白的哈达，而在东南亚一些国家则是献花环。公关活动很可能是多民族、多区域的人员参加，如果一般性见面时众人之间不行握手礼，而是有的拥抱、有的鞠躬、有的合十，则必然产生混乱。当然，从越是民族的越是世界的和入乡随俗的角度考虑，在沟通、共识的基础上，可以采用统一的民族礼仪。如参加在中国举办的APEC会议的各国领导穿唐装等。

三、公关礼仪的内容

公关礼仪是一门正在探索中的新学科，对其内容也正在探求之中。根据公关礼仪的本质要求和特点，结合在校学生的实际，公关礼仪的内容从纵、横两方面大致可分为如下几部分。

（一）纵的方面

1. 公共关系简介

因为公共关系及公关礼仪是最近二十多年才传入我国并迅速兴起的，许多人对这一新学科尚不甚清楚。公关礼仪是处理公共关系时的礼仪规范，是为公共关系的目的服务的。如果不了解公共关系的内容，就很难把握公关活动中的礼仪问题。因此，要简要了解公共关系的形成、定义、要素、处理等基本问题，以便准确把握公关礼仪。

2. 个体礼仪

公关礼仪虽然侧重于树立组织形象，较其他礼仪更加规范，但这一切都以每个具体的个人的礼仪为基础。公关人员个体的礼仪素质上不去，组织形象就无从谈起。个体礼仪大致包括如下。

（1）个人基本礼仪　主要包括仪容、仪表、仪态三个方面。从个人的化妆、发型、佩饰、着装到姿态、表情、风度，以及由之而引申出的个人的修养等。讲述个人如何按照礼仪要求塑造自己的形象、规范自己的言行，为进行公关活动打好基础。

（2）待人接物　主要包括见面、拜访、接待、宴会、赠送接收礼品等个人礼仪。习惯成自然，一个具有公关意识的人无论是在正式的公关场合还是在日常生活中，都应注意相应的礼仪。

3. 公关活动礼仪

一个人独处除了所谓“慎独”所涉及的礼仪外没有其他礼仪问题。而公关活动是多人参与的。公关活动礼仪包括一切公关场合的礼仪。一次迎送活动、一次会议、一场演讲、一场洽谈，诸如此类都存在各方面的礼仪问题。它具体地、规范性地规定在特定场合下应遵循的行为准则和交往规范。

（二）横的方面

传播是公共关系的三要素之一，传播的主要途径是语言。在礼仪中，有许多礼仪是通过语言来表达。因此，语言在公关礼仪中占有突出地位。

从横的方面而言，公关礼仪主要包括口头语言礼仪、书面语言礼仪两大部分。在口头语言礼仪中，主要包括一般交谈、演讲、谈判及电话等礼仪；在书面语言礼仪中，主要包括柬帖、公文、书信、广告礼仪等。

四、公关礼仪与其他学科的关系

公关礼仪是一门新兴的边缘性交叉学科，与诸多学科都有关系。如伦理学、心理学、语言学、美学、风土人情等。弄清公关礼仪与这些学科的关系，对学习公关礼仪大有助益。

（一）与伦理学的关系

作为道德的一种外在表现形式，礼仪是受伦理道德约束的。在女性大门不出二门不迈、男女授受不亲的年代，普通男女之间握手是不合乎当时的伦理要求的，因而也不存在相应的礼仪规范。而在男女平等、女士优先的现代社会，男女握手是很平常的交往需要，符合现代伦理要求，因而也就有了相应的礼仪规范。一般而言，合乎道德的礼仪被人们认同、遵守，不合乎道德的礼仪则不被人们认同、遵守，或随着时代的发展当其合乎道德要求时逐步被接受、认同。

（二）与心理学的关系

礼仪就其根本来讲是内在的反映。一个人的心理既反映在自身的礼仪表现之中，也会使对方通过感受自己的礼仪而产生一系列的心理活动。一个彬彬有礼的人，既是他个人素质的展示，也会通过心理作用使交往对象产生愉悦、被尊重的心理感受，并进而影响其交往对象见贤而思齐。这些依心理规律变化的心理活动对礼仪起着重要作用。研究心理学知识对掌握公关礼仪知识并在实践中准确把握、正确运用有重要意义。

（三）与语言学的关系

人类的主要交流媒介是语言。一个人的语言水平尤其是口才和文才如何，将直接影响其在公关活动中的表现。而口才和文才的表现又要看其是否合乎礼仪。是夸夸其谈、言过其实还是侃侃而谈、措辞严谨？是下笔千言离题万里还是着墨不多却一字千金？一个优秀的公关人员必须在语言上狠下工夫，认真钻研，弄清公关礼仪和语言学之间的关系，为做好公关工作打好根基。

（四）与美学的关系

礼仪的一个重要特征是求美表善。得体的举止，优雅的谈吐，无一不与美相连。从某种程度来讲，合礼合仪的，便是美的。公关人员应掌握美学的基本常识，使自己的言行举止符合美的要求，从而代表、展现出组织的形象，给人以美的感受，得到交往对象的认同、肯定。

（五）与风土人情的关系

风土人情或说风俗是礼仪中需要注意的一个重要方面。每个国家、每个民族甚至每个社区、乡镇都会有独特的风俗习惯。公关人员必须尽可能多地了解不同的风俗民情，以做到入乡随俗，有的放矢，不因对风俗的不了解而做出失礼的事。

公关礼仪作为一门边缘学科，与其他学科交叉渗透，不但有其广泛的知识性，更有很强的实践性。公关人员要在实践中勤学善思，加强修炼，逐步认识、体会。

五、公关礼仪的培养渠道

公关礼仪不是一朝一夕可以学习掌握的，需要通过不断地学习、思考、锻炼。大致的培养渠道有以下几个方面。

（一）自我学习

一个中国公民在国外就必然会向外界展示中国人的形象，从而部分代表了中国的形象，一个地区的人到外地也必然会展示本地区人员的形象，从而部分代表了地区形象，一名公关人员到外单位也必然会展示本组织的形象，从而部分地代表了本单位、本组织的形象。个人是礼仪主体的重要组成部分，个体礼仪水平的高低是整体礼仪水平的基础。只有不断地从自身做起，加强自我修养、不断地学习、思考并进行实践锻炼，从穿衣戴帽到举手投足，从待人接物到言谈措辞，从小场合到大场合，注意每一个礼仪细节，才能逐步提高自己的素质，提高自己的礼仪水准，从而体现出组织的良好形象。

（二）家庭培养

一个人的礼仪养成，家庭的影响是一个重要方面，尤其在人生可塑性极强的青少年时期，家庭教育对个人礼仪的养成至关重要。在每个家庭中，家长从小都会对孩子进行各方面的教育，包括礼仪方面的教育。比如要求孩子站有站相、坐有坐样；大人说话不要乱插嘴；尊老爱幼等。这些教育都是成年后一个人礼仪水平的基础。这方面英国人在用餐时对孩子的要求很值得借鉴：如就餐时要坐正身体，不可坐得太靠前，也不可太靠后；不要将胳膊靠到桌布上；每次叉东西不可太多；吃饭时不要有声音；不准将刀放到嘴中；刀叉不能交叉放置，要刀叉柄向着自己放在菜盘里；将玻璃杯放到盘子的右边等。正是基于这种严格的培养，使得英国成年男性具有绅士风度，女士具有淑女风范。

（三）学校培养

学校教育分两个方面。一是专门开设公关礼仪课程，系统性、针对性地讲授公关礼仪的知识，进行公关礼仪训练，使学生掌握衣食住行、待人接物、公关等场合应注意的礼仪，规范自己的行为，提高学生的公关礼仪水平。二是每个学校都有一整套的校纪校规要求学生遵守，这对学生是很好的公关礼仪基础教育。如要爱国爱民、遵纪守法；要团结友爱、互帮互助；要尊敬老师、认真学习；要勤俭节约、杜绝浪费；要热爱集体、积极参加团体活动；坐立姿势要正确；穿戴要朴素大方；不准随地吐痰；不准随地乱扔杂物；不准打架骂人；不准吸烟酗酒；不准看不健康作品等。这些准则、规范都对学生起到了基础性的教育作用，是公关礼仪的基础。

（四）社会影响

当人经过儿童、少年、青年时期的学习真正踏入社会之后，社会上的礼仪规范就会对自身形成影响。此时社会中各种礼仪中的“讲究”、“说法”、“传统”、“规则”等就会或潜移默化或“不由己”地改变人的思想、行为，使自己日益知书识礼、通情达理，进而变得彬彬有礼，日趋成熟。对公关人员来讲，应该自觉地了解、把握社会中日久形成的各种礼仪规范，与时代同步，不断地学习，提高、完善自身素质。

练习题：

1. 公关礼仪有哪些自身特征？
2. 你认为应该从那几个方面提高自身的个体礼仪？
3. 做一个提高自己公关礼仪水平的计划。

第二章　个人礼仪

几千年的人类文明史证明，人们对文雅的仪风和悦人的仪态一直孜孜以求。而今，随着现代社会人际交往的日渐频繁，人们对个人的礼仪更是倍加关注。个人礼仪是公关礼仪的基础，较之一般生活中的礼仪更为严格。是个人仪表、仪容、言谈、举止等方面的总体规定和待人处世的准则，是个人道德品质、文化素养、教养良知等精神内涵的外在表现。个人礼仪的核心是尊重他人，与人为善，表里如一，内外一致。从表面看，个人礼仪仅仅涉及个人穿着打扮、举手投足之类的小节小事，但小节之处显精神，举止言谈见水平。若置个人礼仪规范而不顾，自以为是，我行我素，小到影响个人的自身形象，大到足以影响社会组织乃至国家和民族的整体形象。

第一节　仪　容

【事例】 某集团董事长有一次要接受电视台的采访。为了郑重起见，事前董事长特意向公司为自己特聘的个人形象顾问咨询有无特别需要注意的事项。对方专程赶来之后，仅仅向董事长提了一项建议：换一个较为儒雅而精神的发型，并且一定要剃去鬓角。对方的理由是：发型对一个人的上镜效果至关重要。果不其然，改换了发型之后的董事长在电视上亮相时，形象确实焕然一新。他的发型使他显得精明强干，他的谈吐使他显得深刻稳健。二者相辅相成，令电视观众们纷纷为之倾倒。

仪容主要是指一个人的容貌。它包括头发、脸庞、耳朵、眼睛、鼻子、嘴巴等。一个人的容貌是与生俱来的，但是也可以通过得体的修饰做到仪容整洁、亮丽出彩。在人际交往中，每个人的仪容都会引起交往对方的特别关注，并将影响到对方对自己的整体评价。整洁的仪容除了悦人外，还能悦己。仪容干净整洁，更容易让别人亲近，在旁人赞许的眼光中，你的自信也就一点一点建立起来了。仪容修饰要依照规范和个人条件，扬长避短，设计、塑造出美好的个人形象。

一、化妆

化妆，是一种通过对美容用品的使用，来修饰自己的仪容，美化自我形象的行为。简单地说，化妆就是有意识、有步骤地来为自己美容。

有一位哲人说："化妆是使人放弃自卑，与憔悴无缘的一味最好的良药。它可以让人们表现得更加自爱，更加光彩夺目。"化妆最实际的目的，是为了对自己的容貌上的某些缺陷加以弥补，以期扬长避短，使自己更加美丽，更为光彩照人。经过化妆之后，人们大都可以拥有良好的自我感觉，身心愉快、振奋精神，缓解来自外界的种种压力。并可以在人际交往中，表现得更为开放、自信、潇洒自如。因此，掌握一些基本的化妆技巧是十分必要的。

(一) 化妆品类型

1. 润肤型化妆品

主要功能是：护理面部、手部以及身体其他部位的皮肤，使之更为细腻、柔滑。有香脂、乳液、洁面霜、润肤蜜、雪花膏等。

2. 美发型化妆品

主要功能是：保护头发，止痒去屑，以及为头发塑造出种种美妙动人的造型。香波、润发素、发蜡、发乳、发油、焗油膏、发胶、摩丝、冷烫液、染发水、生发水等，都属于这一类型。

3. 芳香型化妆品

主要功能是：溢香祛臭、芬芳宜人。有的还兼有护肤、护发和防止蚊虫叮咬等作用。香水、香粉、香粉蜜、花露水、爽肤水等都是这一类型的以芳香为主要特征的化妆品。

4. 修饰型化妆品

主要功能是：通过在面部适当部位的着色，起到扬长避短的目的，使化妆者看起来更加亮丽生辉。最常见的修饰型化妆品有粉饼、油彩、唇膏、眉笔、眼影、睫毛膏、化妆水等。

既然不同类型的化妆品，有其各不相同的功能和特定的使用范围，那么在使用化妆品之前需要了解一下各种化妆品的具体用法。例如，作为油脂性润肤膏的一种，香脂因为含有大量油脂，适合人们在冬季使用。不仅可以滋润皮肤、预防皲裂，而且还可以在一定程度上起到御寒防冻的作用。但是，若将其使用于烈日当空的夏季，非但于化妆者毫无帮助，反而会堵塞皮肤毛孔，妨碍其排污、排汗，甚至会让化妆者生疮、生疖，看上去油光光的，让人产生“油头滑脑”之感。

(二) 化妆类型

1. 工作妆

略施粉黛、淡扫蛾眉、轻点红唇，恰到好处地强化可以充分展现女性光彩与魅力的面颊、眉眼与唇部。工作妆只强调一个“淡”字。它要求着化妆者在化妆后若有若无，自然而然，好似天生如此。

2. 晚妆

宜化得浓艳些，色彩以亮色系为佳，在灯光下会让肤色显得华艳鲜亮。

3. 舞会妆

舞会灯光幽暗，适宜化得浓艳。可适当突出自己的个性。

4. 约会妆

宜化淡妆，追求清纯、清新的化妆效果。

5. 旅游妆

宜淡妆轻描，最好不要涂眼影，描眼线，以免出汗后影响美观。

(三) 化妆基本步骤

1. 沐浴

沐浴时使用浴液，浴后使用润肤蜜保养、护理全身肌肤，并注意保护手部。时间来不及时这一步骤可以省略。

2. 作头发

在沐浴时，使用香波等洗头。浴后吹干头发，冷烫定型。或使用发胶、摩丝等做出可心的发型。

3. 洁面

用洗面奶进一步清洁，或在没有第一步骤时去除油污、汗水与灰尘，使面部彻底清洁。随后，在脸上扑打化妆水，为面部化妆做好准备。

4. 涂敷粉底

先用少量的护肤霜，以保护皮肤免受其他化妆品的刺激。此外，它还有助于使涂敷粉底打底色的工作进行得更容易。接下来，在面部的不同区域使用深浅不同的粉底，使妆面产生立体感。完成之后，即可使用少许定妆粉，来固定粉底。

5. 修饰眉眼

改善眉型，调整眉色。修饰眼型，渲染眼睛魅力。要特别注意，眼睛是心灵的窗户。所谓画龙点睛，一个人眼睛的化妆是重中之重。

6. 美化鼻部

即画鼻侧影，以改变鼻形的缺陷。

7. 打腮红

使用胭脂扑打腮红的目的，是为了修饰美化面颊，使人看上去容光焕发。涂好腮红之后，应再次用定妆粉定妆。

8. 修饰唇形

先用唇笔描出口形，然后填入色彩适宜的唇膏，使其红唇生色。

9. 喷涂香水，美化身体的整体“大环境”。

10. 修正补妆

检查化妆的效果，进行必要的调整、补充、修饰和矫正。

(四) 化妆技巧

1. 不同脸型化妆技巧

(1) 椭圆脸型　椭圆脸是公认的理想脸型，化妆时宜注意保持其自然形状，突出其可爱之处，不必通过化妆去改变脸型。胭脂，应涂在颊部颧骨的最高处，再向上向外揉化开去。唇膏，除嘴唇唇形有缺陷外，尽量按自然唇形涂抹。眉毛，可顺着眼睛的轮廓修成弧形，眉头应与内眼角齐，眉尾可稍长于外眼角。

(2) 长脸型　长脸型的人，在化妆时力求达到的效果应是：增加面部的宽度。胭脂，应注意离鼻子稍远些，在视觉上拉宽面部。抹时，可沿颧骨的最高处与太阳穴下方所构成的曲线部位，向外、向上抹开去。粉底，若双颊下陷或者额部窄小，应在双颊和额部涂以浅色调的粉底，造成光影，使之变得丰满一些。眉毛，修正时应令其成弧形，切不可有棱有角的。眉毛的位置不宜太高，眉毛尾部切忌高翘。

(3) 圆脸型　圆脸型予人可爱、玲珑之感，若要修正为椭圆形并不十分困难。胭脂，可从颧骨起始涂至下颌部，注意不能简单地在颧骨突出部位涂成圆形。唇膏，可在上嘴唇涂成浅浅的弓形，不能涂成圆形的小嘴状，以免有圆上加圆之感。粉底，可用来在两颊造阴影，使圆脸消瘦一点。选用暗色调粉底，沿额头靠近发际处起向下窄窄地涂抹，至颧骨部下可加宽涂抹的面积，造成脸部亮度自颧骨以下逐步集中于鼻子、嘴唇、下巴附近部位。眉毛，可修成自然的弧形，可作少许弯曲，不可太平直或有棱角，也不可过于弯曲。

(4) 方脸型　方脸型的人以双颊骨突出为特点，在化妆时，要设法加以掩蔽，增加柔和感。胭脂，宜涂抹得与眼部平行，切忌涂在颧骨最突出处。可抹在颧骨稍下处并往外揉开。粉底，可用暗色调在颧骨最宽处造成阴影，令其方正感减弱。下颚部宜用大面积的暗色调粉底造阴影，以改变面部轮廓。唇膏，可涂丰满一些，强调柔和感。眉毛，应修得稍宽一些，眉形可稍带弯曲，不宜有角。

(5) 三角脸型　三角脸的特点是额部较窄而两腮较阔，整个脸部呈上小下宽状。化妆时应将下部宽角“削”去，把脸型变为椭圆状。胭脂，可由外眼角处起始，向下抹涂，令脸部上半部分拉宽一些。粉底，可用较深色调的粉底在两腮部位涂抹、掩饰。眉毛，宜保持自然状态，不可太平直或太弯曲。

（6）倒三角脸型 倒三角脸型的特点是额部较宽大而两腮较窄小，呈上阔下窄状。人们常说的“心形脸”，即指这种脸型。化妆时，掌握的诀窍恰恰与三角脸相似，需要修饰部分则正好相反。胭脂，应涂在颧骨最突出处，而后向上、向外揉开。粉底，可用较深色调的粉底涂在过宽的额头两侧，而用较浅的粉底涂抹在两腮及下巴处，造成掩饰上部、突出下部的效果。唇膏，宜用稍亮些的唇膏以加强柔和感，唇形宜稍宽厚些。眉毛，应顺着眼部轮廓修成自然的眉形，眉尾不可上翘，描时从眉心到眉尾宜由深渐浅。

2. 眼睛化妆技巧

（1）小眼睛 画眼线可以明显一些，对眼睛较小的女性来说，眼线是特别重要的，它很容易就能把眼睛加大。

（2）圆形眼睛 眼线可以从眼睛中间处开始往外画，使圆形变得更像杏形。

（3）眼尾下垂 眼线可以画得稍高；眼尾斜吊的，画时可在尾部微微往下描些。

（4）眼睛过大或“金鱼眼” 最好别画眼线，即使画，一定要贴着眼睫毛根。画上眼线时，要从内眼角朝外眼角方向画。画下眼线时，应该从外眼角朝内眼角画，并且在距内眼角约 1/3 处收笔。

选用眼线液颜色时，黑发和皮肤偏黑的人适合用黑色眼线液，其他的适合用深棕色。眼线液和睫毛膏、眼影同时使用，会产生很好的效果。晚上可将有色眼线液和眼影混合使用。

3. 上腮红技巧

（1）圆脸 可将腮红从颧骨中心向靠近鼻梁的部位逐渐拉长，呈长弧形涂抹，再自然地向耳边舒展，渐渐淡下去，可以使脸型产生长一些的视觉效果。

（2）窄长脸型或小脸型 选用浅桃红或艳些的苹果红色的腮红，以颧骨为中心往外侧推抹，横面铺开为扇形，到两颊自然地匀开，可以使脸显得丰满圆润。

（3）颧骨偏高脸型 应选用明亮一些的腮红涂抹在颧骨下边，自然地向周围舒展开，这样可以使高颧骨下面的部位显得丰满，看起来高颧骨就不太突出了。如果颧骨下边凹得较明显，还可以在最凹处再使用更浅点的腮红或淡粉底色，同时淡淡地匀开，上下左右柔和起来。

（4）正常脸型 可以同时使用棕、粉红、淡红偏黄三种颜色的腮红。棕色涂在颧骨下的阴影部位，粉红涂在颧骨处，淡红偏黄颜色涂在颧骨之上和眼外角及眼下部位。

（5）瘦弱、憔悴的面容 腮红要轻柔而圆润地向面颊周围自然地展开，面积可大些。这样，绯红的面颊可使瘦弱、憔悴的面容显得红润、柔和而有光泽。

4. 美唇技巧

要先用唇线笔描好唇线，确定好理想的唇形。唇线笔的颜色要略深或相似于口红的颜色。然后涂好口红或唇彩，涂的时候不要超出先前画好的唇形，最后用纸巾吸去多余的唇膏，并检查一下牙齿上有没有沾上唇彩的痕迹。

5. 香水使用技巧

香水使用不要过量，避免产生适得其反的效果。一般洒在耳朵后面或是手腕的脉搏上。另外手臂内侧和膝盖内侧也是合适的部位。除了直接涂于皮肤，也还可以喷在衣服上，一般多喷在内衣和外衣内侧，裙下摆以及衣领后面。而面部、腋下的汗腺、易被太阳晒到的暴露部位、易过敏的皮肤部位以及有伤口甚至发炎的部位，都不适合涂香水。

（五）化妆原则

1. 化妆要视时间场合而定

在工作时间、工作场合只能允许工作妆。浓妆只有晚上才可以用。外出旅游或参加运动时，不要化浓妆，否则在自然光下会显得很不自然。

2. 不要非议他人化妆

由于文化、肤色以及个人审美观等不同，每个人的化妆不可能是一样的。即便是他人的化妆有不足之处，最好也不要对他人的化妆品头论足。

3. 不要在他人面前化妆

化完妆是美的，但化妆的过程则不一定雅观。

4. 不要借用他人的化妆品

借用他人化妆品不仅不卫生，也不礼貌。

5. 吊唁、丧礼场合不可化浓妆，也不宜抹口红。

二、美发

美发，是指对人们的头发进行护理与修饰。其目的在于使之更加美观大方，适合自身的特点。曾有一位商务礼仪专家指出："每当人们与一位商务人员陌路相逢时，最注意对方的，大都是其发型、化妆、着装等几点。正因为如此，一名商务人员假如不想使本人形象受损，就不能够在外出应酬时不重视上述各点。"美发主要分为护发与理发。前者主要与头发的护理有关，后者则是重点关注头发的修饰问题。

（一）护发

头发必须经常保持健康、秀美、干净、清爽、卫生、整齐的状态。要真正达到以上要求，就必须在头发的洗涤、梳理、养护等几个方面多加注意。

1. 洗涤

洗涤头发，是为了去除灰垢、消除头屑、防止异味、使头发条理分明。此外，它还有助于头发的保养。洗涤头发，最好是每日一次，并且贵在养成习惯。要洗好头发，有如下三条必须注意。

（1）注意水的选择　洗涤头发，宜用大约在摄氏40℃左右的温水。水温过低或过高，都对头发有害而无益。尤其要注意水质，各种矿泉水，包括含碱或含酸过多的矿泉水，均不宜用来洗头。

（2）注意洗发剂的使用　目前，人们洗头时大都会采用一些洗发剂，如香波、护发素等。在选用洗发剂时，除了要使之适合自己的发质外，还应使之具有去污性强、营养柔顺头发、刺激性小、易于清洗等优点。采用洗发剂洗头，一定要将其清洗干净。

（3）注意头发的变干　洗头之后，最好令其自然晾干。此种作法，最有益保护头发。若打算令头发迅速变干，可用电吹风将其吹干，但温度不宜过高，否则会毁伤头发。

2. 梳理

要使一个人的头发看上去整洁秀美、清爽悦目，将其认真梳理整齐，令其线条分明、层次清晰、一丝不苟，是极为重要的。不论从哪一方面来讲，在正常情况下，一个人的头发蓬乱如草，凌乱不堪，都会使其难以为他人所接受。

梳理头发要注意下列三点。

（1）选择适当的工具　梳理头发，不宜直接使用手指抓挠，而应当选用专用的头梳、头刷等梳理工具。其主要标准是不会伤及头发、头皮。在外出上班时，最好随身携带一把发梳，以备不时之用。

（2）掌握梳理的技巧　梳理头发，不但是为了将其理顺，使之成型，也是为了促进头部的血液循环与皮脂分泌，提高头发与头皮的生理机能。要做到这一点，就必须掌握必要的梳理技巧。例如，梳头时用力要适度，用力不宜过重过猛；梳子与头发可形成一定的角度，以促使头发的形状起伏变化；梳子应向某一个方向同向运动，不宜一再循环往复。

(3) 避免在公共场所梳理　梳理头发是一种私人性质的活动。在外人面前梳理自己的头发，会使残发、发屑纷纷飘落的情景尽落他人的眼底，是极不雅观的。

3. 养护

养护头发中的“养”，指的是头发的营养。真正要养护好头发，关键还是要从营养的调理与补充等方面着手。一般认为，辛辣刺激之物，若食用过量，将有损于头发。烟、酒对头发的危害，则尤为严重。若欲减少发屑，应少吃油性大的食物，多吃含碘丰富的食品。欲使头发乌黑发亮，则适宜多吃蛋白质和富含维生素、微量元素的食物，尤其是要多吃核桃一类的坚果，或黑芝麻一类的“黑色食品”。

养护头发之中的“护”，指的是头发的保护。要保护好头发，就要有意识地使之免于接触强碱或强酸性物质，并尽量防止对其长时间曝晒。洗头时使用洗发剂之后，会使头发的养分受到一定的损失，致使其干燥、分叉、断裂甚至脱落。为此，可在洗头之后，酌情地采用适量的护发剂。此外，一些质量好的发乳、发露、发油、发胶以及生发水、亮发蜡等，只要使用得法，也会产生一定的护发作用。

(二) 理发礼仪

头发的修剪，俗称理发。它所指的是，对头发所进行适当的修整，并以将其剪短一定程度为主要特征。

1. 修剪原则

(1) 定期理发　常人在每半个月左右理一次头发是最为恰当的，至少，不宜长于一个月。

(2) 慎选理发方式　具体说来，理发又分为剪、刮、洗、染、吹、烫等不同的方式。对其中一些具体方式可以根据个人爱好，进行自由选择。而对其中的另外一些具体方式，则需要三思而行。

(3) 留意头发长度　以与自己的职业、年龄等相符为好。

2. 选择发型技巧

在为自己选定发型时，除了受到个人品位和流行时尚的左右之外，还往往必须对本人的性别、年龄、发质、脸形、身材、职业等因素重点加以考虑。

(1) 性别　在日常生活中，发型一向被作为区分男女性别的重要的“分水岭”之一。虽然近几年来，发型的选择逐渐呈现出日益多元化的倾向，明星人物和新潮青年们在选择自己的发型时，纷纷地“敢为天下先”：成年男子要么留披肩发，要么梳起小辫儿；妙龄少女则或者理“板寸”，或者剃光头等。此类作法甚至一时蔚然成风。但是以发型分男女，依旧应当是一种人人必须遵守的惯例。

(2) 年龄　在为自己选择发型时，必须客观地正视自己年龄的实际状况。切勿“以不变应万变”，从而使自己的发型与自己的年龄相去甚远。

(3) 发质　发质，即指头发的性质。选择发型之前，必须要首先了解自己的发质，看其有无可塑性。中国人的发质通常被分成硬发、绵发、沙发、卷发等四种类型，它们各具自己的特点，对发型的选择也有互不相同的要求。例如，绵发质的女士若选择“波浪式”发型，往往效果绝佳。

(4) 脸型　人的头发生在头顶，一般下垂到脸旁，因而发型与脸型相辅相成。选择恰当的发型，既可以为自己的脸型扬长避短，更可以体现发型与脸型的和谐之美。具体来讲，不同脸型的人在为自己选择发型时，要注意不同的要求：①椭圆脸型。各种发型都较适宜。男子可侧分或前梳；女子选择两边松软的发型效果更佳。②圆脸型。圆脸型的人五官集中，额头与下巴偏短，双颊饱满，可选择垂直向下的发型。顶发若适当丰隆，可使脸型显长。宜侧分头缝，以不对称的发量与形状来减弱脸型扁平的特征。面颊两侧不宜隆发，不宜留头发帘。③方脸型。方脸型的人面部短阔，两腮突出，轮廓较为平直。在设计其发型时，应重点侧重于以圆破方，以发型来增长脸型。可采用不对称的发缝、翻翘的发帘来增加发式变化，并尽量增多顶发。但勿理寸头，耳旁头发不宜变化过大。额头不宜暴露，不宜采用整齐平整的发廓线。④长脸型。长脸型的人往往会给人以古典感，脸形较美。为其设计发型时，应重在抑“长”。可适当地保留发帘，在两侧增多发容量，削出发式的层次感，顶发不可高隆，垂发不宜笔直。⑤“由”字脸型。“由”字形脸的人，额窄而腮宽，俗称三角形脸。在设计发型时，应力求上厚下薄，顶发丰隆。双耳之上的头发可令其宽厚，双耳之下的头发，则可限制其发量，前额不显裸露在外。⑥“甲”字脸型。“甲”字形脸的人，额宽而鄂窄，俗称倒三角形脸。在理发时，宜选短发型，并露出前额。双耳以下发容量宜适当增多，但切勿过于丰隆或垂直。选择不对称式的发型，效果通常不错。⑦六角脸型。六角形脸的人，又称菱形脸型，主要特征是颧骨突出。理发时，适于避免直发型，并遮掩颧骨。在理短发时，要强化头发的柔美，并挡住太阳穴。理长发时，则应以“波浪式”为主，发廓轻松丰满。

（5）身材　身材有高、矮、胖、瘦之别。身材不同的人，在选择发型时，往往会有许多不同的考虑。①高大型。在发型方面往往可以有比较多的选择。他们可以去理直短发，甚至可以理寸头，也可以长发披肩，或是作成“波浪式”。由于他们身材方面的优势，他们所作的发型多会令其敏捷、精神，而无笨重、迟钝之感。②矮小型。在选择发型时往往会受到一定的限制。最好是为自己选择短发或中长发。顶部头发可略微蓬松高耸，以便利用他人的视觉偏差使自己“显高”。不宜选长发型，尤其是女士们不要去理长过腰部的披肩发，否则只会令自己显得更加矮小。③瘦长型。一般脸较瘦，颈较长，宜选直发、长发或“波浪式”卷发，让自己显得丰盈一些。④矮胖型。一般颈部较短，发不宜留长。最好选略长的短发样式，两鬓要服贴，后发际修剪得略尖。

（6）职业　时下社会所流行的一些新潮发型，例如“崩克式”、“梦幻式”、“爆炸式”、“迷乱式”等，华丽美艳，但不是人人都适合。商务人员在正式场合以“前卫”发型亮相，只会被人认为是不守本分、缺乏主见之辈，绝对不会为自己赢得好评。

在设计与制作发型时，若能对以上几个方面的问题通盘考虑，则必然会使自己的发型既符合惯例，也易于得到他人的认可。

练习题：

1. 为什么要化妆？
2. 化妆的原则是什么？
3. 结合自己的脸型和头型为自己设计一款适当的发型。

第二节　仪　　表

【事例】　有位女职员是财税专家，她有优秀的学历背景，常能为客户提供很好的建议，在公司里的表现一直很出色。但当她到客户的公司提供服务时，对方主管却不太注重她的建议，她所能发挥才能的机会也就不大了。一位时装专家发现这位财税专家在着装方面有明显的缺憾：她26岁，身高157厘米、体重43公斤，看起来机敏可爱，喜爱着童装，像个小女孩，其外表与她所从事的工作相距甚远，所以客户对于她所提出的建议缺少安全感、信赖感，所以她难以实现她的创意。这位时装专家建议她用服装来强调出学者专家的气势，用深色的套装，对比色的上衣、镶边帽子来搭配，甚至戴上重黑边的眼镜。女财税专家照办了。结果，客户的态度有了较大的转变。很快，她成为公司的董事之一。

仪表，即人的外表，由着装、佩饰等构成。在公关场合，一个人的仪表不但可以体现他的素质修养，也可以反映他的审美趣味。穿着得体，不仅能赢得他人的信赖，给人留下良好的印象，而且还能够提高与人交往的能力。相反，穿着不当，举止不雅，往往会降低身份、损害形象。由此可见，仪表是一门艺术，它既要讲究协调、色彩，也要注意场合、身份，同时它又是一种文化的体现。

一、仪表修饰原则

（一）适体性原则

仪表修饰要与个人自身的年龄、体形、肤色、个性气质、职业身份相吻合，表现出一种和谐，这种和谐能给人以美感。

从年龄来说，不同年龄的人有不同的穿着要求。年轻人应穿得鲜艳、活泼、随意一些，体现出年轻人的朝气和蓬勃向上的青春之美。而中、老年人的着装则要注意庄重、雅致、整洁，体现出成熟和稳重。

对于不同体型、不同肤色的人，就应考虑到扬长避短，选择合适的服饰。比如身材矮小的适合穿造型简洁明快、小花型图案的服饰；肤色白净的，适合穿各色服装；肤色偏黑或发红的，忌穿深色服装；肤色偏黄的，最好不要选和肤色相近的或较深暗的服装，如棕色、深灰、土黄、蓝紫色等，它们容易使人显得缺乏生机等。

职业的差异对于仪表的修饰也非常重要。比如，教师的仪表应庄重，医生的穿着要力求显得稳重而富有经验等。

（二）整体性原则

“整体美”是现代穿着中最流行的字眼。仪表修饰应将人视作一个整体，考虑各修饰部位的局部，使妆饰、着装、佩饰三者之间及其与人自身诸多因素之间协调一致，浑然一体，营造出整体风采。

（三）适度性原则

仪表修饰无论是在修饰程度，还是在饰品数量和修饰技巧上，都应把握分寸，自然适度，既雕琢，又似自然天成。不要像个别大款一只手上带五个戒指，给人显摆、夸张的感觉，又好像推销员。

（四）TOP原则

TOP是三个英语单词的缩写，它们分别代表时间（Time）、场合（Occasion）和地点（Place），即着装应该与当时的时间、所处的场合和地点相协调。

1. 时间原则

不同时段的着装规则对女士尤其重要。男士有一套质地上乘的深色西装或中山装足以包打天下，而女士的着装则要随时间而变换。白天工作时，女士应穿着正式套装，以体现专业性；晚上出席鸡尾酒会就需多加一些修饰，如换一双高跟鞋，戴上有光泽的佩饰，围一条漂亮的丝巾；服装的选择还要适合季节气候特点，如春秋季节适合选中浅色调的服装，如棕色、浅灰色等。冬季可以选偏深色的，如咖啡、藏青、深褐色等。夏装可以选淡雅的丝棉织物。

2. 场合原则

衣着要与场合协调。比如，在办公室工作就需要穿着正规的职业装或工作服，喜庆的场合如婚礼、纪念日等可以穿着时尚、潇洒、鲜亮、明快的服装；悲伤场合如葬礼、遗体告别等，参加者的心情是沉重而悲伤的，所以衣着要素雅、肃穆。出席正式宴会时，则可穿中国的传统旗袍或西方的长裙晚礼服；而在朋友聚会、郊游等场合，着装应轻便舒适。

3. 地点原则

在自己家里接待客人，可以穿着舒适但整洁的休闲服；如果是去公司或单位拜访，穿职业套装会显得专业；外出时要顾及当地的传统和风俗习惯，如去教堂或寺庙等场所，不能穿过露或过短的服装。

二、着装

服装不是一种没有生命的遮羞布。它不仅是面料、花色和款式的组合，更是一种社会工具，它向社会中其他的成员传达出一个人的个性、身份、角色、涵养、阅历及其心理状态等多种信息。在人际交往中，着装直接影响到别人对你的第一印象，关系到对你个人形象的评价，同时也关系到一个组织的形象。穿衣是“形象工程”的大事。西方的服装设计大师认为：“服装不能造出完人，但是第一印象的80％来自于着装。”

为了在着装时能够得以得体运用，达到一种和谐统一的整体视觉效果，有必要掌握一些基本的着装原则和禁忌。

（一）男士着装礼仪

在我国，男士较正式的服装有中山装、西装、民族服装。西装产生于欧洲，其造型优美，做工考究，穿着后显得庄重得体，已成为当今国际最标准、通用的礼服，能在各种礼仪场合穿着。对一般人来说，同样一套西装配上不同衬衫、领带，差不多就可以每天穿着并应付各种交际活动了。在各种类别的服装中，男子穿西装的讲究最多，下面着重介绍这方面的常识。

1. 怎样挑选西装

要挑选一身有模有样的西装，需要关注面料、色彩、款式、图案、尺寸、做工等几个方面的细节。

（1）面料　鉴于西装在对外活动中往往充当正装或礼服的用途，面料的选择应力求高档。尽量不要选择用不透气、不散热、发光发亮的面料制作的西装，用高档毛料制作的西装，都具有轻、薄、软、挺的特点。所以，毛料应该是西装面料的首选。

（2）色彩　男士往往把西装视作对外活动的礼服。所以，西装的具体色彩必须显得庄重、正统，而不能过于轻浮和随便。藏蓝色的西装往往是每一位职业男士首选的。另外，还可以选择灰色或棕色的。黑色的西装适合在庄重、肃穆的礼仪性活动中穿着。由于中国人脸色偏黄，在选择颜色时应少选黄色、绿色、紫色，宜选深蓝色、深灰暖性色、中性色等色系。脸色较暗的男士，可选择浅色系和中性色系。

（3）款式　当前，区别西装的具体款式，主要有两种常见的方法：①按件数划分。西装分为单件和套装。依照惯例，单件西装是一件和裤子不配套的西装上衣，仅适用于非正式场合。在正式的场合中所穿的西装，必须是西装套装。西装套装又分为两件套和三件套。两件套西装套装包括上衣和裤子。三件套西装套装包括上衣、裤子和背心。按照传统观点，三件套西装比起两件套西装来，显得更正规。一般参加高层次的对外活动时，可以这么穿着。②按照西装上衣的纽扣数量来划分。西装上衣分为单排扣和双排扣。单排扣的西装上衣比较传统，最常见的有一粒纽扣、两粒纽扣和三粒纽扣三种。一粒纽扣和三粒纽扣单排扣西装上衣穿起来比较时尚，而两粒纽扣的单排扣西装上衣就显得更为正统一些。一般认为双排扣的西装上衣比较与众不同。最常见的有两粒纽扣、四粒纽扣、六粒纽扣三种。两粒纽扣和六粒纽扣两种款式的双排扣西装上衣属于流行的款式，而四粒纽扣的双排扣西装上衣就明显地具有传统风格。

(4) 图案　西装表现的是成熟、稳重。所以西装一般以没有图案为好。唯一例外的是，男士可选择以“牙签呢”缝制的竖条纹的西装。竖条纹的西装，条纹越细密越好。在着装考究的欧洲，最体面的西装，往往就是深灰色的、条纹细密的竖条纹西装。用“格子呢”缝制的西装，在非正式场合才可以穿。

(5) 尺寸　不管西装品牌名气有多大，只要它的尺寸不适合自己，就坚决不要穿，否则反而会有损个人形象。

(6) 做工　一套名牌西装和一套普通西装的显著区别，往往在于两者的做工。其中要把握“六看”：一看衬里是否外露；二看衣袋是否对称；三看纽扣是否缝牢；四看表面是否起泡；五看针脚是否均匀；六看外观是否平整。如果这六方面都良好的话，说明它的做工过关了。

2. 西装的穿着规范

西装的穿着有相当统一严格的模式和要求，只有与之相符的穿着才被认为是合乎礼仪的。其具体的礼仪规范为如下。

(1) 西装的纽扣、口袋　穿双排扣的西装一般应将纽扣都扣上。穿单排扣的西装，如是两粒扣的只扣上面的一粒，三粒扣的则扣中间的一粒或上边两粒。在一些非正式场合，可以不扣纽扣。穿西装时衬衫袖口一定要扣上。西装的上衣口袋和裤袋里，一般不放东西，或只放不致西装变形的东西，东西最好放在西装左右两侧的内袋里。西装的左胸外面有个口袋，这是用来插手帕用的。

(2) 西装与衬衫　穿西装时，衬衫袖口应比西装袖口长出1～2厘米，衬衫领应高出西装领1厘米左右。衬衫下摆必须扎进裤内。若不系领带，衬衫的领口应敞开。若系领带，领口必须扣上。在正式交际场合，衬衫的颜色最好是白色的。

(3) 西装与领带　领带是西装的灵魂。凡是参加正式交际活动，穿西装就应系领带。领带长度以到皮带扣处为宜。若穿马甲或毛衣时，领带应放在它们里面。领带夹一般夹在衬衫的第四、五个纽扣之间。领带的搭配也很重要。上班时应避免选用颜色太浅的领带。如果西装和衬衫属于浅色，就不好衬托对比效果。深色西服可以配颜色较华丽的领带，这时的衬衫应该是纯色的；淡色的西服，领带也要相应素雅一些；如果衬衫的色调强、花纹多，领带也可以相对素雅。青年人可以选择色彩鲜艳、对比强烈的款式，以加强青春朝气；长者应该选择暗色、花型简洁的款式。个子高的应该选外观朴素、雅致大方的；个子矮的适合系斜纹细条的。脖子长的要避免用领结而用大花型领带。面色红润饱满的人应该选择丝绸料的领带，颜色以素净为主。脸色苍白、晦暗的就可以用明亮色调的。

(4) 西装与鞋袜　穿西装时不宜穿布鞋、凉鞋或旅游鞋。庄重的西装要配深褐色或黑色的皮鞋。黑色牛皮鞋和西装最般配。在正式场合穿的皮鞋，应当没有任何的图案、装饰，系带皮鞋是最合适的。一些船形皮鞋、拉锁皮鞋、磨砂皮鞋、翻毛皮鞋等，不适合在正式场合穿着。如果男士穿厚底皮鞋、高跟皮鞋、坡跟皮鞋或高帮皮鞋也会显得不伦不类。

赴约时，皮鞋应该是光亮、整洁的。碰上雨天、雪天拜访他人，要在进门前检查一下鞋底，如果满是泥巴，应采取适当的措施将它除掉。所以，不妨在包里准备上鞋刷、鞋油，以备不时之需。

和西装、皮鞋相配套的袜子，最好是纯棉或纯毛、深色或单色的袜子，黑色比较正规，不要穿白袜子，也不要穿彩袜、花袜或发光、发亮浅色的袜子。决不能穿破损、过大或过小的袜子，也不能赤脚不穿袜子。否则，一坐下露出脚腕部或当遇到需脱鞋席地而坐的场合，恐怕就无地自容了。

3. 领带的学问

在男士穿西装时，最抢眼的，通常不是西装本身，而是领带。因此，领带被称为西装的“画龙点睛之处”。一位只有一身西装的男士，只要经常更换不同的领带，往往也能给人以天天耳目一新的感觉。穿西装套装时，不打领带往往会使西装黯然失色。

(1) 领带的款式　领带的款式，即其形状外观。一般来说，它有宽窄之分，这主要受到时尚流行的左右。选择时，应注意最好使领带的宽度与自己身体的宽度成正比，而不要反差过大。它还有箭头与平头之别。前者下端为倒三角形，适用于各种场合，比较传统。后者下端平头，比较时髦，多适用于非正式场合。

(2) 领带的打法　打领带时，应对领带的结法、领带的长度、领带的位置、领带的佩饰多加注意，才有可能将领带打得完美无缺。①领带的结法。领带扎得好不好看，关键在领带结打得如何。打领带结有三点技巧：一是要把它打得端正、挺括，外观上呈倒三角形。二是可以在收紧领结时，有意在其下压出一个窝或一条沟来，使其看起来美观、自然。三是领带结的具体大小不可以完全自行其是，而应令其大体上与同时所穿的衬衫领子的大小成正比例。需要说明的是，穿立领衬衫时不宜打领带，穿翼领衬衫时适合扎蝴蝶结。②领带的长度。日常所用的领带，通常长约130～150厘米。领带打好之后，外侧应略长于内侧。其标准的长度，应当是下端正好触及腰带扣的上端。这样，当外穿的西装上衣系上扣子后，领带的下端便不会从衣襟下面露出来，当然，领带也别打得太短，不要让它动不动就从衣襟上面露出来。③领带的位置。穿西装上衣系好衣扣后，领带应处于西装上衣与内穿的衬衫之间；穿西装背心、羊毛衫、羊毛背心时，领带应处于它们与衬衫之间；穿多件羊毛衫时（这种情况不合常规，最好不要出现），应将领带置于最内侧的那件羊毛衫与衬衫之间，不要让领带露在西装上衣之外，或是处于西装上衣与西装背心、羊毛衫、羊绒衫、羊毛背心之间，更别让它夹在两件羊毛衫之间。④领带的佩饰。打领带时，在一般情况下，没有必要使用任何佩饰。在轻风徐来、快步疾走之时，听任领带轻轻飘动，很能替男士平添一些潇洒、帅气。有时，为了减少领带在行动时任意飘动带来的不便，或为了不使其妨碍本人工作、行动，可酌情使用领带佩饰。领带佩饰的基本作用是固定、装饰领带。常见的领带佩饰有领带夹、领带针和领带棒。它们分别用于不同的位置，一次只能选用其中的一种。选择领带佩饰，应多考虑金属质地制品，并要求素色为佳，形状与图案要雅致、简洁。其中，领带夹主要用于将领带固定于衬衫上，因此不能只用其夹着领带，或是将其夹在上衣的衣领上。使用领带夹的正确位置，在衬衫从上朝下数的第四粒、第五粒纽扣之间。最好不要让它在系上西装上衣扣子之后外露。如果夹得过分往上，甚至夹在鸡心领羊毛衫或西装背心领子开口处，是非常土气的。领带针主要用于将领带别在衬衫上，并发挥一定的装饰作用。其一端为图案，应处于领带之外，另一端为细链，则应免于外露。使用时，应将其别在衬衫从上往下数第三粒纽扣处的领带正中央。其有图案的一面，宜为外人所见。但是要注意，别把领带针误当领针使用。

领带棒主要用于穿着扣领衬衫时，穿过领带，固定于衬衫领口处。使用领带棒，如果得法，会使领带在正式场合显得既飘逸，又减少麻烦。使用领带佩饰时，要注意宁肯不用，也不要乱用。

（二）女士着装礼仪

“云想衣裳花想容”，相对于稳重单调的男士着装，女士们的着装则亮丽丰富得多。得体的穿着，不仅可以显得更加美丽，还可以体现出一个现代文明人良好的修养和独到的品位。按传统要求，在正式的交际场合，女子一般应穿礼服。但现在多数西方国家对女子的穿着要求并不十分严格。在一般的交际场合，女子可穿各式各样的裙子。不仅如此，即使许多男式服装女子也可以穿用，如夹克衫、牛仔装等。

所有适合职业女性在正式场合穿着的裙式服装中，套裙是首选。它是西装套裙的简称，上身是女式西装，下身是半截式裙子。也有三件套的套裙，即女式西装上衣、半截裙外加背心。

套裙，可以分为两种基本类型。一种是用女式西装上衣和随便的一条裙子进行的自由搭配组合成的“随意型”。一种是女式西装上衣和裙子成套设计、制作而成的“成套型”或“标准型”。

1. 选择套裙

（1）面料　一套在正式场合穿着的套裙，应该由高档面料缝制，上衣和裙子要采用同质地、同色彩的面料。

（2）造型　造型上讲究为着装者扬长避短，所以提倡量体裁衣。上衣注重平整、挺括、贴身，较少使用饰物和花边进行点缀。裙子要以窄裙为主，并且裙长要到膝或者过膝。

（3）色彩　色彩方面以冷色调为主，应当清新、雅气而凝重，以体现着装者的典雅、端庄和稳重。藏青、炭黑、茶褐、土黄、紫红等稍冷一些的色彩都可以，最好不选鲜亮抢眼的。有时两件套套裙的上衣和裙子可以是一色，也可以是上浅下深或上深下浅两种不同的色彩，这样形成鲜明的对比，可以强化它留给别人的印象。另外，还可以采用不同色彩的面料，来制作套裙的衣领、兜盖、前襟、下摆，这样也可以使套裙的色彩看起比较活跃。为避免显得杂乱无章，一套套裙的全部色彩不应超过两种。

（4）搭配　有时候，穿着同色的套裙，可以采用不同色的衬衫、领花、丝巾、胸针、围巾等衣饰来加以点缀，显得生动、活跃。

（5）图案　正式场合穿的套裙，可以不带任何图案，要讲究朴素而简洁。以方格为主体图案的套裙，可以使人静中有动，充满活力。一些以圆点、条纹图案为主的套裙，也可以穿着，但不能用花卉、宠物、人物等符号为主体图案。套裙上不要添加过多的点缀，否则会显得杂乱而小气。如果喜欢可以选择少量且制作精美、简单的点缀。

（6）长短　套裙的上衣和裙子的长短没有明确的规定。一般认为裙短不雅，裙长无神。最理想的裙长，是裙子的下摆恰好抵达小腿肚子最丰满的地方。套裙中的超短裙，裙长应以不短于膝盖以上 15 厘米为限。

2. 套裙穿着和搭配的注意事项

（1）长短适度　上衣最短可以齐腰，裙子最长可以达到小腿中部，上衣的袖长要盖住手腕。

（2）穿着端正　上衣的领子要完全翻好，衣袋的盖子要拉出来盖住衣袋；衣扣一律系上，不允许部分或全部解开，更不允许当着别人的面随便脱下上衣。

（3）注意场合　女士在各种正式活动中，尤其是涉外活动中，一般以穿着套裙为好，其他情况就没必要一定穿套裙。当出席宴会、舞会、音乐会时，可以选择和这类场面相协调的礼服或时装。这种高度放松的场合里，还穿套裙的话，会使你和现场“格格不入”，还有可能影响到别人的情绪。外出观光旅游、逛街购物、健身锻炼时，当然是休闲装、运动装等便装最合适。

(4) 协调妆饰　通常穿着打扮，讲究的是着装、化妆和配饰风格统一，相辅相成。穿套裙时，必须维护好个人的形象，所以不能不化妆，但也不能化浓妆。选配饰也要少，合乎身份。在工作岗位上，可以不佩戴任何首饰。

(5) 兼顾举止　套裙最能够体现女性的柔美曲线，要求举止优雅，注意个人的仪态。穿上套裙后，要站得又稳又正，不可以双腿叉开，东倒西歪。就坐以后，务必注意姿态，不要双腿分开过大，或是翘起一条腿来，抖动脚尖；更不可以脚尖挑鞋直晃，甚至当众脱下鞋来。走路时不能大步地奔跑，而只能小碎步走，步子要轻而稳。拿自己够不着的东西时，可以请他人帮忙，千万不要逞强，尤其是不要踮起脚尖、伸直胳膊费力地去够，或是俯身、探头去拿。

(6) 穿衬裙　穿套裙的时候一定要穿衬裙。特别是穿丝、棉、麻等薄型面料或浅色面料的套裙时。可以选择透气、吸湿、单薄、柔软面料的衬裙，而且应为单色，如白色、肉色等。衬裙必须和外面套裙的色彩相互协调，不要出现任何图案；大小应该合适，不要过于肥大；要把衬衫下摆掖到衬裙裙腰和套裙裙腰之间，不可以掖到衬裙裙腰内。

3. 配套鞋袜的选择

(1) 颜色　用来和套裙配套的鞋子，应该是皮鞋，并且黑色的牛皮鞋最好。和套裙颜色一致的皮鞋也可以选择。袜子，可以是尼龙丝袜或羊毛袜。袜子可以用肉色、黑色、浅灰、浅棕等几种常规选择，最好是单色。鲜红、明黄、艳绿、浅紫色的最好别穿。同时，穿套裙的时候，要有意识地注意一下鞋、袜、裙之间的颜色是否协调。鞋、裙的色彩必须深于或略同于袜子的色彩。如果穿白色套裙、白色皮鞋时穿上一双黑袜子，就只会给人以长着一双“乌鸦腿”的感觉。

(2) 款式　在和套裙搭配穿着时，鞋袜的款式上也有讲究。鞋子应该是高跟、半高跟的船式皮鞋或盖式皮鞋。系带式皮鞋、丁字式皮鞋、皮靴、皮凉鞋等，都不适合采用。高统袜和连裤袜，是和套裙的标准搭配。中统袜、低统袜，绝对不要和套裙同时穿着。不论是鞋子还是袜子，图案和装饰都不要过多。加网眼、镂空、珠饰、吊带、链扣，或印有时尚图案的鞋袜，会给人肤浅的感觉。

(3) 注意事项　鞋袜应当大小相配套、完好无损。穿的时候不要随意乱穿、不能当众脱下。不要同时穿两双袜子，也不可将九分裤、健美裤等当成袜子穿。有些女士喜欢有空便脱下鞋子，或是处于半脱鞋状态。还有个别人经常将袜子撸下去一半，甚至当着外人的面脱去袜子，都是不礼貌的习惯。也不要暴露袜口。暴露袜口，是公认的既缺乏服饰品位又失礼的表现。不仅穿套裙时应自觉避免这种情形的发生，当穿开衩裙的时候就更要注意。

三、佩饰

佩戴首饰的作用不是为了显示珠光宝气，而是要对整体服装起到提示、浓缩或扩展的作用，以增强一个人外在的节奏感和层次感。首饰已经成为大多数人在社交场合经常使用的饰物。如果对佩饰礼仪一无所知难免会弄巧成拙，招人笑话。

最常见的首饰有戒指、项链、耳环、耳钉、手链、手镯、手表、胸针、发饰、领针、脚链等。

(一) 具体的佩戴要求

1. 戒指的佩戴

拇指通常不戴戒指，其余四指戴戒指的寓意是：食指表示求爱或求婚；中指表示正在热恋中；无名指表示已婚；小拇指表示是单身或独身主义者。

一个手指头不要戴多枚戒指，一只手不要戴两只以上的戒指。想在两只手指上戴戒指，最好选择相邻的两只手指，否则就像在中间隔着一座山似的。

戴薄纱手套时戴戒指，应戴在手套里面，只有新娘可以戴在手套外面。戒指的粗细，应该和手指的粗细成正比。

2. 项链的选择和佩戴

项链的粗细，应该和脖子的粗细成正比。一般短项链大概的长度是40厘米，适合搭配低领上装，中长的项链大概是50厘米，可以广泛使用。60厘米的项链适合女士使用在社交场合。短项链适合颈部细长的女士，最好是配V字领上衣。中长度项链尽量不要挂在领口边上，这样会显得土气，它适合搭配领口较宽大的衣服。长项链适合佩戴在衣服外，并搭配款式较为简单的长套裙、长裤、长裙。

选择链坠时要力求和项链在整体上协调一致。正式场合不要选用过分怪异的图形、文字的链坠，也不要同时使用两个以上的链坠。

项链的流行“靓”点是珠链。一长一短错落胸前，是搭配正装的首选。而两条彩色短珠链扭花配同色系的服装或手袋，更显出和谐的美。

3. 耳饰、手镯、手链、脚链的选择和佩戴

耳饰有耳环、耳链、耳钉、耳坠等款式，仅限女性所用，并且讲究成对使用，也就是说每只耳朵上均佩戴一只。工作场合，不要一只耳朵上戴多只耳环。另外佩戴耳环，应兼顾脸型，不要选择和脸型相似形状的耳环，使脸型的短处被强调夸大。

男女都可以佩戴手链，若戴一条，一般戴在左手腕上，也可以两手腕各戴一条。手链可以和手镯同时佩戴，但不要和手表同时戴在一只手腕上。

脚链是当前比较流行的一种饰物，多受年轻女士的青睐，主要适合在非正式场合佩戴。一般只戴一条脚链，两只脚腕都可以戴。如果戴脚链时穿丝袜，就要把脚链戴在袜子外面，让脚链醒目。服务行业人员在工作中不可以佩戴脚链。

4. 胸针、领针、发饰、手表的选择和佩戴

胸针男女都可以佩戴。当穿西装的时候，应别在左侧领上。穿无领上衣时，应别在左侧胸前。发型偏左时，胸针应当居右。发型偏右时，胸针应当居左。具体高度应在从上往下数的第一粒、第二粒纽扣间。在工作中如果要求佩戴身份牌或本单位证章、徽记上岗的话，就不适合再同时佩戴胸针。

领针专门用来别在西式上装左侧领上，男女都可以用，佩戴时戴一只就可以，不要和胸针、纪念章、奖章、企业徽记等同时使用。在正式场合，不要佩戴有广告作用的别针，不要将它别在右侧衣领、帽子、书包、围巾、裙摆、腰带等不恰当的位置。

发饰常见的有头花、发带、发箍、发卡等。通常，头花和色彩鲜艳、图案花哨的发带、发箍、发卡，都不要在上班时佩戴。

在社交场合，佩戴手表，通常意味着时间观念强、作风严谨。在正规的社交场合，手表往往被看作首饰。它也是一个人地位、身份、财富状况的体现。所以男士的手表，往往引人注目。

在正式场合佩戴的手表，黑色是最理想的。在造型上要庄重、保守，避免怪异、新潮，尤其是尊者、年长者更要注意。

另外，在交际场合，特别是和别人交谈时，不要有意无意地看表。否则对方会认为你对交谈心不在焉、不耐烦，想结束谈话。

（二）首饰佩戴的禁忌

像服装一样，首饰也有它自己的季节走向，切不可一条项链戴过春夏秋冬。没有多的首饰可以不戴，否则会显得单调和缺乏韵律。切忌用首饰突出自己身体中不太漂亮的部位。

1. 数量以少为好

在必要时，可以不用佩戴首饰。如果想同时佩戴多种首饰，最好不要超过三种。如果没有特殊要求，一般可以是单一品种的戒指，或者是把戒指和项链、戒指和胸针、戒指和耳钉两两组合在一起使用。如果既佩戴了戒指、项链，又佩戴了胸针、耳钉，甚至再加上一对手镯和一副脚链，它们彼此之间就不好协调，反而给人以烦琐、凌乱和俗气的感觉。

2. 同色最好

如果同时佩戴两件或两件以上的饰品，色彩要尽可能一致。

3. 质地相同

比如戴镶嵌饰品时，要让镶嵌物质地一致，托架也要力求一致。这样能让它们在总体上显得协调。还要注意，高档饰物，特别是珠宝首饰，适用在隆重的社交场合。如果在工作、休闲时佩戴，就显得过于张扬了。

4. 符合身份

选戴首饰时，不仅要照顾个人爱好，更应当服从自己的身份，要和自己的性别、年龄、职业、工作环境保持基本一致，而不要相差太多。

5. 扬长避短

选择佩饰时，应充分正视自身的形体特点，努力使饰品的佩戴为自己扬长避短。避短是其中的重点，扬长就要适时而定。如脖颈上有赘肉和褶皱的女士，就不合适戴太有个性色彩的项链，以免别人过多的关注；手指欠修长丰润的，不要戴镶有大宝石或珍珠的戒指。

6. 与季节吻合

季节不同，戴的首饰也要不同。春夏季可戴轻巧精致些的，以配合衣裙和缤纷的季节；秋冬季可戴庄重和典雅的，可以衬出毛绒衣物的温暖与精致。

7. 与服饰协调

佩戴首饰，是服装整体中的一个环节，要兼顾服装的质地、色彩、款式，并努力让它在搭配、风格上相互般配。

8. 尊重习俗

不同的地区、不同的民族，佩戴首饰的习惯做法也有所不同，要了解并且尊重。

练习题：

1. 仪表修饰要考虑哪些原则？
2. 男士穿西装要注意哪些细节？
3. 职业女性在正式场合应如何着装？
4. 戒指的佩戴有哪些要求？
5. 设计一个自己的佩饰方案。

第三节　仪　态

【事例】 大学生王琳在求职前对自己作了精心包装，购买了名牌服装，到发廊做了时尚的发型。面试时由于过度紧张，双手不停地揉搓衣角，坐姿也不雅，说话时不敢抬头看考官，表现出太多的不自信，结果求职失败。专家提醒，求职形象固然重要，但仪态的美也是十分重要的。

仪态即姿势、表情和风度。仪，指体貌，即体躯之形与容貌之状；态，指情状，即外在之状与内在之质。仪态是一个人精神面貌的外观体现，是一种不说话的“语言”，它反映了一个人的素质、受教育的程度以及能够被人信任的程度。英国著名哲学家培根说过：“相貌的美高于色泽的美，而优雅合适的动作美又高于相貌的美，这是美的精华。”在社交场合中，举止得体、适当，可以给人以美感，留下良好的印象。

一、姿势

姿势，主要指人体在空间的活动、变化的样式。姿势主要有静态的姿势：立、坐、卧、蹲、俯等；动态的姿势：走姿、手势等。我们的祖先对姿势有很形象的描绘：“站如松，坐如钟，行如风，卧如弓。”姿势的基本要求是：秀雅合适，端庄稳重，自然得体，优美大方。具体要求如下。

(一) 站姿

站立姿势，又称站姿或立姿。它是指人在停止行动之后，直立自己的身体，双脚着地，或者踏在其他物体之上的姿势。它是人们平时所采用的一种静态的身体造型，同时又是其他动态的身体造型的基础和起点。

在人际交往中，站立姿势是任何一个人的全部仪态的根本点。如果站立姿势不够标准，一个人的其他姿势便根本谈不上优美和典雅。正确的站姿会给人以挺拔笔直、舒展大方、精力充沛、积极向上的印象。

1. 站姿要求

端正、挺拔、舒展、俊美。

2. 站姿的基本要领

两脚跟相靠，脚尖分开 45°到 60°，身体重心放在两脚上。两腿并拢立直，腰背挺直，挺胸收腹。抬头脖颈挺直，双目向前平视，嘴唇微闭，面带微笑，微收下颌。

3. 常见站姿

(1) 肃立站姿　两脚并拢，两膝绷直并严，挺胸抬头，收腹立腰，双臂自然下垂，下颌微收，双目平视。

(2) 体前交叉式　男士左脚向左横迈一小步，两脚展开，两脚尖与脚跟的距离相等，两脚之间距离小于肩宽为宜，双手在腹前交叉，右手大拇指与四指分开搭在左手腕部，身体重心放在两脚上，腰背挺直，注意不要挺腹或后仰。女士站成右丁字步，即两脚尖稍稍展开，右脚在前，将右脚跟靠于左脚内侧前端，腿绷直并严，腰背立直，两手在腹前交叉，右手握左手的手指部分，使左手四指不外露，左右手大拇指内收在手心处。

(3) 体后交叉式　两脚跟并拢两脚尖展开 60°左右，腿绷直，腰背直立，两手在身后交叉，右手搭左手腕部，两手心向上收。

(4) 体后单背式　站成左丁字步，即左脚跟靠于右脚内侧中间位置，使两脚尖展开成 90°，身体重心放在两脚上，左手后背半握拳，右手自然下垂。

另外也可站成右丁字步，即右脚跟靠于左脚内侧中间位置，使两脚尖展开 90°，右手后背半握拳，左手自然下垂。

(5) 体前单屈臂式　右脚内侧贴于左脚跟处（呈丁字步），两脚尖展开 90°，左手臂自然下垂，右臂肘关节屈，右前臂抬至中腹部，右手心向里，手指自然弯曲，重心放在两脚上。

另外也可以左脚内侧贴于右脚跟处（呈丁字步），两脚尖展开 90°，右手臂自然下垂，左臂肘关节屈，左前臂抬至中腹部，左手心向里，手指自然弯曲，重心放在两脚上。

对于这五种站姿，应根据具体场景选择适合的站姿。如需经常用手为服务对象做递送物品一类的服务，服务人员就可采用肃立站姿、体前交叉式或体前单屈臂式的站姿，这样可方便及时的用手为服务对象进行服务。在日常生活的某些场合，常常有人站着时手足无措，双手不知放在何处才好。站姿可以随着场合进行调整。同别人站着交谈时，如果空着手，可双手在体后交叉，右手放在左手上。若身上背着背包，可利用背包摆出优雅的站姿。向长辈、朋友、同事问候或做介绍时，不论握手或鞠躬，双足应当并立，相距约 10 厘米左右，膝盖要挺直。等车或等人时，两足的位置可一前一后，保持 45°，肌肉放松而自然，并保持身体的挺直。

总之，站的姿势应该是自然、轻松、优美的，不论站立时摆何种姿势，只有脚的姿势及角度和手的位置在变，而身体一定要保持绝对的挺直。

（二）坐姿

坐姿是指人在就座以后身体所保持的一种姿势。坐的姿势，从根本上看，应当算是一种静态的姿势。优雅的坐姿传递着自信、友好、热情的信息，同时也显示出高雅庄重的良好风范。

1. 坐姿要求

坐姿一般要求安稳、雅致、大方、得体。

2. 坐姿基本要领

(1) 入座　入座时，走到座位前，转身后把右脚向后撤半步，轻稳坐下，两腿自然弯曲，两脚平落地面。在正式社交场合，要求男性两腿之间可有一拳的距离，女性两腿并拢无空隙。在日常交往场合，男性可以跷腿，但不可跷得过高或抖动；女性大腿并拢，小腿交叉，但不宜向前伸直。

上体自然挺直，头正，表情自然亲切，目光柔和平视，嘴微闭，两肩平正放松，两臂自然弯曲放在膝上，也可以放在椅子或沙发扶手上，掌心向下。

为使坐姿更加优美，应该注意：入座要轻柔和缓。就坐时不可以扭扭歪歪，两腿过于叉开，不可以高跷起二郎腿，若跷腿时悬空的脚尖应向前，切忌脚尖朝天。坐下后不要随意挪动椅子，腿脚不停地抖动。女士着裙装入座时，应用手将裙装稍稍拢一下，不要坐下后再站起来整理衣服。正式场合与人会面时，10 分钟左右不可松懈，不可以一开始就靠在椅背上。就座时，一般至少坐满椅子的三分之二，不可坐满全部椅子，也不要坐在椅子边上过分前倾；坐沙发时，不要整个人陷在里面。

(2) 离座　起立时，右脚先后收半步然后站起。起立要端庄稳重，不可弄得座椅乱响。

(3) 座位　座位高低不同时，坐姿也有不同要求。①低座位。轻轻坐下，臀部后面距座椅背约 2 厘米，背部靠座椅靠背。如果穿的是高跟鞋，坐在低座位上，膝盖会高出腰部，应当并拢两腿，使膝盖平行靠紧，然后将膝盖偏向你的对话者。偏的角度应根据座位高低来定，但以大腿和上半身构成直角为标准。②较高的座位。上身仍然要挺直，可以跷大腿。其方法是将左腿微向右倾，右大腿放在左大腿上，脚尖朝向前面，切忌右脚尖朝天。③座位适中。两脚尽量向后左方，让大腿和上半身成 90°以上角度，双膝并拢，再把右脚从左脚外侧伸出，两脚外侧相靠。这样不但雅致，而且显得文静而优美。

不论何种坐姿，上身都应保持端正。

3. 常见坐姿

（1）正襟危坐式　又称最基本的坐姿，适用于最正规的场合。要求：上身与大腿，大腿与小腿，小腿与地面，都应当成直角。双膝双脚完全并拢。

（2）垂腿开膝式　多为男性所使用，也较为正规。要求，上身与大腿，大腿与小腿，皆成直角，小腿垂直地面。双膝分开，但不得超过肩宽。

（3）双腿叠放式　适合穿短裙子的女士采用（或处于身份地位高时的场合）。应该造型极为优雅，有一种大方高贵之感。要求：将双腿完全地一上一下交叠在一起，交叠后的两腿之间没有任何缝隙，犹如一条直线。双腿斜放于左右一侧，斜放后的腿部与地面呈45°夹角，叠放在上的脚尖指向地面。

（4）双腿斜放式　适用于穿裙子的女性在较低处就座使用。要求：双膝先并拢，然后双脚向左或向右斜放，力求使斜放后的腿部与地面呈45°角。

（5）双脚交叉式　适用于各种场合，男女皆可选用。要求是：双膝先要并拢，然后双脚在踝部交叉。交叉后的双脚可以内收，也可以斜放，但不宜向前方远远直伸出去。

（6）双脚内收式　适合一般场合采用，男女皆宜。要求：两大腿首先并拢，双膝略打开，两条小腿分开后向内侧屈回。

（7）前伸后屈式　女性适用的一种优美的坐姿。要求，大腿并紧之后，向前伸出一条腿，并将另一条腿屈后，两脚脚掌着地，双脚前后要保持在同一条直线上。

（8）大腿叠放式　多适用男性在非正式场合采用。要求：两条腿在大腿部分叠放在一起。叠放之后位于下方的一条腿垂直于地面，脚掌着地。位于上方的另一条腿的小腿则向内收，同时脚尖向前。

（三）走姿

走姿以人的站姿为基础，实际上属于站姿的延续动作。与其他姿势所不同的是，它自始至终都处于动态之中，它体现的是人类的运动之美和精神风貌。

对走姿的要求虽不一定非要做到古人所要求的“行如风”，至少也要做到不慌不忙，稳重大方。不同情况对走姿的要求是不同的。一般来说，标准的行走姿势，要以端正的站立姿态为基础。

1. 走姿要求

（1）女性：轻松、敏捷、健美。

（2）男性：稳健、庄重、刚毅。

2. 走姿基本要领

（1）要领　双目向前平视，面带微笑，微收下颌。上身挺直，头正、挺胸收腹，重心稍前倾。手臂伸直放松，手指自然弯曲，摆时要以肩关节为轴，上臂带动前臂向前，手臂要摆直线，肘关节略屈，前臂不要向上甩动，向后摆动时，手臂外开不超过30°。前后摆的幅度为30～40厘米。两腿之间的距离一般标准是：一脚踩出落地后，脚跟离未踏出一脚脚尖的距离恰好等于自己的脚长。出步和落地时脚尖都正对前方。走路要用腰力，要有韵律感。如果走路时腰部松懈，就会有吃重的感觉，不美观；如果拖着脚走路，更显得没有朝气。

（2）注意事项　行走时应注意，最忌步态不雅，走成内八字和外八字；不要弯腰驼背、歪肩晃膀；不要步子太大或太碎，更不能奔来跑去；走路时不要大甩手，扭腰摆臂，左顾右盼；不要双腿过于弯曲，走路不成直线；不要脚蹭地面；不要横冲直撞，行进中一定要目中有人，尽量减少在人群中穿行的机会；不要双手插裤兜；不要阻挡道路，多人一起行走不要排成横队；不要悍然抢行。

3. 几种特例下的走姿要求

（1）陪同引导　在陪同引导对方时，应注意方位、速度、关照及体位等方面。如：双方并排行走时，陪同引导人员应居于被陪同人员的左侧。如果双方单行行走时，要居于被陪同人员左前方约 1 米左右的位置。当被陪同人员不熟悉行进方向时，应该走在前面、走在外侧。另外陪同人员行走的速度要和对方相协调，不可以走得太快或太慢。这时候，一定要处处以对方为中心。每当经过拐角、楼梯或道路坎坷、照明欠佳的地方，都要提醒对方留意。同时也有必要采取一些特殊的体位。如请对方开始行走时，要面向对方，稍微欠身。在行进中和对方交谈或答复提问时，把头部、上身转向对方。

（2）上下楼梯　坚持“右上右下”原则。上下楼梯、自动扶梯的时候，都不应该并排行走，而要从右侧上。注意礼让别人，不要和别人抢行。出于礼貌，可以请对方先走。当自己陪同引导客人时，上下楼梯时若客人知道路线就请客人走在前面，若客人不知道路线则自己走在前面。

（3）进出电梯　牢记“先出后进”。在乘电梯时碰上了并不相识的来访客人，也要以礼相待，请对方先进先出。同时，要尊重周围的乘客。进出电梯时，应该侧身而行，免得碰撞别人。进入电梯后，要尽量站在里面。人多的话，最好面向内侧，或别人侧身相向。下电梯前，应该提前换到电梯门口。

（4）出入房门　进入或离开房间时，要求：①先通报。在出入房间时，特别是在进入房门前，一定要通过轻轻叩门、按铃等方式，向房内的人进行通报。贸然出入或者一声不吭，都显得冒冒失失。②以手开关。出入房门，务必要用手来开门或关门。开关房门时，最好是反手关门、反手开门，并且始终面向对方。用肘部顶、用膝盖拱、用臀部撞、用脚尖踢、用脚跟蹬等方式关门都是不好的做法。③后入后出。和别人一起先后出入房门时，为了表示自己的礼貌，应当自己后进门、后出门，而请对方先进门、先出门。④出入拉门。平时，特别是陪同引导别人时，还有义务在出入房门时替对方拉门或是推门。在拉门或推门后要使自己处于门后或门边，以方便别人的进出。

4. 其他情况下的走姿要求

（1）走进会场、走向话筒、迎向宾客。步伐要稳健、大方。

（2）进入办公机关、拜访别人。在室内脚步应轻而稳。

（3）办事联络。步伐要快捷、稳重，以体现效率、干练

（4）参观展览、探望病人。脚步应轻而柔、少出声响。

（5）参加喜庆活动。步态应轻盈、欢快、有跳跃感。

（6）参加吊丧活动。步态要缓慢、沉重，以反映悲哀的情绪。

（四）蹲姿

蹲姿的基本要求是：一脚在前，一脚在后，两腿靠紧向下蹲，前脚全脚着地，小腿基本垂直于地面，后脚跟提起，脚掌着地，臀部向下，上体保持直线，这样的蹲姿典雅优美。要注意女性穿短裙时尽量不采用蹲姿。

（五）手势

手臂姿势，通常称做手势。它指的是人在运用手臂时的具体动作与体位。它是人们在交往中不可缺少的最有表现力的一种“体态语言”，它是一种“动态美”，做到得体适度，会在交际中起到锦上添花的作用。

1. 手势的规范标准

五指伸直并拢，腕关节伸直，手与前臂形成直线。在做动作时，肘关节弯曲130°左右为宜，掌心向斜上方，手掌与地面形成45°。

2. 手势语言

一般认为：掌心向上的手势有一种诚恳、尊重他人的含义；掌心向下的手势意味着不够坦率、缺乏诚意等；攥紧拳头暗示进攻和自卫，也表示愤怒；伸出手指来指点，是要引起他人的注意，含有教训人的意味。因此，在引路、指示方向等时，应注意手指自然并拢，掌心向上，以肘关节为支点，指示目标，切忌伸出食指来指点。

运用手势时还要注意与眼神、步伐、礼节相配合。同样一种手势，在不同的国家、不同地区具有不同的含义，因此在使用手势时还应该注意各国不同的习惯，以免误会。

3. 手势的要求

(1) 宜少不宜多　要和口头语言相辉映。过多、过滥的手势，只能说明一个人的浅薄和无知。

(2) 大小适度　除非演讲等表演场合，手势的活动限度要大小适度。太大，会给人做作的感觉；太小，使人觉得拘谨。

(3) 动静结合　如果没必要，不要使用手势。静态的手势仍然可以表述人的感情。不要做一些无意识或下意识的手势，这很不雅观。手势的美只有静动的交替和恰当的搭配才给人美感。

(4) 自然亲切　不要刻意模仿别人的动作，一个人的手势是表情美的有机组成部分，对某人是美的，硬移到别人身上就不一定得体，反而容易肢解原本完整的和谐与形象。

另外，得体的手势也要看具体的场合和对象。不同的交往对象和场合（如长者、异性、婚丧场合），要讲究不同的手势速度、范围。

4. 递接物品

递接物品时，应注意双手为宜。双手递物给人最佳。不方便双手并用时，也要采用右手，用左手递物被视为失礼；递给他人的物品，以直接交到对方手中为好，不到万不得已，最好不要将所递的物品放到别处；主动上前，若双方相距过远，递物者应当主动走近接物者，假如自己坐着的话，还应尽量在递物时起身站立为好；将带有文字的物品递交他人时，应使之正面面对对方；递带有尖、刃或其他易伤人的物品递给他人时，不要将尖、刃直接指向对方，合乎礼仪的做法是应当使其朝向自己，或是朝向他处。

接取物品时，应注意目视对方，而不要只顾注视物品。视场合或用双手或用右手，一般不单用左手。必要时，应当起立，并主动走近对方。当对方递过物品时，再用手前去接取，不要急不可待地直接从对方手中抢取物品。

二、表情

表情，是指人通过面部形态变化所表达的内心的思想感情。表情是人际交往中，相互沟通的形式之一。美国心理学家艾伯特·梅拉比安把人的感情表达效果总结了一个公式：感情的表达＝语言（7%）＋声音（38%）＋表情（55%）。它说明了表情在人际间沟通时能够恰如其分地表现出人的内在情感。

人类的表情变化多端，不可胜数。罗兰就曾感慨道：面部表情是多少世纪培养成功的语言，是比嘴里讲的要复杂到千百倍的语言。尽管如此，表情却大多具有共性，它超越了地域文化的界限，成为一种人类的世界性“语言”，民族性、地域性差异较少。表情在世界上几乎可以通用，而举止则做不到这一点。

表情礼仪主要探讨的是目光、笑容两方面的问题。其总的要求是，要理解表情，把握表情，在交往场合努力使自己的表情热情、友好、轻松、自然。

1. 目光

眼睛是心灵之窗，它能如实地反映出人的喜怒哀乐。泰戈尔曾说过，一旦学会了眼睛的语言，表情的变化将是无穷无尽的。

有的人在与陌生人交往时，不知把目光怎样安置。不敢对视或死盯住对方，这都是不礼貌的。良好的交际目光应是坦然、亲切、和蔼、有神的。做到这一点的要领是：放松精神，把自己的目光放虚一些，不要聚焦在对方脸上的某个部位，而是好像在用自己的目光笼罩对面的整个人。

目光是富有表现力的一种“体态语”，适当的运用能给交往带来好的作用，否则会带来不必要的误解。如斜视、瞟视、瞥视的眼神少用为好。与对方接触，应注意目光的注视范围。目光注视区分为：公务注视区（额中至双眼部）、社交注视区（双眼至下颌）、亲密注视区（双眼至前胸）、侧扫式（亲密关系或非常厌恶关系）。注视区的选择视场合而定。

2. 笑容

笑容，指的是人含笑的面容，亦指人在含笑时的神情。有时，人们也称之为笑貌或笑脸。

满面笑容的核心点，就在于笑。所谓笑，即人的面部呈现出愉快、欢乐的神情。由此可见，笑以愉快、欢乐为首要特征。因此，最为正常的笑容，便被人们叫做欢笑。

笑是一种语言，有许多种类。常见的笑有微笑、欢笑、大笑、狂笑、苦笑、奸笑、傻笑、冷笑等。而微笑是社交场合中，最富有吸引力、最有价值的面部表情。表现着人际关系中友善、诚信、谦恭、和蔼、融洽等最为美好的感情因素。在各种场合恰当地运用微笑，可以起到传递情感、沟通心灵、征服对方的积极心理效应。微笑是自信的象征，是礼貌的表示，是心理健康的标志。微笑是盛开在人们脸上的一朵鲜花，与人初次见面，给对方一个亲切的微笑，在一瞬间就拉近了双方的心理距离，消除了双方的拘束感；与朋友见面打个招呼，点头微笑，则显得和谐、融洽；对学生报以微笑可以使其消除紧张感、畏惧感，继而被信任感和亲切感所代替；上级对下级一个微笑，会让人感到平易近人；服务人员面带微笑，顾客就有了宾至如归的感觉；顾客向服务人员报以微笑，会显示出对对方的尊重与理解，就会化解对方的烦躁与疲劳。外交家和企业家更是把微笑视为第一交际语言，并在国际交往和经济交往中加以得心应手的运用。周恩来闻名中外的“微笑外交”便是一个很好的例证。微笑是人际交往的一张万能通行证，“如果没有微笑，生活就会黯淡无光。”

怎样才能正确的运用好微笑？主要应做到以下几点。

(1) 掌握微笑的要领 微笑的主要特征是：面含笑意，但笑容不很显著。一般情况之下，人在微笑之时，是不闻其笑声，不见其牙齿的。

基本方法是：先放松自己的面部肌肉，然后使自己的嘴角微微向上翘起，让嘴唇略呈弧形。最后，在不牵动鼻子、不发出笑声、不露出牙齿尤其是不露出牙龈的前提下，轻轻一笑。

(2) 注意整体配合 微笑其实也是人的面部各部位的综合运动。若忽视其整体的协调配合，微笑往往会不成其为微笑。

通常，一个人在其微笑之时，应当目光柔和发亮，双眼略微睁大；眉头自然舒展，眉毛微微向上扬起。还应避免耸动自己的鼻子与耳朵。

(3) 力求表里如一　真正的微笑，理当具有丰富而有力度的内涵。它应当渗透着自己的一定的情感，而渗透着一定的情感的微笑，才真正具有感染力，这就是所谓笑中有情，以笑传情。

真正的微笑，还应当体现出一个人内心深处的真、善、美。表现自己心灵之美的微笑，才会有助于双方的彼此沟通与心理距离的缩短。

真正的微笑，还应当是一种内心活动的自然流露。它来自人的内心深处，而且绝无任何外来的包装或矫饰。

三、风度

风度，主要指人的全部生活姿态提供给外界的综合印象，是一个人的内在品德、修养、气质外化和自然流露。追求仪态美既要注意按照美的规律进行长期体育锻炼和适当修饰打扮，又要注意自身内在素质的修养，包括道德品质、性格气质和文化素养的全面提升。因为，人的外在仪态美在很大程度上是其内在心灵美的自然流露。比较而言，后者比前者更为重要。

(一) 风度的社交作用

1. 风度是良好素质的外显形式

风度虽然是外在的表现，却是以内在的素质为基础。渊博的学识、聪慧的头脑、良好的教养对一个人的风度有重大影响。风度的背后隐藏着个人思想品德、道德行为、学识才能的实际水平，表现了各人的精神风貌、个性气质、生活习惯的实际状态，反映了一个人思想修养、文化修养和审美修养的实际水准。风度是外形，心灵是内核。

2. 风度是形象塑造的重要因素

在社交活动中，社交形象的好坏，要受到风度这一因素的影响。潇洒典雅的风度，给人以高尚、超然的感觉；稳重大方的举止，显得可靠踏实；整洁得体的服饰，给人以洒脱的美感；健康优美的体态，更是健康的标志。所有这些都属于形象美，而其中最重要的是风度美。美好的社交形象要求要有美的风度，即要求人在仪容、举止、表情、神态和一切社会交往中呈现和达到美的境界，并从人的礼仪外表来透视人的品质、道德文化和知识内涵。

3. 风度是成功交际的必要条件

美的风度如同无形的广告，增添了个人的魅力和感染力，强化着人际间的吸引，有助于人们在交往中打开局面、缩短距离、增进友谊、形成轻松而惬意的交际氛围，从而取得交际的成功。

(二) 风度修养

风度是美姿的展示，也是气质的显现。一般来说，风度与气质相应，气质不佳者，难以真正有好的风度；而风度，往往也取决于气质。如果说气质渐于陶冶，那么风度则可以借助于外部技巧，或者说有时是可以“操作”的。如西施常患胃痛，但她能以款款轻盈的步态，手按心窝来掩饰胃病的痛楚，更添楚楚动人的风度。风度需要的是自知之明，审度自己，不埋没，也不夸张。即使对自己的风度有较高的企求，也不能超离自我而“拔苗助长”。风度还离不开经验，包括技巧经验和心理经验。风度总是伴随着礼仪，一个有风度的人，必定谙知礼仪的重要，即使是气质粗犷、冷峻的人，他们一般也不会择取无礼粗鲁的自我形象。既彬彬有礼，又落落大方，顺乎自然，合乎人情——这便是现代人的潇洒风度。

风度修养可以从以下几方面着手。

1. 重视第一印象

两个素不相识的人第一次见面时彼此留下的印象，叫首因效应，又称第一印象。一般来说，第一印象一旦形成，即使后来印象与最初印象有差距或不同，也常常自然的服从第一印象。为形成风度表现良好的第一印象，要注意以下几个方面。

(1) 应注意仪表　服饰要适度、整洁、大方、得体。

(2) 应举止稳重　行为要文雅，举手投足从容不迫，一笑一颦坦荡真诚，适度得体。

(3) 应谈吐风趣　要有分寸感，在言谈上给人以知识面丰富、思想修养高、兴趣爱好广的感觉。

2. 表现出“大家气派”

社会交往中的“大家气派”是指洒脱高雅的风度，是一个人品德、修养、文化、气质与能力的综合体现。要形成高雅的风度，应做到待人诚恳、处事谨慎、与人为善、嫉恶如仇、豁达大度。

3. 坚持宽容、谦让态度

容忍不同于自己观点的见解，处事让一步为高，待人宽一分是福。应多一些赞扬，少一些猜疑，学会情感置换，善于制怒。

4. 幽默文雅的谈吐

幽默文雅的谈吐是一个人的思想、学识、智慧和灵感在语言运用中的结晶，熟悉幽默文雅的谈吐不但会提高一个人的形象魅力，而且也会为人们的风度增添风采。

练习题：

1. 坐姿、站姿有哪些礼仪要求？
2. 男性和女性行走时各应注意哪些问题？
3. 做一个塑造个人风度的计划。

第三章　交往礼仪

第一节　见面礼仪

【事例】 美国希尔顿饭店创立于1919年，在不到90年的时间里，从一家饭店扩展到100多家，遍布世界五大洲的各大城市，成为全球最大规模的饭店之一。80多年来，希尔顿饭店生意如此之好，财富增长如此之快，其成功的秘诀在于牢牢地确立自己的企业理念并把这个理念贯彻到每一个员工的思想和行为之中。饭店创造“宾至如归”的文化氛围，注重企业员工礼仪的培养，并通过服务人员的“微笑服务”体现出来。每一位踏进希尔顿饭店门的顾客，都能享受到温馨的见面招呼之礼——真诚的微笑。

希尔顿总公司的董事长，89岁高龄的唐纳·希尔顿在过去的50多年里，不断到他分设在各国的希尔顿饭店、旅馆视察业务。希尔顿每天从这一洲飞到那一洲，从这一国飞到那一国，专程去看看希尔顿礼仪是否贯彻于每个员工的行动之中。他写的许多书中有一本叫做《宾至如归》，时至今日，这本书已成了每个希尔顿饭店工作人员的“圣经”。如今，希尔顿的资产已从5000美元发展到数百亿美元。希尔顿饭店不仅已经吞并号称为“旅馆之王”的纽约华尔道夫的奥斯托利亚旅馆，而且还买下了号称“旅馆皇后”的纽约普拉萨旅馆，名声显赫于全球的旅馆业。

无论是哪里的希尔顿饭店，都始终坚持着“微笑服务”的原则，让客人真正感受“宾至如归”。

见面是交往的开始，见面时的礼节是人们留给对方第一印象的主要组成部分。为了取得交往活动的成功，给对方留下一个良好的第一印象，人们必须掌握和遵守见面时的礼仪。

一、称呼

称呼，也叫称谓，是指与宾客交谈或沟通信息时恰当地招呼对方，同时显示彼此关系时的名称。

我国是一个礼仪之邦，深厚的礼仪底蕴决定了对称呼的严格要求。正确的称呼既表示对他人的尊敬，也反映了一个人的修养，同时反映了人们之间的关系；不恰当的称呼会给对方带来不快，从而影响交往。因此，称呼是第一印象的重要组成部分，是交谈前的“敲门砖”，称呼使用是否得当，将决定你的社交是否成功。从古至今，称呼随着历史的沿革，也发生了许多的变化。下面主要介绍现代社会称呼的一般种类。

(一) 泛尊称

在社交场合下，遇见长辈或受人尊敬的人称“您”、“您老”、“您老人家”等。

1. 最普遍使用的称呼

在国内，对各种人员均可称“同志”，在中国共产党内更是提倡使用“同志”而不称官衔。如“赵大明同志”、“秘书长同志”等。对于一些有技能但无职称的人或陌生的年长者表示敬意的称谓是“师傅”，如“李师傅”、“王师傅”等，这种称呼一般比较多地用在企业。

2. 涉外交往称呼

随着我国改革开放的加快，我国与海外的交往增加了。在涉外活动中，人们多互称“先生”、“小姐”、“女士”，并日益广泛地应用在我们的日常生活中。通常“先生”一词是用来称呼男性宾客，且不论年龄大小。“小姐”一词是对未婚女性的称呼。“女士”一词是对已婚或不明确其婚否者女性的称呼。在涉外场合，女性都可以被称为“女士”，以示尊重。对于熟悉的或已知姓名的人，“先生”、“小姐”、“女士”这三种称呼也可以与其姓氏或姓名搭配使用。如“史密斯先生”、“刘先生”、“李明先生”、“琼女士”、“张女士”、“布朗小姐”、“王小姐”等，以表示对他们的熟悉和重视。这种称呼多使用在一些服务性行业，如公司、宾馆、商店、餐馆、歌厅、酒吧、交通行业等。

（二）按行政职务称呼

1. 只称职务

对有职衔的人可用职衔作为称呼，如“总经理”、“部长”、“董事长”等。

对地位高的官方人士，一般为部长以上的高级官员，在涉外活动中，按国家习惯称为“阁下”、“先生”或称职衔。如“部长阁下”、“总理先生阁下”、“主席先生阁下”、“大使先生阁下”等。对有地位的女士称“夫人”；对有高级官衔的妇女，也可称“阁下”。

在君主制国家，按习惯称国王、皇后为“陛下”，称王子、公主、亲王等为“殿下”。对有爵位的人既可称爵位，也可称“阁下”或“先生”。

2. 职务前加姓氏

在一般的商务和日常活动中，对已知姓氏的有职衔人士，见面称呼时可在其职务前加姓氏称呼，如“王厂长”、“张经理”等。

3. 职务前加姓名

有时在一些比较正式的见面场合，第三者介绍人在将有职衔的一方介绍给另一方认识时，会将其姓名和职衔配合称呼，如“刘厂长，这是××公司的代表张明总经理”。“张总经理，这是××厂的刘伟厂长”。

（三）按技术职称称呼

1. 只称职称

对医生、教授、法官、律师以及有博士学位的人士，可单独用职称称呼，如“医生”、“教授”、“博士”、“法官”等。

2. 在职称前加姓氏

已知姓氏的，可在职称前加姓氏，如“李医生”、“王教授”、“赵博士”等。

3. 职称前加姓名

对已知姓名并有职称的人，可在其职称前加姓名，如“卡特教授”、“刘明博士”等。

（四）不适当的称呼

1. 无称呼

在见面时，特别是在商务活动中不称呼对方或以“喂”称呼对方，就直接开始交谈，是很失礼的行为。

2. 使用俗称

正式商务场合，不适宜用“朋友”、“兄弟”、“哥儿们”等一些俗称来称呼对方，这种称呼缺乏修养。

3. 使用小名称呼

一般比较正式的交谈、会议或商务场合，不适宜随便使用别人的小名称呼。

4. 使用绰号称呼

使用不当绰号或带有侮辱性的称呼来称呼对方，这是非常无礼的行为。

5. 使用简称

有些简称有歧义，会引起误解，不适宜作为正式交谈场合的称呼。

6. 地方性称呼

有些称呼具有很强的地方色彩，在非熟人间见面时最好不要使用，如山东人爱称人“伙计”，会让人误解为“打工仔”等。

用什么称呼别人，包含了礼貌、修养问题，也反映了说话人与听话人之间的关系，体现了说话人对听话人的喜爱、恭敬、讨厌或鄙视的感情，运用得当会使交际变得顺利。

二、招呼

招呼就是用语言或肢体示意对方，引起回应的行为。在社交场合遇到相识的人，要利用有声语言或肢体语言与对方打招呼，以示对对方的敬意与问候。如果遇到熟人不打招呼，或看到别人给你打招呼佯装不知道，都是极不礼貌的。

与对方打招呼，应根据不同的情况选择不同的招呼方式。

(一) 根据与对方熟识程度

1. 非常熟识的人

对于非常熟识的朋友，如果很久未见面，可用有声语言招呼对方，驻足问候：“好久不见了，近来好吗?”并进行交谈；如果经常见面或是同事，只亲切地招呼一下就可以了。对方也应亲切地回应。

2. 关系较疏远的人

一般与交情不深的熟人打招呼，可用点头示意或一声“您好!”、“上班去吗?”等稍寒暄，无需驻足深谈。

(二) 根据双方距离远近

1. 双方近距离相遇

双方近距离相遇，又无需深谈时，可以驻足稍加寒暄，问一声“您好!”、“好久不见了”即可。每个时代的寒暄语也有所不同，在经济贫困时期，常用的寒暄语是“饭吃了没有?”；现在比较流行：“您最近买房了吗?”、“车买了吗?”等作为见面的寒暄语。回答也非常简单，甚至可以含糊其辞：“吃了”、“已买了”、“还没买”等，但都要回答，否则对方会十分尴尬。

在一些社交场合，与相识的人近距离相遇时，可用点头打招呼，表示礼貌。

2. 双方距离稍远

双方距离稍远看见对方，无需停步寒暄时，则行点头礼，目视对方，面带微笑，点一下头即可。在一天中，若双方多次相遇，也可以点头礼打招呼。

3. 双方距离较远

如果双方距离较远，不便寒暄时，可以行招手礼，即举起一手同时注目微笑。告别送行时比较多使用招手礼，注意手稍举高并多招几下，直至客人远去。

三、握手

握手是日常交往活动中常用的见面礼节，也是世界通行的礼节。所谓握手，是指会面时两人伸手相握表示亲热的动作。多用于见面时的问候与敬意和告别时的致谢与祝愿。握手是一种友好的表示，但握手的姿势、方式、顺序、力度、时间长短往往能表达不同的礼遇和态度，显示自己的个性，给他人留下不同的印象。

(一) 握手时的四个基本要求

握手时的四个基本要求是：目视对方，面带微笑，稍事寒暄，稍许用力。

正确的握手方式是：在问候之前，双方各自伸出右手，彼此之间保持一步距离，两足立正，手掌略向前下方伸直，四指并拢，拇指张开，两人手掌平行相握，上身稍向前倾，同时略点头，面带微笑，注视对方眼睛并稍事寒暄。

(二) 伸手的顺序

在正式场合，握手时伸手的先后顺序主要取决于职位、身份。在社交场合，则主要取决于年龄、性别。

1. 职位高者优先

握手时，职位高者先伸手，职位低者先问候，然后再伸手相握，以示对领导的尊敬。

2. 长辈优先

长辈与晚辈握手，应由长辈首先伸出手来；年长者与年幼者握手，应由年长者首先伸出手来，年幼者才可伸出手相握。这种通则符合社会的“长者为尊”的伦理标准，也表达了对年长者的尊重。

3. 女士优先

男士与女士握手，应由女士先伸出手来，男士才可相握，以体现对女士的尊重。

4. 主人优先

宾主之间握手，应由主人先伸出手来，与到访的客人相握，特别是在见面之时，不论客人是男是女，主人均应主动先伸手，以示欢迎。但在客人告辞时，客人应首先伸出手来与主人相握。

5. 先到者先伸手

社交场合的先至者与后来者握手，应由先至者首先伸出手来。

(三) 握手的礼节

(1) 握手时，必须用右手，不要用左手与他人相握；不要用双手与异性握手。如因故不能用右手，则点头示意。

(2) 多人相见时，不争先恐后握手，不交叉握手。如果两人握手时与另外两人相握的手形成类似十字架的交叉状，在西方人士看来是很不吉利的。

(3) 按照国际惯例，身穿军服的军人可以带着手套与人握手；允许女士在社交场合带着薄纱手套与人握手；其他人握手时，一般都要脱去手套，否则被视作失礼的表现。如果因故来不及脱下手套，则需向对方简要说明原因并表示歉意。

(4) 握手时眼睛应注视着对方，传达出你的诚意和自信，除患有眼疾或眼部有缺陷者外，不允许握手时带着墨镜；千万不可一边握手一边眼睛却在东张西望，或者同这个人握手还没完，目光就移至下一个人身上。这样做，对方从你的眼神里体味到的只能是轻视或慌乱，易产生不被尊重的感觉。但是否注视的时间越长越好呢？并非如此，握手只需要几秒钟即可，双方手一松，目光即可转移。

(5) 握手的力度要适中。握得太轻，对方会觉得你在敷衍他；握得太重，对方不但没有感觉到你的热情，反而会觉得你很粗鲁。

如果是一般关系，双方见面握手时只需稍稍用力握一下即可；如果关系密切，双方握手时可略用力，并上下轻摇几下。

(6) 握手的时间以 1～3 秒为宜，切忌时间过长。与职位很高的人握手，男士与女士握手，时间以 1 秒左右为原则。

(7) 握手时不要把对方的手拉过来、推过去，或者上下左右抖个不停；不要握着别人的手长篇大论、滥用热情，显得过分客套；不要仅仅握住对方的手指尖，也不要只递给对方一截冷冰冰的手指尖。

(8) 当别人已伸出手来，切忌慢条斯理或迟迟不伸出手，令人尴尬。尤其是女士，不要把手软绵绵地递过去，显得连握都懒得握的样子，应大大方方地握手。任何情况下拒绝对方主动握手的举动都是无礼的，但手上有水或不干净时，应谢绝握手，同时必须解释并致歉。

(9) 不要用很脏的手与他人相握，也不能在与人握手之后，立即揩拭自己的手掌。

(10) 握手时不要拍对方的肩膀。这会令大部分人产生不快，尤其是对上级、长辈和异性，更不允许使用这种方式。

(11) 如果是企业的代表在谈判中与人握手，一般不要用双手抓住对方的手上下摇晃，那样显得太谦恭，使自己的地位无形中降低了，完全失去了一个企业家的风度。

(12) 被介绍之后，最好不要立即主动伸手。年轻者、职务低者被介绍给年长者、职务高者时，应根据年长者、职务高者的反应行事，即当年长者、职务高者用点头致意代替握手时，年轻者、职务低者也应随之相应点头致意。

恰当的握手可以向对方表示自己的真诚与自信，也是接受别人和赢得信任的契机。

四、介绍

所谓介绍，就是指从中沟通，使双方发生联系的意思，亦作"绍介"。介绍是人们日常生活、工作及各种社交活动中经常使用的一种方式，它是促进沟通对象间相互认识的媒介。通过介绍可以使互不相识的人消除陌生和畏惧心理，建立必要的了解和信任。

介绍一般可分为三种：介绍自己、介绍他人、介绍集体。

(一) 介绍自己

介绍自己，也称自我介绍，就是在必要的社交场合，把自己介绍给其他人，以使对方认识自己。恰当的自我介绍，不仅能增进他人对自己的了解，而且还能增进他人对自己的好感，为后面的交谈创设一个好的开端，有时还能创造出意料之外的机会。

1. 自我介绍的三项基本要求

先递名片、时间简短、内容完整。

正确的自我介绍方法是：先向对方递上自己的名片，如果没有名片，则向对方点头示意，眼睛要注视对方，面带微笑地问声"您好"，得到回应后，再向对方报上姓名、身份、单位等。

2. 自我介绍的礼仪

(1) 自我介绍时要充满自信，语调要热情友好，态度要自然、大方，如果介绍时忸怩作态、流露出羞怯的心理或热情过火，都会使人轻视你，彼此之间的沟通就有可能产生障碍。

(2) 自我介绍时要面带微笑，眼睛注视着对方。但如果是在会场或演讲厅自我介绍，要注意眼神与大家交流，不能只盯着一个人。

(3) 自我介绍时要口齿清晰、语调平稳、使用敬辞、言简意赅。避免口含东西、言语含糊不清、内容颠三倒四。

(4) 一般介绍时，双手或右手递名片与报姓名几乎同时进行，递好名片后，手自然下垂介绍。如果是演讲时的自我介绍，可配合介绍内容，手作一些简单的示意动作，千万不要翘着拇指指向自己、跺着脚、得意忘形地介绍，这会给人留下非常不礼貌的印象。

3. 自我介绍的注意事项

(1) 自我介绍要寻找适当的机会　除了迎客、接待、会议、演讲时的自我介绍外，一般拜访等的自我介绍要注意时机。为了使自我介绍给对方留下深刻印象，应首先考虑当时的特殊场合，若对方正忙于工作或交际，或是大家的精力集中在某人或某件事情上时，贸然打断别人进行自我介绍，效果可能不佳；若发现对方心情欠佳，或疲惫不堪，一般不要上前打搅。如果对方一人独处，或在轻松愉快的情况下，把自己介绍给对方，则会起到良好的介绍效果。此外，在大家闲谈或出现冷场的时候，抓住时机，进行自我介绍，对方一定会乐意地接受你。

(2) 自我介绍的内容和时间控制　自我介绍的内容很多，一般来说，有姓名、籍贯、年龄、职业（或职务）、工作单位、毕业学校等，必要时还要介绍家庭情况、工作经历、特长、爱好等。但在公关场合自我介绍的内容大体由四个基本要素构成，即本人的工作单位、部门、职业（或职务）、姓名。一般的自我介绍要将四个基本要素一同报出，只需几秒十几秒钟即可。需要强调的是初次见面时的自我介绍，本人姓名一定要报全名，不可有姓无名，或有名无姓，如："我叫张明，是××公司的营销部经理"。

供职单位也最好报全称，具体工作部门有时可不报。如果有职务的最好报出职务，职务较低或无职务者，则可报出目前所从事的具体工作。若随便说一句："叫我小张好了"，就明显地带有不愿进一步深谈、拒人千里之外的意味。

自我介绍内容的繁简，应视公关场合需要来决定。一般参加聚会、沙龙或演讲发言前的自我介绍，应简明扼要，因为对方不一定有兴趣去深入了解你，这时只需报出自己的姓名（也可附带单位），让对方能够称呼就可以了。如果是应聘或投标，则除了基本要素外，还要介绍自己的籍贯、出生地、年龄、毕业学校、专长、工作经历等，让对方对自己有一个比较全面的了解。这时介绍时间可稍长，一般控制在3～5分钟左右，如果太长，会使对方听得不耐烦。

(3) 自我介绍的分寸把握　自我介绍时措辞要适度，尽量就介绍内容使用中性词，言语直截了当，避免过多修饰。以下两种情况必须避免。

第一种情况是唯恐别人不识眼前"君子"，一开始便炫耀自己的身份、门第、学识、甚至于自己的"光荣历史"，显得锋芒毕露，给人一种夸夸其谈、华而不实的感觉。

第二种情况是过于谦卑，介绍时自我贬低，同样会给人一种虚伪、不诚实的感觉。

只有实事求是，恰如其分地介绍自己，才会留给对方诚恳、坦率、可信赖的印象。

(二) 介绍他人

介绍他人，就是把自己的熟人介绍给他们不认识的人，或是把某个人引见给其他人。为他人作介绍时，要事先了解双方的情况，并懂得介绍的礼仪顺序和介绍时的姿态。

1. 介绍的顺序

介绍他人时，最重要的礼仪问题是先后顺序。必须遵循"尊者优先了解情况"的规则。即介绍双方时，先卑后尊。因此，在为他人介绍前，首先要确定双方地位的尊卑，然后先介绍位卑者，后介绍位尊者，让位尊者先了解位卑者的情况。

为他人作介绍时的顺序是：

(1) 介绍职务高者与职务低者认识时，先介绍职务低者，后介绍职务高者。

(2) 介绍长辈与晚辈认识时，先介绍晚辈，后介绍长辈。

(3) 介绍年长者与年幼者认识时，先介绍年幼者，后介绍年长者。

(4) 介绍女士与男士认识时，先介绍男士，后介绍女士。

(5) 介绍宾客与主人认识时，先介绍宾客，后介绍主人。

(6) 介绍已婚者与未婚者认识时，先介绍未婚者，后介绍已婚者。

(7) 介绍个人与集体认识时，先介绍个人，后介绍集体。

(8) 介绍与会先到者与后来者认识时，先介绍后来者，后介绍先到者。

2. 介绍的姿态

正确的介绍姿态是：介绍人站在被介绍双方的中间靠后一步，手掌心向上，五指并拢，胳膊向外微伸，斜向一方被介绍者，眼睛要注视着另一方被介绍者，面带微笑地进行介绍。

3. 介绍的语言

介绍的语言就是介绍人在为他人作介绍时应当说的话。介绍时说的话应言简意赅，并使用敬辞。世界各国普遍运用的通则是：如果要把李先生介绍给张女士，应先提张女士的名字，然后再介绍李先生给张女士，后介绍张女士给李先生。例如："张××女士，请允许我向您介绍一下李××先生"，然后给双方作介绍："这位是××公司的总经理李××先生"，这时，眼睛要注视着张女士，而手掌心伸向李先生。然后换一下，眼睛注视者李先生，手掌心伸向张女士："这位是××学校校长张××女士"。

4. 介绍的注意事项

(1) 当别人为你介绍完毕时要有回应，或伸手与对方相握，或点头示意，并简单问候："您好，认识您很高兴"，或"久仰，久仰"等，也可递上名片，说声"请多关照"等。千万不可冷眼相望，无动于衷，这是很失礼的行为。

(2) 为他人作介绍时要尽量避免对任何一方厚此薄彼，即使对其中某一方情况比较熟悉，也不可将这一方介绍得面面俱到，而将另一方简单粗略地介绍。

(3) 如果介绍人对双方情况都比较熟悉，在时间宽裕、气氛融洽的条件下，介绍人除了介绍被介绍人的姓名、单位、职务外，还可介绍双方的爱好、特长、学历、荣誉等。为双方创造良好的交谈气氛，提供更多的交谈内容。

(三) 介绍集体

介绍集体，是指被介绍方或双方人数超过一人的介绍。如主席台领导的介绍、会议中被邀来宾的介绍、各种比赛活动评委的介绍、谈判小组成员的介绍、来访者超过一人的介绍等。它实际上是一种特殊的介绍他人的情况。因此，为他人介绍的基本规则都可以运用到介绍集体中。需要指出的是：介绍双方时，先卑后尊；而在介绍其中各自一方时，则应当先尊后卑。

五、名片

名片是人们社交活动中互作介绍并建立联系的一个重要的物品，特别是在商务活动中，名片的使用非常频繁和普遍。它既是身份的说明，也是收集资料的来源之一，同时还是加深彼此印象和相互了解的一种手段。

名片具有两大功能：一是自我介绍，它直接承载着个人信息；二是担负着保持联系的任务。

(一) 名片的制作

名片要经过精心设计，能够艺术地表现自己的身份、品位和公司形象。

1. 名片的样式

(1) 私人名片的内容与样式　一张标准的私人名片主要包括三个方面的内容：一是本人所属单位、徽记及具体部门，一般印在名片的上方；二是本人的姓名、学位、职务或职称，印在名片的中间；三是与本人联系的方法，包括单位地址、电话号码、传真、邮政编码等，印在名片的下方。如下图所示。

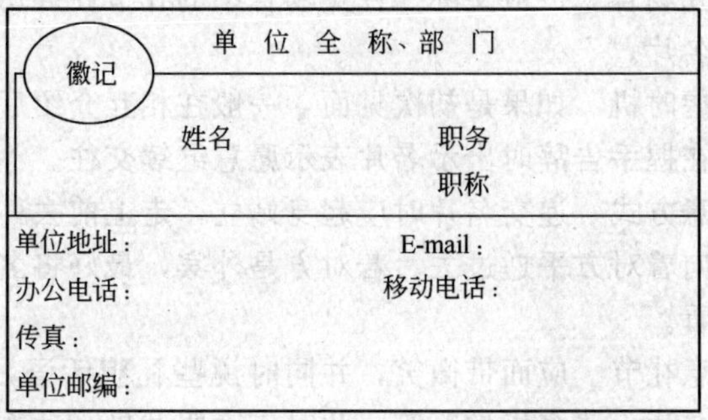

（2）商务名片的内容与样式　一般一张商务名片主要包括两个方面内容：一是单位名称、徽记，印在名片的中上方；二是单位地址、电话、传真、邮政编码等，印在名片的下方。

在商务名片的反面，往往印着经营范围，有些还印有方位指示简图。

此外，有些名片是竖直印制的。

2. 名片的规格

名片的规格一般是长 9 厘米、宽 5.5 厘米左右。

3. 名片的材质

名片的质地多为柔软耐磨的白板纸、浅色的布纹纸。

4. 名片的颜色

名片的色彩多为白色、乳白色、淡黄色等浅色，印上深色的字，色彩比较单一，讲究大方和庄重，也有用深色的底版（如深蓝色）印上金色或银色的字，但切忌色彩鲜艳、图案零乱。

（二）使用名片的礼节

1. 名片的索取

一般而言，索取名片不宜过于直截了当，应当根据对象、场合采取不同的方法。

（1）欲想索取对方名片，只需将自己的名片先递给对方，对方在接受你的名片后，一般也会回赠名片给你。

（2）如果遇到的交往对方的地位、身份都高于己方，或为异性，难免有提防之心。在这种情况下，把名片递给对方，对方很有可能不会回赠名片。这时，不妨在把名片递给对方的时候，略加诠释，如："李总，很高兴能认识您，不知能否有幸与您交换一下名片？"在这种情况下，对方不至于不回赠名片，即使不想给，也得找个适当的借口让你下台。

（3）如果遇到专家型的交往对方，在递上自己名片时应带着敬重的口吻说："认识您，我感到非常荣幸，希望以后能有机会继续向您请教，不知以后如何向您请教比较方便？"如此索取名片，一般不至于太唐突。

2. 名片的递交

递交名片时应主要注意以下五个方面的礼节。

（1）应在参加商务活动或社交活动前准备好名片　随身所带的名片最好放在专用名片夹等容易拿出的地方，办公桌抽屉里也可备些名片，以便需要时迅速拿取。名片要平整放置，以免弄皱。一般男士可将名片放在上衣口袋、西服内的口袋或公文包里，女士可将名片置于手提包内。

（2）递交名片要讲究场合　一般交际、社交场合中的礼节性拜访、商务活动和表达情感或祝贺等场所可以递交名片。

（3）递交名片要掌握时机　如果是初次见面，一般在相互介绍后，就应递上名片。但如果是熟识的朋友，也可在握手告辞时出示名片表示愿意继续交往。

（4）递交名片要注意方式　递交名片时应起身站立，走上前去，眼光正视对方，使用双手将名片正面文字方向向着对方平递过去。若对方是外宾，最好将名片上印着外文的那一面对着对方，以便对方观看。

（5）递交名片要注意礼节　应面带微笑，并同时说些礼貌话语，如："我是×××，请多多关照"、"这是我的名片，请多指教"等。此时态度要诚恳，动作要大方，表情要亲切自然。切忌目光游移，漫不经心。

另外，递交名片时应注意的事项有：不要用左手递交名片；不要用手指夹着名片递给对方；不要将名片背面对着对方或是颠倒着面对对方；不要把弄皱了的名片递给对方；不要将名片高举过胸。

3. 名片的接受

正确地接受名片的方法是：他人递名片给自己时，应起身站立，面带微笑，眼光正视对方，双手捧接名片，然后从上到下、从正到反认真地看，加深印象，以示重视对方。遇到不认识的字应主动向对方请教。必要时应说一句恭维话，诸如："先生是××方面的专家，久仰久仰"、"先生的公司很有名啊"、"谢谢"等，再郑重其事地将名片放到公文包、名片夹或上衣口袋内。不可把玩，乱扔乱放。如果由于商务谈判需要，暂搁在桌上，也必须将名片放正，上面不要压上茶杯等物品，走时千万不可忘记带走，这也是对对方人格的尊重。

4. 名片的交换

（1）交换名片体现了双方感情的沟通，表达了愿意继续交往的意愿。

（2）交换名片时，一般地位低者、晚辈或客人先向地位高者、长辈或主人递上名片，然后再由后者予以回赠。

（3）如果在商务场合交换名片时，通常是要与多人交换名片。而与多人交换名片时，应由近而远，或由尊而卑进行。

（4）如果递交名片时顺序混乱，远近不分，尊卑不分，会给对方造成不良印象，对商务活动造成不良影响。

（三）名片的管理

有序地置放和管理名片，会给今后的使用带来方便。在收到名片后，不要随意地乱扔在抽屉里、夹在书本里，时间一长，也就忘记了。某一天突然要用到时，却怎么也找不到，导致耽误交往，失去机会。因此，必须将收到的名片分门别类地整理起来，或按专业分类、或按姓名的拼音字母顺序、或按姓名笔划分类，也可及时地将名片内容输入电脑。随着业务的变化，要及时调整和清理名片，为日后使用提供方便。

练习题：

1. 练习在不同场合、不同距离与人打招呼。
2. 设置一场景，根据握手的礼仪与不同身份的人相互握手。
3. 为他人作介绍的基本规则有哪些？并练习为担当不同角色的人作介绍。
4. 设计一张自己的名片。

第二节 拜访接待

【事例】 泰国某政府机构为泰国一项庞大的建筑工程向美国工程公司招标。经过筛选，最后剩下4家候选公司。泰国方派遣代表团到美国亲自去各家公司商谈。代表团到达芝加哥时，当地的那家工程公司由于忙乱中出了差错，又没有仔细复核飞机到达时间，未去机场迎接泰国客人。但是泰国代表团尽管初来乍到不熟悉芝加哥，还是自己找到了芝加哥商业中心的一家旅馆。他们打电话给那位局促不安的美国经理，在听了他的道歉后，泰国人同意在第二天11时在经理办公室会面。第二天美国经理按时到达办公室等候，直到下午三四点钟才接到客人的电话说："我们一直在旅馆等候，始终没有人前来接我们。我们对这样的接待实在不习惯。我们已订了下午的机票飞赴下一个目的地。再见吧！"

一、拜访

拜访是公关活动中经常进行的交际方式，遵守拜访礼仪，做一个受欢迎的人，对达到预期的拜访效果有着十分重要的意义。

(一) 拜访目的

1. 商务性拜访

在商务活动中，为了更好地洽谈业务、联络感情，发展新客户、巩固老客户，就不可避免地要在不同的场合进行各种各样的拜访，广泛地开展业务联系。

2. 社交性拜访

人们在日常生活中，为了开阔视野、互通信息，扩大横向联系，也同样需要进行各种社交性拜访，通过拜访可以巩固老朋友、结交新朋友。

(二) 拜访礼节

1. 事先预约

(1) 不做不速之客 无论是商务性拜访，还是社交性拜访，都要事先预约，尽量不做不速之客。如果唐突而至，会使对方因措手不及而难堪。更有甚者，影响对方的工作和情绪，会使自己处在一种被拒绝的心态定位中，对以后的交往非常不利。

(2) 预约的方式 一般预约的方式有：打电话、发E-mail、传真、写信联系。约定的时间和地点应与对方商量并以对方的决定为准。一旦约定，就要按时前往。既不要太早，以免对方来不及准备；也不要迟到，让对方等得着急。如有事情不能按时前往，应及时地沟通信息，说明理由并表示歉意，商量更改拜访的时间。

(3) 拜访的时间安排 拜访时间一般安排在下午或晚上。商务性拜访可安排在工作日的上午9:00以后或下午；社交性拜访，特别是到宾馆或对方家中拜访，应选择在节假日、双休日或晚饭后，或对方认为方便的时间。应尽量避开就餐时间和对方休息时间。

2. 拜访前准备

(1) 路线准备 无论到哪里拜访，都要事先打听和了解拜访地、被拜访人的基本情况，以便顺利到达并遵守各地的习俗。

(2) 言辞、内容准备 为了在有限的拜访时间里取得较好的拜访效果，就要事先了解所拜访的对象的基本情况，并对拜访言辞和内容做一定的准备。事先有一个周全的计划，可以在心中打好腹稿，也可以在本子上做些简单的提示性记录，可准备一些整理好的有关商谈的文字、图片资料。如果是一个以上的人去拜访，则应事先分配好角色和交谈内容。这样可以确保谈话简单明了，提高谈话的效率。

（3）着装、修饰准备　登门拜访前应注意仪容仪表的修饰，即衣冠整齐，修饰边幅并符合身份，头发要整理干净，指甲修剪整齐、鞋子也要擦净。男士要刮净胡须，女士忌浓妆艳抹，这是对主人的尊重。否则，蓬头垢面、衣冠不整是失礼的。特别要强调的是：拜访者离对方距离再近，关系再融洽，也不可穿着背心、露脐装、短裤及拖鞋登门，那是对主人的最大不敬。

（4）心态准备　也许到了事先约好的这一天，自己因种种其他原因心情不好，千万不可板着脸、皱着眉、满腹心事地登门造访，这样会给以后的谈话造成僵局。可在出发前，照照镜子，笑着对自己说："我是去做一项有意义的事，这件事的完成会给我带来朋友、薪水、升迁、工作目标的完成等"、"我的态度决定了拜访的成败，我应当将自己的心态调节到最佳状态，在心理上处于优势"等。让对方见到你的时候，第一眼看到的是一个充满自信、热情的拜访者，在心理上首先接纳了你。

3. 拜访时的礼节

（1）按门铃或敲门提示　登门求访时，如有门卫，应先在门卫处登记，然后按指示前往。到达门口时，应先稍做整理，接着按门铃或用食指轻敲几下门，提示对方有客造访，然后退一步站定等候。切忌靠在门上，对方开门时会吓一跳。如果公司有秘书在外挡驾，应通过秘书简要说明来意，耐心等待秘书的安排再行访谈。

（2）礼貌地进入室内　进入室内时要注意以下几种情况。

第一，听到主人允许的应答后，要仪态大方，自信而又面带微笑地进入室内。进屋后不管与在场的人是否熟悉，一律要打招呼。熟悉的人可用语言招呼，陌生人可用点头示意，表示亲切与友好。要注意的是：如果主人没向你一一介绍在座的陌生人，你不可随便打听他们与主人的关系。

第二，如谈话所需时间较短，则可不必坐下，事毕也不要逗留；如所需时间较长，则要在主人邀请下方可入座并道谢。

第三，如果到主人家造访，应遵守主人家的习惯，如脱鞋或穿上鞋套进入等。若知道主人家有小孩，可事先准备些小玩具略表心意，以示关心。

第四，不管是到公司还是到家里拜访，当主人给你倒茶，你要双手相接，并欠身道谢；如果给你敬烟，而你又不会吸时，应说："谢谢，我不抽烟"；如果主人没有让烟，而你又很想抽烟时，要先询问对方的规矩，在征得主人同意后方可抽烟。烟灰要弹在主人给你的烟灰缸或其他容器里，注意这些细节，都会使人对你产生好感，也有利于谈话的顺利进行。

（3）控制时间尽快进入正题　拜访时间的控制是拜访礼仪的重要组成部分。如果到办公室拜访，一般都是公务性拜访，由于办公室人员都有正常工作计划或繁忙的接待任务，因此双方见面后应尽量少说客套话，尽早将话题转到正题上来，简要说明来意，待对方表示同意并达到了目的后，就应及时告辞，以免影响对方的工作。特别是拜访一个有地位的人，当他放下许多待办的事情，愿意拨出一点时间与你见面时，你必须把握每一个瞬间，简明扼要地提出问题。谈话内容尽量充实，谈话时间尽可能缩短，这样对方会欣赏你的干练和效率，下回还肯再为你抽出时间来会谈。如果你不能抓住会谈中心，势必要延长时间而耽误对方的原订计划，这样会使他不快，也会影响谈话的效果。

如果到家里拜访，也要尽快进入正题，不要无休止地东拉西扯。免得影响他人家人的休息、生活及安排，除非是主人的盛情邀请。

（4）言谈举止文明礼貌　如在办公室里，要注意举止文明，谈话声音不要太大，以免影响其他人办公。也不要打听同办公室与此事无关的其他人的情况。如在对方家里，举止要稳重，除了翻阅书刊杂志外，不可随意翻动主人家的书橱、抽屉；不可窥视主人的书信或笔记本；也不要东张西望，心神不定；不宜打听主人家的私事或钱财。若无主人的主动邀请，一般不得自行参观主人的庭院和住房及触动房内的摆设。

(5) 及时礼貌告辞　当会面时间差不多过了15分钟以后，或你的拜访目的已达到，就应该起身礼貌地告辞："谢谢您在百忙之中拨冗接见，深为感激，若有失礼之处请多加包涵。"并对拜访成功的结果表示满意，对对方的热情接待表示感谢，对进一步接触表示信任和诚意。以如此谦逊的言辞来道别，对方若真有事不能挽留你，也会因此而加深印象；假如对方意犹未尽，请你继续留下来，就证明你的表现很成功，你可以重新再坐下来继续畅谈。总之，除非对方愿意，否则绝不能占用别人过多的时间，你必须表现出重视对方宝贵时间的态度。同时要与在场的其他人员或对方家人打招呼告辞。

4. 拜访的注意事项

(1) 在与主人谈话时，如遇其他人来访，应尽快谈完所要谈的内容，并向主人告辞。对其他来访者，或打招呼，或点头示意，以表示对主人的尊敬。如果来访者是你熟悉的人或主人真诚挽留，亦可一起坐一会再告辞。

(2) 在拜访中，如果对方兴致勃勃，不妨多谈一会；如果对方反应冷淡、心不在焉或主人与家人东拉西扯消磨时间，与你话不投机，那你必须立即结束谈话，准备告辞。在此种情况下，即便主人挽留你，也应离开，因为这时候的挽留往往是出于客套而非真心；如果发现主人偷偷看表，表示主人已无兴致与你交谈，应知趣地告退，因为主人已在下"逐客令"了。

(3) 如因工作的需要，单独拜访异性客商，由于性别的差异，在拜访时应特别注意礼节、礼貌，以免引起对方的误会或其他人的猜疑，影响拜访效果。对异性客商的拜访在时间的选择上一定要考虑周到，要避免时间过早或过晚，否则会造成对方的不便，也容易造成其他人的猜疑和误解。要避开用餐时间，在用餐时间去拜访异性客商，往往显得仓促，一般难以较深入地讨论问题，且会造成对方的被动和不快，有碍实现拜访目的。要避开节假日去拜访异性客商，多数情况下节假日本身是不办理公事的，商务活动也不例外，这对外商尤其如此。异性客商在节假日亦有自己的安排，所以非情况紧急、迫不得已，节假日不宜拜访、打扰异性客商。

二、接待

随着社会的进步和文明程度的提高及我国改革开放和市场经济的不断深入，人们的工作和生活方式都发生了很大的变化，生活日趋现代化。无论是商务活动，还是日常往来日益频繁，讲究接待工作的规范和礼仪变得越来越重要。接待工作的好坏，直接影响着接待效果和接下来谈话或商务活动的效果，因此重视接待，规范接待，是每一个现代人都需要学习的内容。

（一）接待目的

(1) 创造拜访者心情愉悦地实现拜访目的的氛围。

(2) 增进主客之间的相互了解。

（二）接待方式与礼仪

不管以什么方式进行接待，接待人员都要以主人翁的态度热情、礼貌、规范、周到地做好接待工作，给对方一个良好的第一印象，创设一个使双方心情愉悦的谈话氛围。

1. 一般公务性接待

当门卫通知、秘书引见或客人敲门后，应立即作出反应："请进"，并起身相迎，请客人进来坐下后应寒暄、倒茶，如果不是事先预约的来访，应面带微笑地询问对方来意、单位、身份。对重大问题的接待要验看证件并报有关上级部门。客人陈述时要注意倾听，对所述的重要内容应适当做些记录。当客人提出某些意见和要求时，能答复的应尽快答复。反之，不合理的应给予委婉说明。需请示领导解决的应立即和主管领导研究妥善解决，若当场无法解决的，应请客人留下联系电话，以便答复。客人走时应起身相送，并欢迎下次再来。一般送客时应替客人开门，让客人走在前面，送出门。对稀客、长辈要送下楼或到院外，目送客人离去。

2. 家庭接待

家庭接待有随意、自由等特点，因而成为人们生活中一个主要的社交场所。要做好家庭接待工作，体现主人的热情，让拜访活动在一种融洽的气氛中进行，并增进朋友间的友谊，就必须做到以下的规范和礼仪。

(1) 接待前的准备工作 如果是预约拜访，则在接待客人前要好好计划一下，否则会出现令自己和客人十分尴尬的局面。准备工作如下。

其一，家庭环境的布置。家庭环境的布置反映了家庭成员的生活、文化素质和兴趣爱好。家庭环境布置应根据房间面积、家庭收入、家庭成员工作性质、个人兴趣爱好和欣赏不同量入为出的基本原则布置，既注意实用性、舒适性，整洁性，又注意娱乐性、欣赏性和整体性。如居室条件较好的，有客厅，则可在客厅原来的摆设上配上一些鲜艳华丽的饰物，或布置成暖色调，给人以温馨、活泼、开朗、欢快的气氛。如居室条件较差，会客、卧室都在一间屋子，则可将沙发、茶几或折叠椅等摆放到较明显、适中的地方，以便客人入室后能方便就坐。只要东西堆放整齐，窗明几净，同样会给人以主人热情、细心、周到的良好印象。总之，不管家庭条件如何，房的多与少，家具的新与旧，设施的好与差，都要在客人到来前，打扫和整理一下居室，特别注意卫生间和厨房的清洁，因为一旦宴请客人，这些场所常是客人必去的地方。可将东西归位，暂时不用的东西可放到柜子里，不要造成视觉上的凌乱。客厅里可适当放些绿色植物或鲜花，使客厅显得热烈、瑰丽多彩、典雅大方。

保持家中的空气新鲜。特别是在寒冷的冬天，整天门窗紧闭、空气不流通会造成室内气味难闻，因此在客人来访前要事先打开门窗，让室内空气流通，或少许喷一些空气清新剂，让居室空气清新自然。

有条件的家庭可以准备些背景音乐，即音量轻，音质纯正清晰、优美动听，而且连续播放不影响人们的谈话或思维的音乐。给家庭环境平添几分文雅、舒适、幽静的气氛，能使主客双方沉浸在优美的音乐氛围中心情愉悦地交谈。

如客人是不约而来，也应将紊乱的物品赶紧收拾一下，并向客人表示歉意。

其二，主人服饰准备。主人着装虽不必像在公司、宾馆接待那么正规，但也不能太随便，应做适当的修饰，可穿休闲装或毛衣，但穿戴要整洁，保持仪容的整洁、自然、大方，以示对客人的尊重。

女主人的打扮要稍讲究，可适当化些淡妆，梳理合适的发型，忌珠光宝气，浓妆艳抹，也不必盛装，那样既失去主人的亲切感，又给下厨、接待带来不便，只要是合体的毛衣、休闲装、连衣裙等都可以。女主人祥和、微笑的面容、得体的举止、有风度的谈吐一定能给客人留下美好的印象。

如果客人突然来访，主人正穿着睡衣、拖鞋来不及更衣，应请客人稍坐，自己立即借故去其他房间更换服装，穿上鞋袜，再出来接待客人。

其三，其他准备工作。有孩子的家庭，应把孩子安排好。如孩子年龄太小不能自理，而客人又有要事相商，可事先将孩子托付给别人照看，免得到时一忙，照顾不到孩子。如孩子已懂事，则预先告诉他（或她）家里将要来客人，教他一些基本的礼貌，如同客人打招呼、大人在交谈时不随便插话、不大声喧哗、不翻动客人的东西等。亦可分配他一些接待工作，如：递送茶水、接待照顾客人家的孩子等。

如举行家庭宴会，要准备好桌椅、桌布、足量的餐具、饮料、食品等。

(2) 接待礼仪 家庭接待客人，必须遵守以下礼仪。

第一，迎客。当客人应邀来访时，在约定的时间，主人应提前站在家门口，迎接每一位来宾。客人到达后，主人应先伸出手与客人相握、问候，以表示真诚、热情、友好。然后引导客人进入室内。

第二，待客。客人进入室内后，应把最佳的位置让给客人坐。如是在炎热的夏天，应立即打开电风扇，或开启空调，以消暑气，并递上冷饮或茶水。若客人汗流浃背，可递上凉毛巾，让客人擦汗。如是在寒冷的冬天，室内开着空调，主人应主动接过客人衣帽，捧上热茶或咖啡。

来客不论是家庭中哪一位成员的朋友，家中其他成员都应热情招呼，起立、微笑、点头致意。小孩子则应称呼："叔叔好"、"阿姨好"……决不可因为不是自己的朋友就态度冷漠，甚至无动于衷，这是不礼貌的。

来访客人如果带了一些礼物相赠，主人应表示感谢。在接受礼物时，眼睛应注视着对方双手捧接，同时可以客套几句，如："让您破费了"等话。按中国的传统，接过礼物后，一般不打开，要等客人走后才打开。但如果是朋友相赠蛋糕之类的新鲜食品，或家宴时客人带来的熟食，又要求大家一起分享，则可按客人的意见小心地打开、装盘。按照欧美国家的习惯，接过礼物后应立即打开，并比较具体地称赞一番。要是知道礼物比较贵重的话，还是当面拆开包装为好，原封不动地放在一旁，会让客人觉得你对他所送的礼品毫无兴趣，因而产生不愉快的感觉。打开礼物时，切忌漫不经心地撕开包装，或随意扔弃礼品上的包装彩带、饰物。不管收到怎样的礼品，主人都要表现得很高兴，即使收到的礼品不合心意，也要像接受自己所喜爱的礼品一样，说上几句感谢对方和赞美礼品的话。但要注意的是，如果是因公事，或因职权接受别人的拜访送礼时，应态度真诚地婉拒贵重礼品。

夫妻中一方的客人来访时，应把自己的妻子或丈夫介绍给初次来访的朋友。当丈夫介绍他的妻子和朋友认识时，不管对方是男士还是女士，都应首先将对方介绍给自己的妻子，除非对方是一位长者或地位很高的人。但是，如果是妻子介绍她的丈夫和朋友认识时，则无论对方是男士还是女士，都应先介绍自己的丈夫。在一方做介绍时，被介绍一方一定要及时做出反应，要有热情的表示："您好，快请坐"，"认识您很高兴"等，这样客人会有一种愉快的感觉。不可冷漠处之，否则会使客人处于尴尬的境地。要注意，在介绍自己的家人与客人认识时，不应在家人的姓名后面加上"先生"、"女士"、"小姐"等称呼。

如果接待不止一位客人且客人中有互不相识的，主人有责任按介绍的礼仪给他们做相互介绍，介绍完毕后不要马上走开，或引导双方交谈，或促成兴趣相同的客人在一起交谈。待他们谈得比较融洽时，再客气的走开，去招呼别的朋友。

如果在接待中，又有"不速之客"来访，主人可介绍双方互相认识，一同接待。若有事需与其中一方交谈时，可向另一方坦诚相告，并让家中其他成员接待他，切不可就此冷落一方，使客人感到主人有亲疏厚薄之别，造成误会，伤害感情。

接待中，主人可根据客人的需要敬烟。可把烟盒打开，用手弹出几支，让客人自取。但要注意，不能用手指直接碰烟的吸嘴。如主人会吸烟可陪同客人一起吸，先给客人点烟，然后再给自己点。如果客人不吸烟，不可强行递送。主人也不能独自一人吸烟，如实在要吸，也应征得客人同意后再吸，如在场的客人是女士，则更应注意不征得同意不能吸烟。

递茶也是中国人的传统习惯。为客人沏茶之前，要先洗手，并洗净茶杯，或用一次性茶杯，尤以陶瓷茶具为佳。一般需当着客人的面沏新茶，不能用旧茶或剩茶来待客。沏茶前可先询问一下客人的意见，喜欢红茶、绿茶还是花茶或咖啡。茶水不要沏得太浓或太淡，斟茶时斟七、八分满就可以了。盛放咖啡的杯碟应是专用的。主人要双手将盛好咖啡的杯子连同碟子一起端上，杯耳指向客人的右方，牛奶和方糖要用单独的器皿盛放，让客人根据需要自取。若客人较多，应先给主宾上茶。中途要依情况主动添茶。注意，我国旧时有以再三请茶作为提醒客人应当告辞的做法。因此，在招呼老年人或海外华侨时要注意，不要再三劝其饮茶，以免造成不必要的误会。

如果用茶水和点心一起招待客人，应先上点心。点心应给每人一小盘或几个人上一大盘。

请客人用水果时，若是容易取食的水果，如橘子、香蕉等，可直接装盘端上来；若是不方便取食的瓜果，应先削皮、切块，并插上叉或牙签，再装盘端上来。

如果是久不见面的亲友来访，又将到就餐时间，应挽留吃顿便饭。如果客人来访时，正好赶上主人家里吃饭，则应邀请客人一起用餐。若客人确已用过，主人应放下碗筷陪客人，其他家人可继续用餐。有时客人会诚恳地请主人不必介意先吃完饭再说，那么主人可以继续吃饭。但必须先安排客人就座，并拿一些书籍画报给客人看，或让客人听听音乐，看看电视。总之要安排一些消遣的活动，免得使客人产生冷落之感。还要注意，不宜让客人等的时间过长。如客人是带小孩同来的，还要以点心、糖果、玩具以及儿童读物等供小孩玩乐。

与客人交谈时，思想要集中，眼睛应经常注视对方。在整个谈话过程中，目光与对方接触的时间应累计达到全部交谈过程的50%～70%，切不可左顾右盼、看书报或面带倦容、心不在焉，这是很不礼貌的。

如果好几个朋友在一起聚会交谈，不可只关注其中一两个人。说话的时候，目光要环视，照顾到在场的每一个人。谈话内容也要顾及大家，不可只与其中某个人谈而冷落其他人。如确因谈话内容不便让其他客人知道，应另找场合再谈。如发现有人长久沉默不语，应注意及时启发他发表看法，使他融入谈话气氛中，使在场的每一个人都不感到受冷落。

与客人交谈时，不要频繁地看钟表，或是在客人面前打哈欠，因为这无异于在下逐客令。

假如客人无意中把主人家里的东西摔坏或弄脏了，千万不要表露出不满的神情。此时，客人心中已很紧张内疚，主人应加以安慰："没关系，不必放在心上。"

万一客人无约来访而自己有急事需外出，应马上向客人说明情况，尽快了解客人来访意图，或约定再次见面的时间、地点，然后关照家里其他成员好好代为招待后自己再离去。

如客人有事只需与一人交谈时，家中其他成员应主动回避，不要围坐着听，让客人难于启齿。

客人在场时，家人之间说话应轻声细语，防止争吵、打骂孩子等使客人难堪的情况出现。聚会中，事先安排些小节目，如孩子们唱歌、跳舞，或拿出有趣的家庭相册请客人浏览，都会给聚会增添许多情趣。总之，在客人来访的整个过程中，要让客人感到主人家里是一个温馨和睦的家庭。

第三，送客。客人提出告辞，主人一般应婉言相留。如说："再坐一会儿吧"等。但是如果客人确实要走，也不可强留。客人提出告辞后，要等客人起身后，主人再站起来，不能客人一说要走，主人先站起来，摆出送行的架势，这是不礼貌的。客人辞别时，家里在场成员，均应微笑起立，亲切道别。如来的是夫妇，则男客人与男主人告别，女客人与女主人告别，然后交叉告别，最后与家庭其他成员告别。分手时双方互道“再见”，主人通常说“走好”、“慢走”、“有空再来玩”等客气话。

送客一般都送出房门，可到电梯口，也可下楼送到小区门口或车站，对于远道而来的朋友或长辈，最好送到汽车站，送上车，或代为叫好出租车，扶送上车。如果客人有行李，自己应替客人拿着，在分别时再交给对方。与客人握手告别以后，应目送客人远去，直到看不见对方的身影为止。注意：若送到电梯口，要等到电梯间的门合拢并开始下降后再离去。

如果因为身体欠佳，自己实在不能起身相送时，应诚恳地向客人说明原因，表示歉意，并吩咐家人代为陪客出门。

有时会遇到意外的情况，如客人临走时天气突然变冷或下雨。这时，我们应主动关心客人，拿出御寒的衣服或雨具给客人使用。

送客应避免以下做法：客人刚迈出门，就将门“砰”的一声关上，客人会认为主人对他到来的反感；送客时自己只欠欠身子，叫妻子（或丈夫）以及其他家人代送，客人会觉得你是在摆架子；送客时频频看表，神情恍惚，客人会认为是由于他的到来而耽误了你什么重要事情，内心产生不安；客人刚出门，就跟别人议论客人。以上这些做法都是很不礼貌的。

还有另外一种情况就是需要接待小住客人，在招待上要特别注意以下几个方面。

首先，在客人到达之前，把客人的起居室准备好，如条件许可的话，尽量让客人独居一室；如条件差，可考虑让家人到单位或其他地方暂住几天，以免客人感到不方便。家里应打扫干净，准备好洗净的床单、被罩、枕巾、毛巾等供客人用。

外地客人到达本地，应去车站、码头、机场迎接。客人来后，先主动向客人介绍家里及周围的环境，包括他就寝的卧室、厨房、厕所、盥洗室等。要根据客人此行的目的和小住的时间，协助客人安排好这段时间的生活。客人需外出参观游览时，主人应尽量陪同前往。

客人小住期间，必然会给家人带来诸多不便，甚至自己的生活习惯、爱好、兴趣也被迫有所改变，经济上也要多支出一些，这一切主人都应有足够的思想和行动准备。家庭成员之间应避免争吵，创造祥和的家庭气氛，使客人高兴而来，满意而去。

练习题：

1. 拜访的基本礼节有哪些？
2. 如果你是某一公司的办公室人员，你将如何做好一次一般性接待工作？
3. 做一个计划，如何在家中接待一位远道而来、准备小住几天的亲友？

第三节　礼　物

【事例】 某一大型企业在20周年的庆典中，有幸请来了许多政府官员、著名新闻记者、影视明星、著名社会活动家等知名人士。当企业的公关人员询问老总该准备什么样的礼物给来宾时，老总考虑到送礼物不但可以保证庆典活动产生持久的效果，还能成为有效的传播手段，加强与各界人士的情感联络。因此，让公关人员不要怕花钱，去市场购买一些让名士们一见就心跳的金银饰品或玉器，以引起他们的兴趣。但令人尴尬的是，大部分名士因为礼物价值太高，心中极度不安而坚持不收。结果，庆典活动不欢而散。

礼尚往来不仅是中国人的传统礼节，西方人也很重视。现代社会中，人们交际活动日益频繁，馈赠礼品也越来越成为人类社会生活中不可缺少的交往内容而受到人们的重视。互相送礼既是友情的一种表现，又能起到联络感情、加深友谊、促进交往的作用。但是，只有选择合适的礼品、合适的馈赠时机，并遵守馈赠的具体礼节，才能达到馈赠的目的。

一、礼物的分类

所谓礼物，即作为礼品赠送的物品。礼物的种类千差万别，世界上有多少种物品就有多少种礼物，但往往有很多物品是不适合做礼品的，那是因为人们的心理定势所决定的。

礼物基本可分为三类。

（一）按礼品使用频率分

可分为常用的礼品和非常用的礼品。

1. 常用的礼品

常用的礼品是指在日常生活和交往中，人们经常用作赠送的物品。主要有：各种营养滋补品、各种瓜果、各种糕点、各种糖果和奶制品、各种小型电子产品、各种工艺品、书籍等。

2. 非常用的礼品

馈赠礼品中较少使用的物品。如大型电器、古董、房产；油、盐、酱、醋、柴、米、茶中除了桶装油和茶叶外，一般也较少用作礼品。

（二）按礼品价格分

可分为贵重礼品和廉价礼品。

1. 贵重礼品

一般人们普遍认为礼品价格超过普通人收入的一定数额，就是贵重的礼品。如钻石、房产、野山参、大型电器、古董、名人字画、名贵工艺品等。

但礼品的贵重与否，要视送礼者和受礼者的日常收入情况而定。对于一个富翁来说，几千、几万人民币也许只是区区小数，但对于一个贫困者来说，就是一个天文数字。

2. 廉价礼品

相对价格低廉的物品。一般有水果、糕点、日常生活用品等。

（三）按礼品的作用分

人们会依据自己的性格和兴趣爱好，对礼品的作用做出不同的心理判断。

1. 情感型的礼品

某些礼品会引起人们情感上的共鸣，这是人们依据自己的心理感受而非礼品的价格所决定的。如钻石、饰物、小玩具、艺术品等。还有一些励志的礼品，如书籍等。

2. 实用型的礼品

人们生活中需要使用的物品，如文具、餐具、茶具、床上用品、服装鞋帽等。

（四）按礼品保存期限分

1. 长期保存的礼品

具有长期保存价值的礼品。如工艺品、书画、相册、金、银、钻石等。

2. 短期保存的礼品

有些礼品有较短的时效性。如有时限的有价券、影剧票、易耗品、食品等一些经济实用的礼品。

(五) 按赠送礼品的意义分

1. 喜礼

恭喜朋友结婚或生育之礼，如鲜花、工艺品、营养品、小孩衣物等。

2. 贺礼

祝贺企业开张、大型建筑物落成、生日等所送之礼，如花篮、横匾、工艺品、书画等。送给个人的贺礼可根据具体对象决定。

3. 鼓励性礼品

用于表彰、奖励的礼品，一般具有纪念意义和使用价值，如文化用品等。

4. 慰问性礼品

用于关心、问候病人等的礼品，如营养品、水果、鲜花等。

二、赠送、接受礼品的礼仪

同一份礼品，赠予不同的对象，在不同时期送给同一个人，都会起到不同的赠送效果。因此，讲究赠送和接受礼品的礼仪十分重要，只有用合适的礼品、在合适的时间送给合适的人，才能真正发挥礼品的作用。

(一) 赠送礼品的礼仪

馈赠不仅是一种形式，更为重要的是沟通感情和保持联系，因此馈赠者的人品、诚意和馈赠礼节起了至关重要的作用。要达到送礼的效果，必须注意礼品的选择、馈赠的时间和方式及馈赠的礼节。

1. 明确赠礼的性质

明确赠礼的性质是最要紧的。或为结交朋友，或为祝贺生日、晋升、喜庆，或为酬宾谢客，或为逢年过节，或为其他用意。在选购和送出之前都应该明确赠礼的性质。

2. 了解被赠对象的身份、性格和爱好

同样一份礼品，不同的受礼者会有不同的反应。如赠送女孩子一份小小的饰物，她会爱不释手，而同样的礼品赠给一个性格内向的长者，他可能不予理会。俄罗斯人乐于接受一份名酒，而同样的礼品赠送给阿拉伯人时，他一定会面露难色，甚至拒绝，原因是伊斯兰教不允许喝酒。每个人都有自己的兴趣、爱好，每个民族、每个国家都有各自的风俗习惯，馈赠者可以通过仔细观察或通过打听了解受礼者的兴趣爱好，然后有针对性地精心选择合适的礼品，尽量让受礼者感觉到馈赠者在礼品选择上的用心和诚意，因为只有符合受礼者的身份、性格、爱好和习惯的礼物才是合适的礼物。

3. 掌握好赠礼的时机

(1) 传统的节日，如春节、元旦、元宵节、中秋节、端午节等，或时尚流行的圣诞节、情人节、母亲节等。人们往往在这些节日里向亲朋好友表示美好的祝愿，同时送一些礼物，表达一份心意。以维系彼此之间的情感交流。

(2) 喜庆之日，如嫁娶、乔迁新居、生日祝寿、晋升获奖、升学或出国深造、事业取得成功等。送上一份礼品以示道喜、祝贺、祝愿，受礼者一定会发自内心的喜悦，牢牢记住并由衷地感激。这些都是适时的效应。

(3) 慰问、鼓励。交往对象遇到困难、挫折、身处逆境或生病时，可以赠送适当礼品表示慰问或鼓励。

（4）惜别送行。同窗数载毕业后各奔东西；亲朋远行，甚至到异国他乡，为表示自己的惜别之情，一般可送些礼物，以示友谊天长地久。

（5）酬谢他人。当自己曾受过别人帮助，事后选择适当时机送些礼品以回报感恩。应以“来而不往非礼也”为基本准则。

（6）拜访、做客。这种时候可以备些礼物，送给主人，特别是女主人和主人家的小孩。

（7）纪念之时。久别重逢、参观访问、临行话别或重要纪念日之际，可赠些礼品，以作为纪念。

（8）企业开业庆典。在参加某一企业开业庆典活动时，要赠送花篮、牌匾或室内装饰品或工艺品以示祝贺。这也是企业界横向联系的必要手段。

总之，送礼时机要视实际情况灵活掌握，选择送礼时机的合适与否，关系到赠礼的效果。同样的礼品，因赠送时机不同，会达到不同的赠送效果。要让赠礼变得更有意义，更能打动人心，就要发挥赠礼行为物质上和精神上的双重作用。

4. 选择赠礼的适当场合

不同的场合，赠送的礼品应有所区别。在礼仪场合，宜送大方、体面、高雅的礼品，如书籍、纪念徽章、花束、工艺品等便是上乘的选择；而在小范围或个别场景下，赠送吃穿用等生活用品也会受到欢迎；初次在办公室或公开场合见面，就送上一份重礼，会有行贿之嫌；在庄严场合或大庭广众面前，赠送女性衬衣、丝袜或食品之类的礼品，会给对方俗气、尴尬的感觉。会议准备发给与会者的纪念品或当地的土特产，一般要在会议结束后发，以便与会者直接带回住处或直接拿回家，如果一开始就发给大家，让大家始终带在身边，一来行动不便，二来携带着这些礼品开会会使人难堪，除非是会议资料、笔记本等会议中要用到的东西，必须在会议前发。重视赠礼的场合，会收到意想不到的效果。

5. 挑选合适的礼物

要使对方愉快地接受馈赠并不是件容易的事情，因为即便是你精心选择的礼品，如果不讲究赠礼的礼仪，也很难使馈赠成为社交的良好形式，甚至会适得其反。因此无论从礼品的种类、礼品价值的轻重、档次的高低、包装的式样、蕴含的情义等方面都呈现多样性和复杂性。

（1）注重赠礼的价值　注重赠礼的价值，不是指礼物越贵越好，赠礼有没有价值，主要是看受礼者心理上的主观感受和赠礼的目的有无达到，它是赠礼的一种综合效应，即礼物的社会意义、思想意义、情感意义、纪念意义和实用意义。一份名贵的礼品，并不一定就是好礼品；一份价格低廉的礼品，也不一定就不成敬意。在大多数谈判场合，不一定贵重的礼物就会使受礼者高兴，相反，有时可能因为过于贵重，反而使受礼者觉得过意不去，或产生不安。不如送点赋予情感的礼物，更会使谈判对手欣然接受。日常生活中的赠礼亦是如此。往往一纸贺卡就是赠礼的佳品，因为它能引起受礼者情感上的共鸣，如果能亲笔写上几句问候的话就更感亲切。但若选购上面已印有文字的贺卡时要特别注意理解其意义后准确使用。以防用错对象而被对方误解或引为笑柄。因此在馈赠之前，首先要了解受礼方的性别、身份、婚否、教养和兴趣爱好，挑选具有鲜明的特色、突出的标志、又能获得对方赏识、喜爱，并能够使其经常看见或经常使用的礼品进行馈赠。要注意所送的礼品既不要增加受礼者的心理负担，又要使之产生受重视的感觉。礼品要有创意，并为受礼者所喜爱，这才是有价值的赠礼。

（2）考虑送礼的对象　选择礼物要考虑具体的对象和场合。例如：送给老人的可以是寿糕或保健用品；给孩子可送些玩具或糖果；给病人可送些食品或花束等；给单位庆典用，可送花篮；逢年过节探亲访友，可送贺卡或水果、茶、酒等。

(3) 重视礼物的功能　每一件物品都有自己的属性和功能，但是对于不同的人会发挥大小不一的作用。要根据受礼人的特点和具体情况，考虑能给受礼人发挥最大功能的礼品，所谓“物尽其用”才是最合适的。

(4) 关注礼物的包装　送给他人的礼品，尤其是在公共场合送人的礼品，应认真地进行适当包装。精美的包装不仅使礼品的外观更具艺术性和高雅的情调，显示出赠礼人的文化和艺术品位，让受礼人赏心悦目，而且还有助于礼品的保护。如果把几样不同的礼品混在一起，胡乱地用绳子一扎或用一个马甲袋套住送人，是非常不礼貌的。现在提倡建设节约型社会，因此礼品的包装也要与礼品的多少、贵重和受礼人的年龄、性别、性格相匹配，不可过度包装。包装礼品，既要量力而行，又要反对华而不实。应用专门的纸张包裹礼品，或是把礼品装入特制的盒子、瓶子等。包装时，要讲究材料、包封、图像及捆扎、包裹的具体方式。注意在信奉基督教的国家中，应避免把丝带结成十字交叉状。

6. 选择赠礼的方式

(1) 邮寄赠送　一般都要附上一份信笺。在信笺上既要署名，又要用规范的语句说明赠送礼品的缘由。

(2) 托人赠送　即委托第三者代替自己将礼品送达受赠对象手中。当本人不宜当面赠送礼品时，采用这种形式可以显示自己对此十分重视，或者可以避免对方的某些拘谨和尴尬。但应当向受礼人说明不能当面赠送的理由，同时，在礼品上最好也附有一份。

(3) 当面赠送　是一种最为常见的赠送礼品的方式。其好处是，可以在赠送礼品时随机应变，或畅叙情义，或介绍礼品的寓意，或演示礼品的用法，有助于充分发挥赠礼的作用。

7. 注意送礼时的态度和动作

赠送礼品时，要用平和友善的态度、落落大方的动作并说些礼节性的话语，便于受礼者坦然地接收礼品。不能用傲视的态度、施舍般的行为或过于谦卑的举止或悄悄地将礼品置于桌下或房中某个角落的做法赠礼，那样不仅达不到馈赠的目的，甚至会事与愿违。

8. 馈赠礼品的禁忌

婚庆祝寿的喜礼一般不能在事后补；对年长的人不能送钟；刀剪不能赠人；生活中有些物品与人们忌讳的词谐音，一般也不用作礼品相赠。在涉外交往中更要根据各国的习俗慎重选择礼品。

(二) 接受礼品的礼仪

接受别人的礼物也应有一定的规范，如何表现得落落大方、富有涵养，在需要拒绝别人礼物时，如何显得不卑不亢、应对自如，也是很有讲究的。应该做到以下几点。

1. 双手捧接

在对方刚拿出礼物时不要伸手去抢，应态度自然地等对方递上礼物时上前双手捧接，并面带笑容地说几句感谢话：“您太客气了”、“让您破费了”、“谢谢”等。注意，不能单用左手去接礼物。

2. 拆启包装

中国人收礼后一般要等客人走后才打开。外国人则习惯当着客人的面打开包装，并说上几句赞美礼品的话。因此如果条件允许，或知道礼物比较贵重，或是接受境外客人赠送的礼品时，应当着对方的面拆启包装，表示尊重对方，同时也表示很看重获赠的礼品。如果原封不动地放在一旁，那会使人觉得你对别人所送的礼品毫无兴趣，因而产生不愉快的感觉。

3. 欣赏礼品

拆开包装后，要以适当的动作和语言表示对礼品的欣赏。例如，若送的是鲜花，则可捧在胸前闻一闻花香，随后再插入花瓶，并置于醒目的地方。如果送的是饰物，则可马上在身上、头上比试一下，并加以赞美。否则别人的热情就会有被冷漠拒绝之嫌。

4. 表示感谢

接受礼品时，要立即表示感谢："谢谢您"、"你怎么知道我很喜欢这种颜色"等，如果接受的是贵重礼品，还需要打电话，发 E-mail，或者写信专程再次向对方道谢。

（三）拒收礼品的礼仪

当你收到不能接受的礼品时，你可以礼貌地拒收礼品，但必须注意礼节。一般要兼顾以下几点。

1. 说明拒绝的原因

如果因职务、身份不能接受礼品，则可委婉地告知对方自己身份不允许、单位规定不允许等。否则没有理由或是不满意对方所赠的礼物而拒绝是不礼貌的。

2. 要表达谢意

即便拒绝了对方的礼品，也要感谢对方的好意。

3. 态度要友善

在拒绝别人礼品时，态度要友善，无论如何，不能对对方指责、质疑、质问或者谩骂。

4. 事后退还礼

有时拒绝他人赠送的礼品，若是在大庭广众面前进行，往往会使受赠者有口难开，或使赠送者非常尴尬。这种情况一般采取事后退还礼品，但不能拆启包装。事后要快，通常不超过 24 小时把礼物退还给赠送者，或者去单位纪委、相关部门说明情况并登记。

（四）赠送鲜花的礼仪

时下，鲜花也是一种馈赠佳品，鲜花的赠送则更有讲究。在历史的发展过程中，人们赋予了花以各种各样的象征意义，并且这种象征意义已为大众所公认，送上一束鲜花，就等于表达了相应的语言。因此，若以鲜花为礼品赠送时，应该首先了解这束花的象征意义及这种象征意义是否符合你想表达的意思，是否符合对方的特点和场景，否则不仅不会给对方带来欢乐，反而会弄巧成拙。

一般常用的送礼鲜花及象征意义如下。

玫瑰表示爱情，其中红玫瑰表示热恋，粉玫瑰表示永远的爱，白玫瑰表示纯洁的爱，黄玫瑰表示褪去的爱或失恋；郁金香是爱的表白、荣誉、祝福、永恒的象征，其中红色郁金香是爱的告白或表示喜悦，粉色郁金香表示美人、热爱和幸福，紫色郁金香表示无尽的爱，白色郁金香表示纯情或纯洁，黄色郁金香表示高贵、珍重和财富；康乃馨表示母亲我爱您、热情、真情，其中红色康乃馨表示相信您的爱，粉色康乃馨表示热爱、美丽，白色康乃馨表示吾爱永在、真情和纯洁；百合表示顺利、心想事成和祝福，其中香水百合表示纯洁、富贵、婚礼的祝福，白色百合表示纯洁、庄严、心心相印，葵百合表示胜利、荣誉、富贵，姬百合表示财富、高雅；菊花表示清静、高洁、真爱，翠菊表示追想、可靠的爱情、请相信我，非洲菊表示神秘、兴奋、有毅力；牡丹表示富贵；火鹤花表示新婚、祝福、幸运；风信子表示喜悦、爱意和浓情蜜意；小苍兰表示纯洁、幸福、清新舒畅；海芋表示希望、雄壮之美，其中彩色海芋表示爱情、富贵和真情；剑兰表示用心、长寿、福禄和康宁；圣诞红表示祝福；向日葵表示爱慕、光辉、忠诚；大理花表示华丽、优雅；星辰花表示永不变心；金鱼草表示爱出风头；满天星表示真心喜欢等。

练习题：

1. 逢年过节时看望长辈，你认为送什么礼物比较合适？你计划采取怎样的方式送礼？
2. 接受礼物的一般步骤有哪些？
3. 如何拒收不恰当的礼物？
4. 列举自己成功和失败的送礼实例各一个，并加以分析阐述。

第四节 自我推销

【事例】 某公司急需招聘一名办公室管理人员，在对众多应聘者材料审阅和初试后，为了更进一步了解应聘者各方面的素质，决定对其中12人再进行一次面试。一天，面试已经进行到第6个人时，老板心中还是举棋不定，不管专业还是口才，每个应聘者都很优秀。当第7个应聘者站在老板面前时，老板头脑急速地转动：是否还是用那套面试程序来面试对方？突然，应聘者不是走向老板手指的座位坐下，而是走向墙角一边，弯腰拣起一纸屑，然后寻找到室内的废纸篓，并把纸屑扔了进去。"你被录用了"，老板高兴地叫起来。

一、自我推销

所谓自我推销，就是通过自身的言语、肢体和文字使自己被别人肯定、尊重、信任和接受的过程。推销自己不难，但能很艺术地推销自己，并能让别人乐于接受你是需要学习和训练的。

（一）自我推销的目的、意义

1. 让别人认识你

通过你的自我介绍和自我展示，让原来并不认识你的人能够认识你。这是认识过程中最基本和浅显的一步。例如：自报姓名、职业、特长等。

2. 让别人认同你

为了让别人认同你，正确地评价你、欣赏你并与你达成共识，你的推销必须合乎礼仪、展示特质、训练有素。

3. 让别人接受你

无论你是自我推销还是一位推销员，推销成功的标志就是让别人接受你或你的产品。如果你是一位推销员，在你推销产品之前首先要推销自己。很多销售行家的经验显示：人们往往首先接受推销者，然后才会接受产品。因此，推销自己十分重要！

（二）自我推销的方式

一般推销方式可分为有意自我推销和无意自我推销。有意自我推销是有准备的自我推销；而日常生活中道德、举止、神情和待人接物、工作中的态度和作风等等实际上都是在无意中推销着自己。这里，我们主要介绍有意自我推销。

1. 口头形式自我推销

即通过人的口语形式，配合仪态、仪表、眼神、手势等身体语言进行自我介绍和推销。这种推销方式充斥在生活和工作中的每一个角落。例如：求职时的自我推销；推销产品时的自我介绍；一切公众场合的亮相；首次发表自己意见时的自我介绍等等。

2. 书面形式自我推销

（1）书信形式自我推销　即将自己的基本情况、要求、观点通过书信、E-mail等形式邮寄或转给对方。让对方通过文字介绍认识自己、认同自己。

(2) 个人主页形式自我推销　随着因特网的不断发展和完善，网络推销的观念渐入人心，并且成为一种重要的交际与推销手段。其中，制作一个出色的个人主页，以期借助网络更快地找到用武之地，就是这种推销手段的利器之一。个人主页推销的优势主要有：①首先表明自己具有较好的电脑网络操作水平。因为网页的制作需要具备相当高的计算机综合处理能力。无须自卖自夸，就能让对方了解。②不受时空限制。只要告知对方个人主页所在网址后，他就可以随时随地调阅，十分方便，快捷，同时也便于联系。③形象生动。由于采用了图像，动画，声音等多媒体技术和丰富的内容美化“作品”，使对方产生美好的联想，容易打动人心。但要注意真实性、文学性、艺术性的很好结合，反对低俗的文字、图象出现。④利用网络的优势。可以专设一个特色栏目，用来介绍自己的特长和优势，把自己所写的随笔、文章，所发表过的各类论文，所设计出来的作品或成果放在相应的栏目中，以便更好地体现我们的工作实践经验和各方面素质，对方凭此可以初步了解你的学识、思想，志向等信息，便于做出更准确的判断。

(三) 自我推销的准备

1. 心理准备

树立自信心，充满热情，要有自制力，这都是自我推销不可缺少的心理准备。

所谓“自信”就是要以直接、诚实、适当的方式表达自己的感情和观点。使交流、谈话的双方保持一种平等的地位。这种自信心无论是在自我推销前还是在自我推销中都至关重要。

使用第一人称“我”，能够更有信心地阐述自己的观点。比如说，“我担任部门主管已经8年了”，“我相信自己能胜任这份工作”。

人类最大的弱点之一就是自贬，常常把认识自己解释为仅认识自己消极的一面而缺乏信心，让自己感觉没有什么价值。一个人的语言表达就像一部摄影机，会把你心理的意念活动投射出来，它所显示的图像决定你自己和别人对你的反应。试着用以下四种方法使你的意念活动投射出的图像产生积极的效应，也是提高自信心的方法：①用积极、愉快的语句来描述你的感受。当有人问你：“你今天觉得怎么样?”你要回答：“好极了，谢谢你，你呢?”“我想只要我用心就一定能做好。”在每一时刻说你很快乐、说你行，就会真的感到快乐，真的充满自信。而且，这种快乐会感染对方，使你更有分量和精神，为你赢得更多的朋友和机会。②用明朗、快活、有利的字眼来描述别人。当你跟别人谈论第三者时，你要用建设性的语言来赞美他，比如“他干得不错，是个很好的人”，这种语言体现了你的自信和气度。注意绝对要小心避免说破坏性的话。因为第三者终究会知道你的评判，结果这种话会反过来打击你，同时也反映了你的心胸不够宽广。③用积极的话去鼓励别人。只要有机会、就去称赞别人。要注意称赞跟你一起工作的伙伴，这让别人愿意与你共事。④要用积极的话对别人陈述你的计划。

一旦遇到别人与自己意见相左，要冷静而有自制力。这都是心理稳定和健康的表现。

2. 仪容仪表准备

如果以口头形式进行自我推销，就要对自己的仪容仪表做适当的准备。因为对一个不了解或还不太了解自己的人来说，“首因效应”会发挥着作用。

所谓“首因效应”，就是指由于第一印象的作用而对后继交往所发生的影响现象。有一个实验可以证明首因效应的影响力：有一位心理学家曾做过一个实验，把被试者分为两组，同看一张照片。对A组说，这是一位屡教不改的罪犯。对B组说，这是位著名的科学家。让被试者看完后根据这个人的外貌来分析其性格特征。结果A组说：深陷的眼睛藏着险恶，高耸的额头表明了他死不悔改的决心。B组说：深沉的目光表明他思想深邃，高耸的额头表明了科学家探索的意志。这个实验表明如果第一印象形成的是肯定的心理定势，会使人在后继了解中多偏向于发掘对方具有美好意义的品质。若第一印象形成的是否定的心理定势，则会使人在后继了解中多偏向于揭露对方令人厌恶的部分。第一印象最深刻，也最顽固。

既然在人际交往中有这样一个首因效应在起作用，我们就可以充分地利用它来帮助我们完成漂亮的自我推销：首先是面带微笑，这样可能获得热情、善良、友好、诚挚的印象；其次应使自己显得整洁，整洁容易留下严谨、自爱、有修养的第一印象，尽管这种印象并不准确，可对我们的推销总是有益处；再次就是使自己显得可爱可敬，这一切必须由我们的言谈、举止、礼仪等来完成；最后尽量发挥你的聪明才智，在对方的心中留下深刻的第一印象，这种印象会左右对方未来很长时间对你的判断。

3. 资料准备

(1) 口头资料准备　了解对方的基本情况，熟悉自己要推销的内容，设想并准备好一些介绍自己和回答对方的内容，也可事先列出提纲，做到心中有数。

(2) 书面资料准备　除了当面介绍进行自我推销外，其他有关个人资料一般以书面形式呈给对方，以便加深印象、全面了解，并有效利用时间进行深入的谈话了解。一份文字优美、用词确切、条理清晰、内容全面的自我推销材料一定会给对方留下美好的第一印象。

(四) 自我推销的礼仪

1. 自我介绍

自我介绍是自我推销的第一步，必须遵循介绍礼仪进行。

2. 充分展示个性特质

从认知角度来讲，在观察对象时，对象的某个特点、品质特别突出，就会掩盖我们对对象的其他品质和特点的正确了解，被突出的这一点起了类似晕轮的作用，这种错觉现象，心理学中称之为“晕轮效应”。

晕轮效应一般产生在不熟悉的人之间或者伴随有严重情感倾向的人之间，最能产生晕轮效应的是外表。另外，一个人的气质、性格、能力、才智以及家庭背景、个人修养都会产生晕轮效应。但是，无论您是什么样的人，一个粗俗的举止，就会破坏您的全部好印象，而一个美好的举动则可使您倍增光辉。

人与人之间的接触总是有限的，特别是自我推销时，人们只能用点滴的了解来全面地概括您，所以尽量使您首先暴露出来的特质闪光，充分展示自己的价值，这样可以增强晕轮效应，强化您的好印象。

3. 表明自己对组织的认同

通过语言表明对组织的认同，提出这种认同感在具体工作实施中的设想。表明自己愿意为组织目标的实现贡献力量，并可以不断制定与企业发展规划相一致的各种目标和工作计划。

4. 表明自己的进取心

要用积极的态度来看生活。要例举事实或行动表明自己不管面对怎样的困难，都要百折不挠、乐观向上、积极进取、勇往直前。

5. 把握时间

要经常提醒自己：“他在认真听我的谈话吗？”并随时注意对方的反应。如果对方已显得不耐烦，千万别再滔滔不绝。在展示自己优点时，也要合乎对方的问题，不要自顾自，离题千里。既然交流是双向的，替对方着想是获得信任的最好方法。

6. 适当运用身体语言

(1) 坐姿 “站有站相，坐有坐相”是社交礼仪最基本的要求。在自我推销时大多是坐着的，人的坐相直接决定了这个人在社交中的心态。

一般来说，就座时要保持上下身平直，弯曲双膝降低身体轻、缓、稳地坐下，手臂放到椅子扶手上或两手掌心向下，叠放在两腿之上，两腿自然弯曲靠近，小腿与地面基本垂直，两脚平落地面，两膝间的距离，男子以松开一拳或二拳为宜，女士则不松开为好，如果穿着裙子应用手把裙子向前拢一下。

坐定以后，就可以摆出一种轻松而关注的坐姿：腰背稍靠椅背，尽量把上身挺直些，这样可产生稳重感，头部端正，目光平视前方或交谈对象。

在正式场合或有长者在座的时候，不要坐满座位，一般只占座位的2/3，这样显得比较谦虚。身体稍向前倾，并以诚恳赞美的目光看着对方，这种关切、谦逊的态度是在告诉对方你在认真地倾听。

在非正式场合，允许坐定后双腿叠放或斜放。交叉叠放时，力求做到膝部以上并拢，对于穿裙子的女士来说，交叉叠放时最好是脚踝交叉，让膝盖、小腿和脚踝并拢在一起。

无论哪一种坐姿，都要自然放松，面带微笑。如果我们身体后仰，手脚伸开，翘起腿或把手臂搁在椅背上，懒洋洋地坐在沙发椅上，并以不耐烦的目光东张西望时，无疑是向对方传递出你情绪不安、心不在焉或是你对对方的谈话不感兴趣的信息。这无疑是缺乏教养和傲慢的表现。

(2) 目光 眼睛是表现人的内心情感的最直接，最真切，最丰富的器官，不论是喜怒哀乐还是悲恐惊惧，有声语言无法表述出来的内心世界，都能从眼睛里显示出来。希望别人对你的谈话报之信任，最好加上些必要的眼光交流。能获得他人好感的目光应该是诚恳而谦逊的，既不卑也不亢，既尊重他人也尊重自己。如果谈话对象非一人，要注意与在场人交流目光，并随着交谈内容的改变而变化眼神。但要注意，不要故意装出各种“奇异”的眼神来吸引对方，给对方造成一种“虚假”的印象，因为“眼睛是心灵的窗户”；也不要目光游移不定，又会让对方误以为你是心不在焉，不屑一顾；或者以咄咄逼人的目光逼视对方，让对方有一种受威胁的感觉。

(3) 手势 人的手是会说话的，这就是手势语，它能表达人们的思想感情，有时甚至比词汇语言更有力。优雅的手势语能够令交际对方充满惊喜和感激，能表达你果断的性格并产生一定的吸引力；但也能因为轻率和漫不经心的手势，而使对方产生反感，造成人际交往的障碍。值得注意的是：我们应当将注意集中于真情的流露，而两手却是帮助我们让真情流露的工具，千万别刻意舞动。一般在交谈时，幅度不要过大；而在演讲时可随演讲内容的变化而变化手势语言，但都要注意自然并与内容相吻合。如果说话时不需要手的帮助，就让手顺其自然地垂在身体两侧或放在腿上。不要故意把手交叉在胸前，这是一种敌意的表示。两手也不要把玩自己的衣服或衣裤袋内的东西，那更会使对方转移注意，并且显得愚拙。

总之，自我推销就是把自己的优势展示在对方面前，要根据当时当地的实际情况，灵活运用各种推销礼仪，不可机械照搬。

二、求职面试礼仪

求职面试礼仪是求职者在与招聘单位面试接触时应具备的礼貌行为和仪表形态规范。面对当前人才流动越来越频繁、求职竞争越来越激烈的现实，怎样找到一份称心如意的工作，成为困扰求职者的问题。毫无疑问的是，用人单位除了看你是否具备相当的专业知识和潜力外，还要看你在别人面前的言行举止如何，也就是你是否有修养。只有这样，才是积极、开拓型现代企业所需要的人才。因此，求职者除了要具备良好的专业素养外，掌握一些礼仪惯例和技巧是非常必要的，有时这些礼仪形式甚至会起到举足轻重的作用。

就求职的阶段来说，良好的修养，并不仅仅靠面试时的印象，还应包括其他方面，比如求职信和简历、心理准备、面试后续礼仪等。

本节主要叙述求职心态、面试时、面试后礼仪。

(一) 求职心态

1. 必须具备“求”的心态

所谓“求”就是你有需求。无论你的条件多么好，无论人才市场的供求状况对你多么有利，都不能摆出一副舍我其谁的架势。在求职的整个过程中要始终讲究礼貌修养，在尊重他人的同时，要懂得自重，即通过礼仪表达“求”的心态的同时，也要运用礼仪提出和维护自己正当的利益、要求和尊严。因为无论是招聘者还是求职者，都是站在平等、互尊的位置上相互审视和选择的。

2. 必须了解用人单位的心态

企业用人特别注重其礼仪素养。用人单位通过层层笔试、面试，既保证了公平，又可以对求职者的各个方面有全面的了解。其中面试考查的就是求职者的综合分析能力、语言表达能力和礼仪素质。

3. 必须端正求职礼仪是帮助推销自我形象的心态

在求职中，礼仪对于专业来说看似“小节”，但“见微而知著”。求职中你的细微举止都会影响用人单位对你的评价。专业固然重要，思辨能力也不可或缺，但礼仪能规范你的举止，同时，借助礼仪可以推销自己的文化素质、体现自己的道德水准、反映自己的个性。良好的礼仪能给人以美的享受，使用人单位愿意与你交谈，并有兴趣和耐心进一步了解你，甚至当发现你与其他应聘者相比有欠缺的地方时，也能给予理解、关怀和鼓励，从而使你的求职事半功倍，脱颖而出。因此礼仪能帮助你顺利完成面试的全过程。

(二) 面试礼仪

1. 准时赴约

参加面谈，准时赴约是最起码的礼貌。必须事先了解面试地点、路线、换车情况等，做好充分的准备，提前几分钟到达目的地，迟到会被毫不留情地扣去第一个印象分。如果你非常准时，而面谈方却可能被会议或其他要事耽搁，或者上一个面谈还未结束，使你的面试不能按时开始，你要耐心地等待。在等待的时候，建议您“就地取材”，参考会客室墙上所贴的宣传海报、营运图表、面试桌上放的简介等，了解一下该企业的情况，注意千万不可随意翻动经理或其他办公室人员桌上的东西。

2. 适当的寒暄

如果你在等待时间内有其他面谈者或公司员工走进来，你应该落落大方地站起来，面带微笑，诚恳而坚定的与对方握手或点头示意，并简短的自我介绍：“您好，我是×××，很高兴见到您。”

3. 注意肢体语言

进入面谈室时，不要一看到椅子就立即坐下，应该等对方示意请你坐下时再坐。坐在哪里？如何坐？可能对方都有特定的安排或习惯，切忌莽撞毛躁。

坐的时候身体应稍微前倾，显示神情专注，也显得较为谦恭与精神。既不需要正襟危坐，看来太紧张拘束；也不要瘫坐在椅子上；更不要跷着二郎腿或抖动脚，因为一个人的肢体语言中处处透露着这个人的教养与水准。

说话时要注视对方，保持态度平和、诚恳，以不紧不慢的速度说话，清晰而沉着的表达意见，以展现自己的自信，并用专注的神情与对方交流，随着话题微微点头，表示你对于正在讨论的话题十分专注、感兴趣。中国人自古以来即以观察眼神作为鉴人的准则，因此说话时切忌眼神不正、躲闪、乱瞟，让对方察觉到你心中的慌乱或心神不安或没有诚意。

4. 冷静应对

如果对方提出的问题是你事先没有准备或一时无法回答出来的，千万别慌张地挠头搔耳，更不要胡乱编故事，以免弄巧成拙。而应以坦诚的目光、谦和的语气，委婉地告之对方：关于这个问题，自己了解得还不够全面，不敢“班门弄斧”，回去一定查阅有关资料，全面了解。这样反而会给对方留下诚实的印象。

（三）面试后礼仪

面试结束并不意味着求职过程就结束了，也不意味着求职者就可以袖手以待聘用通知的到来。还必须注意以下礼仪。

1. 告别

当得到对方明示：面谈就到这里时，不管自己感觉如何，都不要立即起身，转身就跑，而应该首先对于招聘方给予自己这个面试机会表示感谢，起身后，应礼貌地向对方道别，并再次感谢，如果室内有其他人，也应环视一下并点头道别。

2. 感谢

为了加深招聘人员对你的印象，面试后两天内，你最好给招聘人员打个电话或写封信表示谢意。感谢电话要简短，最好不要超过 5 分钟。感谢信要简洁，最好不超过一页。感谢信的开头应提及你的姓名及简单情况。然后提及面试时间，并对招聘人员表示感谢。感谢信的中间部分要重申你对该公司、该职位的兴趣，增加些对求职成功有用的事实内容，如果面试时有未能回答的问题，也应立即查找有关答案予以简要回答，尽量修正你可能留给招聘人员的不良印象。感谢信的结尾可以表示你对自己的素质能符合公司要求的信心，主动提供更多的材料，或表示希望能有机会为公司的发展壮大做出贡献。面试后表示感谢是十分重要的，因为这不仅是礼貌之举，也会使主考官在做决定之时对你有印象。

3. 不要过早打听面试结果

面试结束后，招聘方一般要进行讨论和投票，然后送人事部门汇总，最后确定录用人选，可能要等 3～5 天。求职者在这段时间内一定要耐心等候消息，不要过早、过多地打听面试结果。

4. 收拾心情

面试回来后，你虽完成一次面试，但这只是完成一个阶段。如果你向几家公司求职，则必须收拾好心情，全身心投入应付第二家的面试。因为，未有聘书之前，仍未算成功，你不应放弃其他机会。

5. 查询结果

一般来说，在面试两周后或在主考官许诺的通知时间已到而仍未收到对方的答复时，就应该写信或打电话给招聘单位或主考官，询问是否已做出了决定。

6. 做好再次冲刺的思想准备

不可能每一次的应聘都能成功，如果在竞争中失败了，不要气馁。关键是必须总结经验教训，找出失败的原因，并针对这些不足重新做准备，吃一堑，长一智，总结经验重新再来。

总之，不管是求职前的心态准备，还是面试时、面试后的礼仪规范，一切为求职的成功服务，因此，既要遵循规范，又要灵活运用。

练习题：

1. 什么叫自我推销？自我推销与人员推销产品有什么联系和区别？
2. 每个学生事先做好准备，在教室或规定的场合作 3～5 分钟的自我推销。
3. 模拟面试场景，进行面试的模拟训练。

第四章 日常礼仪

日常行为是一个人的综合素质在不经意间的自然流露，日常礼仪主要是指人们在日常工作、生活中应遵循的礼仪规范。

第一节 家庭礼仪

【事例】 一次，小女儿对妈妈说："我要吃饼干!"妈妈本来听见了，但却故意不理。女儿叫了几声，见妈妈不理，就跑过来说："妈妈你有没有听见我要吃饼干哪?"妈妈说："我听见了，可我不知道你在叫谁呀，你又没有叫'妈妈'。"女儿笑着说："妈妈我要吃饼干。""说得还不对。""怎么又不对了?"你要说："妈妈，我想吃饼干，请您帮我拿，好吗?"女儿重复了一遍这句话后，妈妈才去拿饼干。等女儿吃完饼干，转身去玩时，却被妈妈一把拉住说："还没完呢!"女儿瞪着大眼说："完了，吃完了!"妈妈说："你还没有说声谢谢呢。""噢，还要说声'谢谢'?""当然啦。别人帮你做了事，怎么可以不说声谢谢呢?"这位妈妈就是这样一点一点地训练女儿学会使用文明语言的。

家庭担负着人类自身生产的重任。对社会而言，它具有抚养、赡养、教育、社会交往等功能。因此家庭礼仪在维持家庭稳定、保障家庭幸福的同时，对社会将产生巨大的社会效益。

一、家庭礼仪

所谓家庭礼仪，指的就是人们在长期的家庭生活中，用以沟通思想、交流信息、联络感情而逐渐形成的约定俗成的行为准则和礼节、仪式的总称。"幸福的家庭都是相似的，不幸的家庭各有各的不幸。"这里所说的幸福是建立在礼仪的基础上的。"相敬如宾、白头偕老"阐明的就是夫妻间也要有礼节才能幸福一辈子的道理。"父子和而家不败，兄弟和而家不分，乡党和而争讼息，夫妇和而家道兴"，可见"和"是关键。这个"和"用今天的话来解释，也就是相互谦恭有礼的意思。家庭礼仪在现代社会生活中发挥着重要的作用。简单地说，家庭礼仪是维持家庭生存和实现幸福的基础，家庭礼仪能调节家庭成员之间达成和谐的关系，家庭礼仪也有助于社会的安定、国家的发展。

(一) 家庭礼仪的特点

家庭礼仪的基本特点主要表现在以血缘关系为基础，以感情联络为目的，以相互关心为原则、以社会效益为标准的四个方面。

1. 以血缘关系为基础

家庭礼仪主要体现在以血缘关系、感情关系为核心的家庭成员之间的关系是人类社会中最为普遍的关系。因此，在家庭礼仪的形成、建立和运用过程中，必须从血缘关系这一基本点出发。

2. 以感情联络为目的

家庭礼仪的主要职能并非以个人形象的塑造为侧重点，而是通过种种习惯形成的礼节、仪式来进一步沟通感情。俗话说“亲戚亲戚，不走不亲”。就是强调亲友间的感情有了血缘关系的基础，还得需要通过一定的礼仪手段来维持、强化和巩固。婚嫁喜庆、乔迁新居、寿诞生日等种种快乐，通过礼仪的传播，可以使更多的人体会和享受，这一传播过程的最终目的就是加强感情联系。

3. 以相互关心为原则

之所以说“母爱是最伟大、最神圣的爱”，是因为母爱的主要内涵是无私的奉献、无微不至的关怀。要衡量一件事或某一行为是否符合家庭礼仪要求，只要分析一下双方之间是否存在相互关心的成分，真诚的祝贺、耐心的劝导、热情的帮助本身就是合乎礼仪的。

4. 以社会效益为标准

不同的时代环境、不同的区域风俗，礼仪存在着很大的差异性。家庭礼仪也一样，因为它受多种因素的影响。家庭活动中的许多礼节、仪式也是变化发展的。如封建社会的婚礼有拜堂入洞房等繁文缛节，而现在出现了许多集体婚礼、旅游结婚等新的婚礼程序。但有一点却是可以肯定的，那就是要评判某一种家庭礼节、仪式是否是进步的、合乎礼仪规范的，就要看它是否能产生很好的社会效益这一标准。

(二) 孝敬老人

1. 尊重老人

爷爷、奶奶、外公、外婆辛苦了一辈子，含辛茹苦地养大了父亲、母亲，没有他们，便没有我们的爸爸妈妈，更没有我们。所以，我们应该孝敬他们，对他们特别要讲礼貌。

2. 照顾老人

老人年岁大了，有诸多不便，我们对他们要给予特殊的照顾：吃饭时给他们盛饭夹菜；睡觉时为他们铺床盖被放蚊帐；在他们走动时予以搀扶；有空时陪他们说话解闷；老人病了，更要给予精心照料，主动为其煎药、喂药、嘘寒问暖。

3. 体谅老人

俗话说：“树老根多，人老话多”。老人上了年纪，说话比较啰嗦，易忘事。有些事情翻来覆去要说好几遍。对这种必然的生理现象，作为有文化有知识的学生，应该充分理解，而不能表现出厌烦情绪，甚至粗暴地打断老人的絮语。当老人家唠叨时，正确的话，我们要听；就算错了，也让他们说完以后再做解释。如果只是一个劲地嫌老人啰嗦，对他们的话不理不睬，甚至粗暴地反对，那就必然令他们伤心。就算你内心还是孝敬老人的，就算平日里你也曾用心照顾他们，但只要有无礼的行为，老人就很容易伤心。

(三) 尊敬父母

道德把敬爱父母列入规范；法律把赡养父母定为准绳；舆论将虐待父母作为谴责对象。那么，作为子女对父母要讲究哪些礼仪呢？

1. 尊敬孝顺

每一个人都是父母从小拉扯大的，都倾注了父母的大量心血，父母到了晚年，做儿女的应该感激、报答父母的养育之恩。不仅要有物质上的赡养，还要有精神上的安慰。所以，即使不在父母身边，经常性的问候是非常必要的。在父母眼里，子女永远都是孩子，即使父母再唠叨，也不可以厌烦他们甚至出现抵触情绪。

2. 不加干涉

父母有自己的社交、人情、利益开支，更有自己的思想感情。做子女的切忌越俎代庖。尤其是失偶父母再婚问题，子女应为父母自身的幸福着想，支持理解，不能粗暴干涉。

3. 注意小节

比如，出入都要向父母打招呼；行踪去向要主动告诉父母，以免父母为你担忧；早晚应向父母问候；吃穿娱乐要懂得礼让父母；父母生病应全心照料等。和父母在一起的时候，应尽可能地帮父母多做一些家务活，多和他们聊聊天。父母生日的时候，在可能的情况下，为他们准备一份礼物，一家人在一起吃顿饭。这些看似不起眼的事情，对于父母的心是最好的安慰。

二、睦邻礼仪

邻里关系如何，影响着我们日常的工作状态和情绪。如果邻里之间建立了和睦的关系，经常给予各方面的帮助和方便，解除后顾之忧，对我们的工作和学习来说就是很大的支持。反之，必然会影响工作、学习和生活的情绪。“远亲不如近邻”这句话是非常有道理的。

(一) 邻里关系的含义

所谓邻里，是指人们在居住的地理位置上，与左邻右舍，经久相处，相互往来，所形成的社会小群体。邻里之间友好往来、守望相助，就构成了和睦的邻里关系。

(二) 与邻里相处的礼仪

1. 思想重视

从思想上要重视与邻里和睦相处。不论生活在哪里，总是离不开与邻里相处，邻居相处一般时间较长，所以必须做到和睦共处。由于邻里靠近，免不了你来我往。这就需要以礼相待，以礼相交，相互关照，相互谦让，和睦相处。

2. 相互照应

邻里之间每次相遇都要亲切地打招呼。相互尊重对方的生活习惯，防止互相干扰。特别是有上夜班的邻居，或者有什么特殊情况时，都需要相互照应。邻居家的小孩子、宠物、一草一木等都要如同自己家的一样爱护。家里饲养宠物，不能让它随意乱跑乱叫，随地大小便，有碍卫生。

3. 互相往来

借东西要及时归还，如有损坏要说明情况，最好不借贵重的东西。邻里有事要相互帮忙。如婚丧嫁娶、送病人去医院、搬运较重的东西等，都要相互帮助，多说些祝福和安慰的话。

4. 相互谦让

退一步海阔天空。邻居之间如果发生了什么事，产生了矛盾和冲突，一定要相互谦让。邻里纠纷不少是由搬弄是非引起的，所以邻里之间切忌说长道短，背后乱议论，或者猜疑嫉妒。邻里之间由孩子引起的矛盾，家长应教育孩子，不能轻信纵容、偏袒自己的子女，从而激化矛盾。对一些蛮不讲理的邻居要善于借助群体的力量来解决问题。

5. 设身处地

住楼房的人要考虑到别人的安静，防止乱敲、乱蹭，发出很大的声音，弄得四邻都不得安宁。有的人放收录机、电视机等，把声音调得很大，整栋楼房都能听得到；有的人安装空调，就紧贴在邻居家一边，又有热气，又有噪声，弄得邻居家夏天无法开窗户等。我们要设身处地地替邻里着想。

6. 讲究公德

居住场所应注意的公德都很具体。大致有：

(1) 别把电梯当成聊天室　有的人不顾别人的感受在电梯里大谈特谈小道消息，上至各国政要的花边新闻，下至街坊邻居的家长里短，说起来眉飞色舞，全然不顾电梯里其他人的感受，更不顾及周围的人和自己叙述的故事主角是否认识，只顾自己嘴上一时痛快。这样很容易给别人带来不快甚至给自己带来麻烦，最好别把电梯当成聊天室。

(2) 楼梯上不要放杂物　楼梯上放杂物，尤其是长时间放置自家的杂物，自家方便了，却给大家带来不便。譬如，有人将自行车锁到楼梯上，自家的自行车是方便、安全了，可是过往街坊、邻居都不方便、安全了。放置杂物很容易碰伤别人，也容易伤害邻里关系。

(3) 不妨碍邻里　基本要求是：在自己说话、办事、乃至一举一动时，最低限度是要做到不妨碍别人。

练习题：

1. 家庭礼仪的特点是什么？
2. 孝敬老人、尊敬父母应注意哪些问题？
3. 与邻里相处应有哪些注意事项？

第二节　一般公共场所礼仪

【事例】 一次，小张和朋友一起到某古迹公园游园。当走到一处院落的门口时，见入口处竖立着“游人止步”的牌子。小张提议大家进去看看，来一次探险。几个人绕到后院，爬过围墙，进入院子。但刚刚站稳，就有几个保安人员冲过来，抓住小张他们几个人。原来，这里正在布置展览，展品中有一些价值较高的古代器具，保安人员以为小张等人是奔着这些展品来偷盗的，因此抓住小张等人。小张等百般解释，才得以离开。

公共场所，又称公共场合。所指的是可供全体社会成员进行各种活动的社会公用的公共活动空间。例如：广场、社区、各种娱乐场所、体育场所、公园、车站、码头、商场等。公共场所最显著的特点是它的公用性和共享性。它为全体社会成员所服务，是全体社会成员进行社会活动的场所。

一、社区礼仪

社区是指地区性的生活共同体。一般来讲，人们在社会生活中，不仅结成一定的社会关系，而且总离不开一定的地域条件。人们会在一定的地域内形成一个个区域性的生活共同体，整个社会就是由这些大大小小的地区性生活共同体结合而成的。这种聚居在一定地域范围内的人们所组成的社会生活共同体，在社会学上称为“社区”。

中共中央在十六大报告中提出“完善城市居民自治，建设管理有序、文明祥和的新型社区”的要求。我国城市社区建设正转向以社区组织建设为重点，进入以社区组织建设带动社区事业建设的新阶段。

(一) 社区的公共礼仪

作为社区的一员，要自觉遵守社区公共礼仪。从目前社区发展的角度来看，和谐的社区人际关系应该包括以下几方面的内容。

1. 友善

友善是和谐社区人际关系的起码要求，也就是社区居民之间要“以礼相待”。与社区其他公众相处时要尊重礼让、平等相待、互帮互谅、真诚友爱。人与人之间友好地以礼相待，会有助于培养居民尊重他人的道德意识。

2. 诚信

现在，社区中经济交往关系日益纷繁复杂，诚信日益成为社区人际关系的心理起点和基本准则。人们逐步认识到，只有取信于他人和社区，才能建立良好的人际关系和生存环境，获得自身的最大利益和达到预期目标。如有意见分歧时，要及时沟通，避免误会。

3. 平等

社区居民在交往过程中，必须坚持“人格平等”。无论何种职业、官职高低，在社区中都是作为普通居民而存在，没有“等差之别”。对于社区公共事务都有平等的权利与义务。应自觉遵守社区的各项规章制度，爱护社区环境，维护社区秩序。

4. 以区为家

要树立社区是“家”的观念，以“主人翁”的姿态来建立、维护一个团结、和睦和稳定的社区环境。为了共同的利益互助合作，形成“我为人人、人人为我”的“社区共同体”。

（二）社区的公共安全

随着城市现代化建设进程的加快，各种安全隐患给居民的城市生活蒙上了阴影。社区是区域内全体居民共同生活的区域，社区的公共安全必须引起居民的高度重视。

1. 防火安全

（1）在日常生活和交往中要做到人走灯关，人走火闭；不乱拉线、接线，安全使用电器；不乱放易燃易爆物品；不乱扔烟头；不随意燃放烟花、爆竹等。

（2）要学会识别火灾隐患，主动学习安全防火知识和正确使用电器的指示。自已和家人要牢记火警电话，懂得正确报警程序等。

（3）掌握防火安全方面的技能。每个家庭应该有必要的消防器材，并掌握基本的使用方法。全体社区居民要爱护公共消防器材和设备。

2. 防盗安全

（1）提高警惕、消除隐患，勇于和盗窃行为作斗争。最重要的是社区居民之间要互相关心，千万不要“只扫自家门前雪，不管他人瓦上霜。”这是道德上的堕落和对犯罪行为的放纵。只要绝大多数居民都勇于和盗窃行为作斗争，犯罪分子就不会有机可乘。

（2）普及防盗安全知识。做到人走后关好窗、锁好门。必要时还可以礼貌地请邻居多加关照。

（3）作为社区居民有义务监督社区内的防盗安全机制，加强小区门卫、巡逻制度。

3. 防毒安全

（1）防止和打击贩毒、吸毒行为。“远离毒品，珍爱生命”。

（2）防止食物中毒、煤气中毒等。

二、交通礼仪

随着人民生活水平的提高，交通日益发达。但交通事故和交通拥堵现象也频繁发生。尽管有关部门投入了极大的精力来解决和防止出现交通安全问题，但最根本的还是要加强我们每一位公民的交通安全意识和交通安全行为。注重交通礼仪是使交通局面根本好转的重要途径。

（一）行路礼仪

1. 遵守交通规则

过马路一定要走人行横道线，避让来往车辆，不能低头猛跑；在人多拥挤的地方要循序而行，不挤不抢，相互礼让，尽量为长者、老弱病残者让路，让负重的人或孕妇、儿童先行。

2. 友人见面

路遇友人，应主动打招呼互致问候。若需交谈，应靠边站立，不要妨碍交通并注意安全。

3. 注重细节

不要一面走路，一面吃东西或抽烟；要自觉维护环境卫生，不随地吐痰，不乱扔果皮杂物等，而应将其扔到果皮箱或垃圾桶中。不要人为弄脏、损坏公用电话、邮箱、报栏、座椅等公共设施。

4. 见义勇为

路遇别人发生矛盾等情况，不要围观起哄、添火加油或扎堆观望。应主持公道，排解纠纷。

(二) 骑自行车礼仪

骑自行车出行要遵守交通法规，自觉服从交通民警的指挥，讲究交通公德做到各行其道。在没有划分车道的路上，要靠右行驶。

在通过路口时要严守信号，停车不超线，不绕信号灯行驶。要做到不逆行，不扶肩并行，不双手离把骑行。

骑自行车出行时要做到骑车不带人。遇到拐弯处要适当使用车铃或伸手示意，不强行猛拐。

自行车不能随意乱放，要在划线停车的区域内停车并放置整齐。

(三) 乘公共汽车礼仪

1. 遵守乘车秩序

在车站候车，应依次排队，并按顺序上车。对妇女、儿童、老年人及病残者要照顾谦让。

2. 尊重司乘人员

要尊重司乘人员的辛勤劳动，协助他们维护好上下车秩序。上车后要及时买票或主动出示公交 IC 卡，无人售票车要主动投币。

3. 乘客间礼让照顾

上车后要主动往车厢空处疏散，不堵塞车门口，以免妨碍乘客上下车。要主动给妇女、儿童、老弱病残者及抱小孩的乘客让座。对方致谢，可说“不用谢”、“不客气”。如遇别人给自己让座，则应主动致谢。车上乘客较多时，不慎碰撞了他人或被他人碰撞，应主动赔礼致歉，或表现出高姿态互相谅解。下车时要待车子停稳后有秩序地快速下车。

要协助乘务人员维护站内、车内公共秩序，敢于与危害社会治安及不文明的行为作斗争。

4. 遵守公共道德

乘坐公共汽车时，要做到自觉保持站内、车内环境卫生，不喧哗，不在车厢内吸烟，不随地吐痰，不将瓜果之类的东西随地乱扔，更不能扔出车窗外。遇到自己咳嗽、打喷嚏时，要用手帕捂住口鼻，防止唾沫四溅。雨后乘车，应把雨伞放入事先准备好的塑料袋中，以免沾湿他人衣服。夏季乘车，衣着不应过分随便，更不能赤膊赤足。

(四) 乘火车礼仪

1. 对号入座

进入车厢后，要对号入座，不可占用别人订好的座位（铺位）。

2. 不乱摆乱放

上车后，应立即把携带的物品安放在行李架上，而不要乱放在过道上，以免影响通行。

3. 注意公共道德

谈天、打扑克、听音乐等不要影响别人。未经允许，不要随便翻阅人家的书刊，也不要凑过去与别人同看一份报纸。不能随地吐痰，乱扔果皮纸屑等杂物。禁止吸烟的车厢内不能抽烟。车厢拥挤要注意不要挤碰别人。不能携带危险物品上车等。

(五) 乘飞机礼仪

乘坐飞机，要经过进入机场、等候、安检、上飞机、乘机、下飞机、离开机场等过程。在这个过程中，要注意各方面的礼仪。譬如乘坐飞机要关闭移动电话以防止对飞机仪器产生干扰，要将安全带系好，严禁携带危险物品登机，对号入座，飞行期间不要胡乱走动，上下飞机过程中不要抢行，乘坐时不要大声聊天，与其他乘客、乘务人员交流要文明礼貌等。

(六) 乘船礼仪

1. 保持秩序

要自觉排队，有序上船，对号入座。船上扶梯较多、较陡，作为男士和年轻人应留意照顾儿童、女性或老年人，给予礼让、保护、帮助。凡船上标明“旅客止步”的地方不要进入，船上的各种设备也不要随意触动。在轮船行驶途中，遇上景点拍照不要挤抢，应适度礼让。

2. 保持清洁

如果晕船的话，应当去洗手间或拿塑料袋暂时接住，不要吐在舱内或甲板上。不要在铺位上吸烟，保持空气清新。在船上吸烟时，烟头不要乱扔，防止火灾。不要向水里随手扔弃或倾倒杂物，这样不仅污染环境，还可能会弄脏下层甲板或船舱旅客。禁止随地吐痰等不文明行为。

3. 遵守规定

譬如不要在船上四处追逐，忘乎所以。不要随意挥动丝巾或在晚上拿手电乱晃，以免被其他船误认为打旗语或灯光信号，引起不必要的麻烦等。

4. 注意忌讳

譬如不要同其他乘客尤其是老年人谈及翻船、撞船之类的话题，用餐时不要说与“翻”、“沉”有关的话等。

三、体育场礼仪

随着人们物质生活水平的不断提高，参与体育锻炼已经日益成为广大群众自发的行动。参与或观看各种类型的体育比赛也成为我们日常生活中的重要组成部分。

任何比赛，观众都是赛场的重要组成部分。观众看比赛有两个层面的活动，一是欣赏，欣赏运动员优美的技术动作，欣赏运动员之间浑然天成的战术配合；二是参与，观众在看台上摇旗呐喊，助威加油，场上场下融为一体。观看比赛时，要遵守相应的礼仪。

1. 遵守规定

体育场内的规定包括如下。

(1) 应准时按规定一人一票持票入场，对号入座。不要携带或使用违禁用品。例如：燃放烟花、火把，散发传单、饮酒助兴等。

(2) 比赛期间不要随便走动或站立，以免影响其他观众的视线。

(3) 不要随便进入赛场内、更衣室。不要随便使用闪光灯拍照，以免影响运动员比赛。

(4) 在散场时，要向最近的出口顺着人流缓行，不要拥挤，更不能围堵运动员或运动员的车辆，造成秩序混乱，避免人身危险。

(5) 衣着得体。不能只穿一件小背心，更不能光着膀子观看比赛。

(6) 禁烟区内不许吸烟。尽量不要在观看比赛时吃零食。如果比赛时间较长，可少量进食，并要将废弃物装入自备的袋子内，待比赛结束后带出场外，丢入垃圾桶。

(7) 不起哄、不乱叫，不向场内扔东西。不得辱骂运动员与裁判员。在国际比赛中，奏任何一方的国歌时，都应起身肃立。

2. 公平友好

在观看比赛时，为表现出公平与友好，应为双方加油。不要只为自己国家、地区、单位的参赛队伍、参赛人员喝彩而漠视另一方，更不能对另一方喝倒彩。

3. 良性互动

在赛场上，观众与运动员的互动是十分重要的，良性互动能够激发运动员振奋精神，更好地投入比赛。然而这种互动对于不同的运动项目是有所不同的。一种是有节制的互动，比如棋类、网球、高尔夫球、马术等项目，需要相对安静的比赛环境，观众就应该比较绅士，根据比赛规则恰到好处地给予掌声。还有一种是比较热烈的互动，比如足球、手球、篮球等项目，啦啦队可以尽情地“折腾”，不论是喊声震天，还是全场制造人浪，都不为过。

四、公园礼仪

节假日三五知己、一家人会经常外出游览，逛公园、参观各种展览等。那么怎样做一个文明游客呢？

1. 爱护环境

(1) 爱护公共设施　大至公共建筑、设备、名胜古迹，不要乱涂、乱刻，不得损坏。小至花草树木都要珍惜爱护，不能攀树折枝、掐花摘果、践踏草坪。不要在公园内椅子上旁若无人地睡大觉。不要在公园内高声播放音乐，破坏安静的环境。

(2) 注意环境卫生　公园是人们休息和娱乐的公共场所，在游玩时，不要大声喧闹，不要随地吐痰，不乱扔果皮纸屑、杂物及饮料瓶罐。在公园中野餐的家庭和年轻人，活动完后要将废物收拾干净。

(3) 不携带危险物品进入公园，不在防火区域动用明火或吸烟。

2. 文明礼貌

(1) 礼貌谦让　要购票入园，按顺序排队进入，不要拥挤。在景色好的地方拍照，要遵守先后次序，不要争抢先后，更不能斥责推拉别人。拍完照后应向给予自己方便的人说声“谢谢”。行经曲径小路、小桥、山洞要主动让行，不要抢道占道。在危险处还要注意关心别人。在亭榭、石凳等可以休息的地方，遇到老、弱、病、残或抱小孩者要主动让座；如别人为你让座，要表示谢意；如想与别人同座，应征得同意后方可入座，并表示谢意。

(2) 在公园内不要兜售物品，不散发任何形式的广告及宣传品。

(3) 不打架斗殴、聚众闹事，不搞封建迷信活动，不以任何形式进行赌博等非法活动。

(4) 当公园静园后，不要继续逗留、露宿。不要翻越、毁坏围墙和围栏。

(5) 在公园谈情说爱时，要因时、因地而为，不可有失礼节。

练习题：

1. 和谐的社区人际关系应该包括几方面的内容？

2. 我们在乘坐不同的交通工具时，都应注意哪些礼仪？

3. 如何文明观看体育比赛？

4. 在公园内，怎样才能成为一位文明游客？

第三节 宴请礼仪

【事例】 老张的儿子留学归国，还带了位洋媳妇回来。为了讨好未来的公公，这位洋媳妇一回国就张罗着请老张一家到当地最好的四星级饭店吃西餐。

用餐开始了，老张为在洋媳妇面前显示出自己也很讲究，就用桌上一块“很精致的布”仔细地擦了自己的刀、叉。吃饭的时候，学着他们的样子使用刀叉，既费劲又辛苦，但他觉得自己挺得体的，总算没丢脸。用餐快结束了，吃饭时喝惯了汤的老张盛了几勺精致小盆里的“汤”放到自己碗里，然后喝下。洋媳妇先一愣，紧跟着也盛着喝了，而老张的儿子早已是满脸通红。

老张闹了两个笑话，一个是他不应该用“很精致的布”（餐巾）擦餐具，那只是用来擦嘴或手的；二是“精致小盆里的汤”是洗手的，而不是喝的。

在人际交往中，“食”也占有一席之地。餐饮不仅可用以招待亲朋好友，还是社交活动的一种重要形式，是展现个人良好修养，表现对交往对象的尊重、友善的机会。

一、一般餐饮礼仪

餐饮礼仪是一种常见的社交活动，常以宴会的形式出现。宴会活动就其目的性质而言，大约分为三种：一种是礼仪性质的，如为迎接重要的来宾或政界要员的公务性来访；为庆祝重大的节日或举行一项重要的仪式等举行的宴会，都属于礼仪上的需要，这种宴会要有一定的礼宾规格和程序。另一种是交谊性的，主要是为了沟通感情、表示友好、发展友谊，如：接风、送行、告别、聚会等。再一种是工作性质的，主人或参加宴会的人为解决某项工作而举行的宴请，以便在餐桌上商谈工作。这三种情况又常交相为用兼而有之。宴会的目的、形式、性质不同，但宾主所遵循的基本礼仪是一致的。

（一）欣然应允

一般来说，宴会的组织者都会提前发出请柬。客人接到请柬或口头的通知后，一定要尽快确切地答复组织者是否参加。如果没有特殊情况，一定要欣然应允，万勿推辞。如果因故不能参加，要尽早让组织者知道，并解释原因，表示歉意。

（二）着装得体

1. 客人赴宴前应根据宴会的目的、规格、对象、风俗习惯或主人的要求考虑自己的着装，着装不得体会影响宾主的情绪，影响宴会的气氛。

2. 要根据不同的宴会，考虑、选择适于自己的着装打扮。不管参加什么样的宴会，都要使自己更漂亮些，干净利落些。这不仅是对主人的尊重也是对自己的尊重。

（三）准时赴宴

如果应允参加宴会，那么就要准时赴宴。当主人约您和您的朋友、家人共同赴宴时，只要是答应下来了，就一定要如数赴宴，既不要多，也不要少，最好不要带主人未曾邀请的人员赴宴。

（四）遵守次序

宾主到齐，开始入席。这时候，一定要礼让有加，不要争先恐后。夫妻双方参加的宴会要待主宾夫妇和主人夫妇先后入座后，其他人再依身份、年龄等尊卑次序依次入座。

（五）略备礼品

如果参加好友的家庭宴会时，应根据不同的宴会主题，带点得体的礼品。礼品不论贵重，都应考虑礼品类型、格调与主人所请之事的联系。

（六）符合主题

一般而言，宴会都有一定的目的、主题。参加宴会时，应该使自己的言行符合宴会的主题，要随着主人的宴会主题转，不宜另选其他话题。

（七）举止文雅

1. 点菜

如果主人安排好了菜，客人就不要再点菜了。如果你参加一个尚未安排好菜的宴会，就要注意点菜的礼节。点菜时，不要选择太贵的菜，同时也不宜点太便宜的菜。太便宜了，主人反而不高兴，认为你看不起他。如果最便宜的菜恰是你真心喜欢的菜，那就要想点办法，尽量解释得委婉一些。同时，要注意节约，不要铺张浪费。

2. 进餐

进餐时，不要摆弄桌上的餐具，也不要对桌上的菜肴品头论足。主人示意开始，客人才能用餐。进餐时举止要文明礼貌，不要将胳膊搭在桌子上或贴近桌子。咀嚼食物不出声，嘴唇边不留痕，骨头鱼刺等切勿乱吐乱扔，要吐、放到杂物盘中。

取菜要适量，不要取得过多，吃不了剩下。在自己跟前取菜，不要伸长胳膊去够远处的菜。不能用餐具随意翻动盘中的菜。最后，你应将盘中的菜全部吃净。

3. 饮酒

如果酒量还能够承受，对主人敬的第一杯酒应喝干。同席的客人可以相互祝酒，但不可以任何方式强迫对方喝酒，否则是失礼。自己不愿或不能喝酒时，可以谢绝。

4. 其他事项

（1）进食时尽可能不咳嗽、打喷嚏、打呵欠、擤鼻涕，不打嗝。万一不能抑制，要用手帕、餐巾纸遮挡口鼻，转身，脸侧向一方，低头尽量压低声音。进餐前，可将外衣脱下挂在衣架或搭到椅背上。进餐过程中，不要解开纽扣或当众脱衣。不可以把随身携带的东西放到餐台上。

（2）参加宴会最好不中途离开。万不得已时应向主人、同桌人员表示歉意，说明原委。席间，无论坐下或离开都要从椅子左侧进出。

（3）吃完之后，应该等大家都放下餐具，主人示意后方可散席离座。宴会完毕，你可以依次走到主人面前，握手并说声“谢谢”，向主人告辞，但不要拉着主人的手不停地说话，以免妨碍主人送其他客人。

（八）适时结束

现代社会，视时间为效益和金钱。因此参加宴会也应惜时如金，加快传递信息和社会交际的进程，做到适可而止，见好就收。既不要逼着他人喝酒取乐，也不要夸夸其谈，使宴会变得无尽无休，令人生厌。

二、中餐礼仪

中国人热情好客，有很丰富的餐饮文化，很讲究餐饮礼仪。随着与世界饮食文化的不断交流，中餐不仅是中国人的传统饮食习惯，还越来越受到外国人的青睐。中餐礼仪是指具有中国特色的宴会及应遵守的礼仪规范。

（一）位次安排

在中餐正式宴会中，要事先安排座次，以便参加宴会者入席时井然有序，这也是对客人的一种礼貌。非正式的宴会不必提前安排座次，但通常就坐也要有尊卑之分。它关系到来宾的身份和主人给予对方的礼遇问题。所以，宾主双方应同等重视。

宴会是较大规模的聚餐活动，位次安排包括桌次安排和座次安排两种情况。在安排位次时基本上把握住“面门定位、以远为上、以右为尊”的规则。这里提到的“右”与“上”，正是由面对正门的位置来确定的，所以也就有了“面门定位”。

有时主宾的身份高于主人时，为表示尊重，可以让其在主人位次上就座，主人则在主宾位次上就座。

（二）餐具的使用和摆放

中餐的主要餐具有：盘、碗、筷、匙等；辅助餐具有：湿巾、水杯、水盂、牙签等。

1. 盘子

稍小一些的盘子称为碟子。盘子在中餐中主要是用于盛放食物，在餐桌上不轻易挪动，一般保持在原位，更不宜摞放。在使用盘子时还应注意以下几点。

（1）不要一次性取用过多的食物，要根据自己的需要适量取用。

（2）不要在盘中堆放多种食物，既不好看也不雅观。

（3）不要将剔出的骨、刺及吐出的残渣扔在地上或桌子上，应放在盘子的前端，必要时可请服务员更换。

2. 碗

碗在中餐中用于盛放主食、汤类。在进餐使用碗时应注意以下几点。

（1）不要把碗扣放在餐桌上。

（2）不要用手端起碗进食，更不能双手端起碗进食。

（3）不要用手直接取用碗内的食物，应用筷、匙作为进食的辅助工具。

（4）碗内的剩余食物不可用舌头去舔或直接倒入口中。

3. 筷子

筷子在中餐中是必不可少的餐具，在使用筷子进餐时应注意以下几点。

（1）筷子要成双使用，不可单只使用。

（2）不要用舌头去舔筷子上残留的食物，或长时间把筷子含放在口中。

（3）不要把筷子当作叉子去取食物。

（4）暂时不用筷子的时候，不能把筷子插放在食物上。因为，好多民族和地区在祭祀祖先的时候才插放筷子。要将筷子放在筷子座上，或竖着搭放在自己用的碗、盘上，不能横放或直接放在餐桌上。

（5）在与人交谈的时候，应暂时放下筷子。不能用筷子指点对方或敲打桌上其他的餐具。

（6）不要让筷子迟迟的停留在半空中，不去夹菜。

（7）不能用筷子“代劳”夹取食物之外的事情。例如：剔牙、抓痒等。

4. 匙

匙即勺子。在中餐里一般用于舀取汤、羹、粥类食物。也可在用筷子取食时加以辅助。使用勺子应注意以下几点。

（1）勺子取用的食物不要倒回原处，应立即食用。

（2）不要用勺子反复地去搅拌过烫的食物，也不能用嘴吹。

(3) 在食用勺子内的食物时，尽可能不要把勺子全部塞入口中。

(4) 不用勺子的时候，应把勺子放在自己的盘子内。

5. 湿巾

湿巾一般在用餐之前由服务员分给每位用餐者。其作用只是擦手，不可用其擦汗、擦脸、擦嘴用。有时，在宴会结束后，也会再上一块湿巾，与前者不同，这时上的湿巾是用来擦嘴。

6. 水杯

中餐中的水杯主要用途是盛放清水、果汁、饮料等，不可盛酒。水杯也不可倒扣放置餐桌上。

7. 水盂

在上虾、蟹、鸡等需要手持的菜肴前，服务员会送上一只小水盂，其中飘着柠檬片或花瓣，作洗手之用。在洗手时，可两手轮流沾湿指头，轻轻涮洗，然后用小毛巾擦干。

8. 牙签

牙签主要用于剔牙。在剔牙时应以一只手或餐巾遮掩嘴部。剔完牙后，不要长时间用嘴叼着牙签。当然，我们平时应注意保持好口腔卫生，避免每次在用餐时都当众剔牙。

(三) 用餐时的礼节

除前述相关礼节外，中餐礼仪还包括如下方面。

1. 仪容适度

外出聚餐、赴宴时，仪容要整洁。譬如男士要剃须，女士需化淡妆。否则有不尊重主人，不重视此次宴会、聚餐之嫌。

2. 掌握时间

应邀赴宴时，一定要准时到达指定地点。迟到会让主人和宾客因为你的迟到而打乱原定的计划安排。早到，主人往往还未准备充分，会感到措手不及。宴会中途，如无特殊情况，不要早退。如若早退需向主人提前打好招呼，并对主人的热情招待表示感谢。若中途需要离席一会儿的，可把餐巾放在座椅上，若放在桌边上，会被人认为餐毕离去。

3. 何时开餐

中餐上菜的顺序一般是：先上冷盘、酒水，后上热菜，最后上主食和水果。就座后不要立即动手取食，应待主人示意宴会开始时，客人才能开始进餐。

4. 用餐动作要文雅

(1) 进餐时不要一边嚼吃东西，一边和人聊天。

(2) 吃菜喝汤不要狼吞虎咽，不要发出不必要的声音。如果菜、汤太热，可稍凉后再吃，切勿用嘴吹。

(3) 在用餐时，不管天气如何炎热也不要当众宽衣解带。

(4) 女士注意口红不要沾在杯、吸管或碗上，以免不雅。

(5) 在用餐时应自觉不要吸烟，以免污染环境，影响他人健康。即使当别人向自己敬烟时也要婉言谢绝。

(6) 夹菜要文明，应等菜肴转到自己面前再动筷，不要抢在邻座前面。一次夹菜不宜过多，而且不要专挑自己喜欢吃的菜。夹菜时不要碰到邻座，更不要把盘里的菜拨到桌上。正在夹的菜若不小心掉在桌上，不可把它重放于原碟，应放于盛置残渣的碟中。若为别人夹菜，要用公筷、公勺，不能用自己使用过的筷子、勺子。

(7) 相互祝酒碰杯时，应暂停进餐，由主人和主宾先碰杯。碰杯时要双目注视对方表示谢意。在宴会上敬酒要适度，量力而行，不要勉强他人，切勿饮酒过量失言失态。不会饮酒者，要事先加以说明，在祝酒时，沾沾嘴唇以示尊敬。

三、西餐礼仪

用餐的礼节，不同的国家常存在着许多差异。你认为挺礼貌的举动，如代客夹菜、劝酒，欧洲人可能感到很不文雅。尽管有许多不同，但还是有许多规则是大多数国家通用的礼节。

（一）预定饭店或接受赴宴邀请

1. 提早预约餐厅

越高档的饭店越需要事先预约。预约时，不仅要说清人数和时间，也要表明是否要吸烟区或视野良好的座位。如果是生日或其他特别的日子，可以告知宴会的目的和预算。在预定时间内到达，是基本的礼貌。

2. 尽早回复

接到请柬后应尽快答复，这是最起码的礼节。特别是指定了席位的宴会，如不及早告知你将缺席，主办方面来不及补充人员，造成席位的空缺，既不礼貌，又很浪费。现在一般采用电话答复，简单快捷。若用书信的形式，婉转地说明一下不能出席的理由则更好。

（二）着装

吃饭时穿着得体、整洁是欧美人的就餐常识。去高档的餐厅，男士要穿着整洁的上衣和皮鞋；女士要穿套装和有跟的鞋子。如果指定穿正式服装的话，男士必须打领带。再昂贵的休闲服，也不能随意穿着上餐厅。手一定要保持干净，指甲修剪整齐。进餐过程中，不要解开纽扣或当众脱衣。如主人请客人宽衣，男客人可将外衣脱下挂在衣架或搭到椅背上，不要将外衣或随身携带的物品放在餐台上。

（三）入座

进入西餐厅后，需由侍应带领入座，不可贸然入位。最得体的入座方式是从左侧入座。当椅子被拉开后，身体在几乎要碰到桌子的距离站直，领位者会把椅子推进来，腿弯碰到后面的椅子时，就可以坐下来。手肘不要放在桌面上，不可跷足。不可在进餐时中途退席，如有事确需离开应向左右的客人小声打招呼。用餐时，坐姿端正，背挺直，脖子伸长。上臂和背部要靠到椅背，腹部和桌子保持约一个拳头的距离。两脚交叉的坐姿最好避免。在把面前的食物送进口中时，要以食物就口，而非弯下腰以口去就食物。

（四）餐巾

西餐一般用餐巾布。餐巾布方正平整，色彩素雅。经常放在膝上；在重要礼节场合也可以放在胸前；平时轻松场合还可以放在桌上，其中一个餐巾角正对胸前，并用碗碟压住。餐巾可以用来擦嘴或擦手，以对角线叠成三角形状，或平行叠成长方形状，拭擦时脸孔朝下，以餐巾的一角轻按几下。污渍应全部擦在里面，外表看上去一直是整洁的。若餐巾脏得厉害，请侍者重新更换一条。离开席位时，即使是暂时离开，也应该取下餐巾随意叠成方块或三角形放在自己的座位上。如果用餐结束，可将餐巾放在餐桌上。否则在你中途去洗手间时将餐巾放在桌子上，等你回来侍者可能已经把你还未吃完的菜收走了。

使用餐巾过程中，要注意不要有如下失礼之举：当成围兜般塞在衣领里边或夹在腰带里；用餐巾擦拭餐具、桌子，会有看不起主人家之意；用餐巾拭抹口红、鼻涕或吐痰；不要用餐巾擦眼镜、抹汗，应改用自己的手帕；在离席时将餐巾掉落在地上；把餐巾用得污迹斑斑或者是皱皱巴巴；将吃剩食物放到餐巾上。

（五）取食

取食时不要站立起来，坐着拿不到的食物应请别人传递。有时主人劝客人添菜，如有胃口，添菜不算失礼，相反主人会引以为荣。对自己不愿吃的食物也应要一点放在盘中，以示礼貌。当参加西式自助餐时，别一次就把食物堆满整个盘子。盘子上满满的食物让人看起来认为你非常贪得无厌。每次拿少一点，不够再取。

女士还要注意，吃东西的时候，每次都要少放一些到嘴里，小口嚼，避免制造噪声和弄坏唇膏。吃一般的菜时，如果把手指弄脏了，可以请服务员端洗手水来。

（六）招呼侍者

在一流餐厅里，客人除了吃以外，诸如倒酒、整理餐具、捡起掉在地上的刀叉等事，都应让侍者去做。侍者会经常注意客人的需要。若需要服务，可用眼神向他示意或微微把手抬高，侍者会马上过来。在国外，进餐时侍者会来问："How is everything?"如果没有问题，可用"Good"来表达满意。如果对服务满意，想付小费时，可用签账卡支付，即在帐单上写下含小费在内的总额再签名。最后别忘记口头致谢。

（七）西餐用餐时的位次排列

用西餐时的位次排列只要了解一些基本规律，就可以轻而易举的处理好位次排列问题。

1. 尊重女士

在西餐礼仪里，女士是处处备受尊重的。所以，在排列用餐位次时，尤其是安排家宴时，主位一般应请女主人就座的，而男主人则退居第二主位。

2. 关注主宾

主宾是主人关注的中心，并且在正式的西餐中男女应交叉排列，生人与熟人也应交叉排列。所以在排列位次时，应请男、女主宾分别紧靠着女主人和男主人就座，以便进一步受到照顾。

3. 以右为尊

以右为尊依然是一个最基本的原则。例如，应安排男主宾坐在女主人右侧，安排女主宾坐在男主人右侧。

4. 面门为上、面对餐厅正门的位子，通常在序列上高于背对餐厅正门的位子。

5. 近主位为上

距主位近的位子高于距主位远的位子。

（八）刀叉的使用

使用刀叉时，由外往内取用刀叉。要左手持叉，右手持刀；切东西时左手拿叉按住食物，右手拿刀切成小块，用叉子往嘴里送。用刀的时候，刀刃不可以朝外。进餐中途需要休息时，可以放下刀叉并摆成"八"字形状摆在盘子中央，表示没吃完，还要继续吃。每吃完一道菜，将刀叉并排放在盘中，表示已经吃完了，可以将这道菜或盘子拿走。如果是谈话，可以拿着刀叉，不用放下来，但不要挥舞。不用刀时，可用右手拿叉，但需要做手势时，就应放下刀叉，千万不要拿着刀叉在空中挥舞摇晃。不要一手拿刀或叉，而另一只手拿餐巾擦嘴，也不要一手拿酒杯，另一只手拿叉取菜。任何时候，都不要将刀叉的一端放在盘上，另一端放在桌上。

（九）西餐吃法和中餐的区别

1. 吃面包和黄油

（1）自己拿面包和黄油，然后用手把面包掰成几小块，抹一块，吃一块。

（2）吃三明治。小的三明治和烤面包是用手拿着吃的，大点的吃前先切开。配卤汁吃的热三明治需要用刀和叉。

2. 吃肉类

(1) 西方人吃肉（指的是羊排、牛排、猪排等）一般都是大块的。吃的时候，用刀、叉把肉切成一小块，大小刚好是一口。吃一块，切一块，不要一下子全切了，也千万不要用叉子把整块肉夹到嘴边，边咬、边咀嚼、边吞咽。

(2) 吃牛肉（牛排）的场合，由于可以按自己爱好决定生熟的程度，预定时，服务员或主人会问你生熟的程度。

(3) 吃有骨头的肉，比如吃鸡的时候，不要直接“动手”，要用叉子把整片肉固定（可以把叉子朝上，用叉子背部压住肉)，再用刀沿骨头插入，把肉切开，边切边吃。如果是骨头很小时，可以用叉子把它放进嘴里，在嘴里把肉和骨头分开后，再用餐巾盖住嘴，把它吐到叉子上然后放到碟子里。不过需要直接“动手”的肉，洗手水往往会和肉同时端上来。一定要时常用餐巾擦手和嘴。

(4) 吃鱼时不要把鱼翻身，吃完上层后用刀叉剔掉鱼骨后再吃下层。

3. 吃沙拉

(1) 西餐中，沙拉往往出现在这样的场合里：作为主菜的配菜，比如说蔬菜沙拉，这是常见的；作为间隔菜，比如在主菜和甜点之间；作为第一道菜，比如说鸡肉沙拉。

(2) 如果沙拉是一大盘端上来就使用沙拉叉。如果和主菜放在一起则要使用主菜叉来吃。

(3) 如果沙拉是间隔菜，通常要和奶酪、炸玉米片等一起食用。先取一两片面包放在你的沙拉盘上，再取两三片玉米片。奶酪和沙拉要用叉子吃，而玉米片可以用手拿着吃。

(4) 如果主菜沙拉配有沙拉酱，可以先把沙拉酱浇在一部分沙拉上，吃完这部分后再加酱。直到加到碗底的生菜叶部分，这样浇汁就容易了。

(5) 沙拉习惯的吃法应该是：将大片的生菜叶用刀子切成小块，如果不好切可以刀叉并用。一次只切一块，吃完再切。

4. 喝汤

(1) 喝汤时讲究右手持汤勺，由近而远，向外侧将汤舀起。倘若以盘盛汤，盘内之汤所剩无几时，可以左手由内侧托起盘子，使其外倾，然后以右手持匙舀汤。

(2) 在喝汤时不要端起汤来直接喝或去吸食，不要用嘴吹汤，或是用盆、盘或汤匙去反复折汤降温。

5. 蚝和文蛤

吃蚝和文蛤用左手捏着壳，右手用蚝叉取出蚝肉，蘸调味料叉吃。小虾和螃蟹的混合物也可以单独蘸调味料，用蚝叉吃。

6. 意大利面

吃意大利面，要用叉子慢慢地卷起面条，每次卷四五根最方便。也可以用调羹和叉子一起吃，调羹可以帮助叉子控制滑溜溜的面条。不能直接用嘴吸，不然容易把汁溅得到处都是。

7. 水果

在许多国家，把水果作为甜点或随甜点一起送上。通常是许多水果混合在一起，做成水果沙拉，或做成水果拼盘。吃水果关键是怎样去掉果核。不能拿着整个去咬。有刀叉的情况下，应小心地使用，用刀切成四瓣再去皮核，用叉子叉着吃。要注意别把汁溅出来。没有刀或叉时，可以用你的两个手指把果核从嘴里轻轻拿出，放在果盘的边上。把果核直接从嘴里吐出来，是非常失礼的。

8. 西式快餐和小吃

(1) 汉堡包和热狗是用手拿着吃，但一定要用餐巾纸垫住，让酱汁流到餐巾上，而不是流到你的手或衣服上。为防止万一，可以一只手拿餐巾垫住，另一只手准备一两张餐巾纸备用。

(2) 比萨饼可以用手拿着饼块，注意防止上面的馅掉出来。但一般晚宴的餐桌上看不到比萨饼。

(3) 玉米薄饼是一种普遍的用手拿着吃的食物。可以蘸上甜豆酱或番茄酱等混合后再吃。

(4) 油煎食品和薯片，可以用手拿着吃，也可以用叉子吃。如果在户外，自然可以用手拿着吃。

练习题：

1. 在一般情况下，进餐时应注意哪些方面？
2. 用中餐时筷子的使用方法有哪些？
3. 在中餐宴请活动中怎样安排席位？
4. 用西餐时如何正确使用刀叉？

第四节 舞会礼仪

【事例】 学跳交谊舞好处多

第一，可以强身健体，舒缓压力。跳交谊舞主要是可以收腰，健腹，在娱乐中又可以锻炼身体，结合放松运动，轻松健身，尽情娱乐，一举两得。现代人工作压力大了，通过跳交谊舞来放松一下，随着美妙的旋律，翩翩起舞，会令你心境开朗，心情舒畅，体型更加健美，健美的身材会令很多人羡慕。

第二，提高社交能力对工作方面有很大的帮助。当今数字信息时代里，样样都要懂，有很多公司、企业、单位的人员都来学跳交谊舞，是为了在工作上有所帮助。例如平时公司联欢，聚会和朋友的PARTY这都是经常会接触到的，如果你不会跳一两支舞应付一下是很难和他们沟通的，如果周围的朋友和同事都会跳交谊舞而你不会，就显得不太合群了！

第三，学会跳交谊舞能让你提升自身的仪态和气质。长期跳交谊舞的人走起路来都很有仪态和风度，因为在舞蹈中就包含了挺胸收腹的姿势，走起路来当然与众不同。

在现代社会，人们的各类活动中聚会是最为多见的一种形式。其中，舞会是常见的聚会形式之一。

一、舞会常识

(一) 交谊舞的起源

交谊舞，又称舞厅舞（ballroom dancing）、舞会舞（party dancing）、社交舞（social dancing）等。正规的是国标舞，即国际标准交谊舞（International Ballroom Dancing），又称体育舞蹈。交谊舞来源于各国的民间舞蹈，是在古老的民间舞的基础上发展演变而成的。

11世纪，欧洲一些国家将民间舞蹈加以提炼和规范，形成了流行在宫廷中的“宫廷舞”，高雅繁杂，专供贵族习跳和欣赏，是贵族的特权。法国大革命后，宫廷解体，“宫廷舞”也进入了平民社会，成为社会中人人可舞的社交舞。1768 年，在巴黎出现了第一家舞厅。从此，交谊舞在欧洲社会中流行。由于国标舞对舞姿、舞步要求非常严格，所以，出现了要求相对低一些的交谊舞，它保持了国标舞各种舞种的风格，但比较随意。尽管如此，交谊舞依然有自己的要求。

(二) 交谊舞的种类

不同的舞种，其基本步法、步速及风格是不同的。一般分为两大类。

1. 平均步速类

例如慢三步、快三步、华尔兹、维也纳华尔兹、南京小拉舞、北京平四舞等。这一类舞种步速的特点就是一步占舞曲音乐的一个节拍。当然，这个一步指的是在这个舞曲音乐中的常步。整体运步规律上，舞步的步速是平均的。

2. 快慢结合类

这一类舞种的基本步法组合是由快步和常步或者是由常步和慢步组合而成的。有的舞种甚至用快步、常步、慢步三种步速组成。例如：中四步、慢四步、伦巴舞等，都是由两种步速组成的基本步法组合；探戈，狐步舞等，则是用三种及以上的步速作为基本步法的形态。总之，这一类舞种，在整体运步规律上，舞步的步速是有快慢的，而不是平均的。

二、舞会礼仪

舞会的所有参加者，在舞场之上均需注意个人的行为举止，注意自己的临场表现，时时处处地遵守舞会的礼仪规范。

对一般人而言，约束自己在舞场上的具体表现，主要是要注意修饰、邀人、拒绝、舞姿、交际五个方面的基本问题。

(一) 修饰

参加舞会之际，依礼必须先期进行必要的、合乎惯例的个人形象修饰。其中，修饰的重点主要有三方面。

1. 仪容

在仪容方面，舞会的参加者均应沐浴，并梳理适当的发型。男士要剃须，女士在穿短袖或无袖装时须剃去腋毛。特别需要强调的有两点：一是务必注意个人口腔卫生，认真清除口臭，并禁食气味刺激的食物。二是外伤患者、感冒患者以及其他传染病患者，应自觉地不要参加舞会，否则不仅有可能传染于人，而且还会影响大家的情绪。

2. 化妆

参加舞会前，有条件的人都要根据个人的情况，进行适度的化妆。男士化妆的重点，通常是美发、护肤、去味。女士化妆的重点，则主要是美容和美发。与家居妆、上班妆相比，因舞会大都举行于晚间，舞者肯定难脱灯光的照耀，故舞会妆允许相对化浓一些。但若非参加化妆舞会，切勿化的太夸张，令人咋舌。

3. 服装

在正常情况下，舞会的着装必须干净、整齐、美观、大方。有条件的话，可以穿格调高雅的礼服、时装、民族服装。若举办者对此有特殊要求的话，则须认真遵循。在舞会上，通常不允许戴帽子、墨镜，或者穿拖鞋、凉鞋、旅游鞋。在较为正式的民间舞会上，一般不允许穿外套、军装、工作服。穿的服装过露、过透、过短、过紧，既不庄重，也不合适。

4. 邀请

在舞会上，邀请他人与自己共舞一曲，是其参加者必做之事。舞会礼仪规定，在邀人共舞时，特别要关注常规、方法、选择、顺序等几个要点。

(1) 常规 在舞会上，邀请舞伴的下述基本规范，是人人必须严格遵守的。不然的话，就会失敬于人，或是令人见笑。请舞伴时，最好是邀请异性。通常讲究由男士去邀请女士，不过女士可以拒绝。另外，女士亦可邀请男士，然而男士却不能拒绝。在较为正式的舞会上，尤其是在涉外舞会上，同性之人切勿相邀共舞。两位男士一同跳舞会给人以关系异乎寻常之感。而两位女士一起跳舞，则似乎是在说明："没有男士相邀"。根据惯例，在舞会上一对舞伴只宜共舞一支曲子。接下来，需要通过交换舞伴去扩大自己的交际面。舞会上的头一支舞曲，一般讲究由男士要去邀请与自己一同前来的女士共舞。如有必要，他们二人还可以在演奏舞会的结束曲时再同跳一次。

(2) 方法 邀请他人跳舞，应当力求文明、大方、自然，并且注意讲究礼貌。千万不要勉强对方，尤其是不要出言不逊，或是与其他人争抢舞伴。①直接邀请。即自己主动上前邀请舞伴，先向被邀请者的同伴含笑致意，然后再彬彬有礼地询问被邀请者："能否有幸请您跳一次舞?"②间接法。即自己直接相邀不便，或者把握不是很大时，可以托请与彼此双方相熟的人士代为引见介绍，牵线搭桥。不论采用何种方法请人，万一自己来到被邀请者面前，已有他人捷足先登时，则须保持风度，遵守先来后到的顺序，礼让对方，下一次再进行邀请。

(3) 选择 在舞会自行选择舞伴时，亦有规范可循。有可能的话，不要急于行事，而最好先适应一下四周的气氛，进行一下细心的观察。一般说来，以下八类对象，是自选舞伴之时最理智的选择。①年龄相仿之人。年龄相似的话，一般是容易进行合作的。②身高相当之人。如果双方身高悬殊过大，未免会令人感到尴尬难堪。③气质相同之人。邀气质、秉性相近的人一同共舞，往往容易相互产生好感，从而和睦相处。④舞技相近之人。在舞场，"舞艺"相近者"棋逢对手"，相得益彰，有助于更好地发挥技艺，产生快感与满足。⑤少人邀请之人。邀请较少有人邀请之人，既是对其表示的一种重视，也不易遭到回绝。⑥未带舞伴之人。邀请未带舞伴的人共舞，成功机会往往是较大的。⑦希望结识之人。想结识某人的话，不妨找机会邀对方或是同伴共舞一曲，以舞为"桥"，接近对方。⑧打算联络之人，在舞会上碰上久未谋面的旧交，最好请其或其同伴跳一支曲子，以便有所联络。

(4) 顺序 在较为正式的舞会上，根据舞会礼仪的规定，人们除了要与自己一起来的同伴同跳开始曲、结束曲，或是可以酌情自择舞伴之外，还须按照某些既定的顺序，去邀请其他一些舞伴。男士邀请舞伴的合理顺序是：①就主人方面而言，自舞会上的第二支舞曲开始，男主人应前去邀请男主宾的女伴跳舞，而男主宾则应回请女主人共舞。接下来，男主人还须依次邀请在礼宾序列上排位第二、第三的男士的女伴各跳一支舞曲，而那些被男主人依照礼宾序列相邀共舞的女士的男伴，则应同时回请女主人共舞。②就来宾方面而言，有下列一些女士，是男宾应当依礼相邀，共舞一曲的。她们主要包括：一是舞会的女主人；二是被介绍相识的女士；三是碰上的旧交的女伴；四是坐在自己身旁的女士。以上女士若被男宾相邀后，与其同来的男伴最好回请该男宾的女伴跳上一曲。

5. 拒绝

在一般情况下，当本人在舞会上被人相邀时，通常不宜拒绝对方。万一非要回绝他人的邀请时，则务必要注意态度和措辞，切勿伤害对方的自尊心。

(1) 态度 在拒绝他人邀舞的请求时，态度要友好、自然，表现要彬彬有礼。不要让对方"晾"在一旁下不了台，或者对其视而不见，置若罔闻。

口头拒绝对方时，最好起身相告具体原因，并且勿忘向对方致歉，对其说上一声："实在对不起"，或是"抱歉之至"。别人邀请自己跳舞，是尊重自己的表现，所以千万别令其难堪，或受到伤害。

被人拒绝后，要有自知之明，有台阶就下。千万不要自找没趣，赖着不走，胡搅蛮缠。

拒绝一个人的邀请之后，不要马上接受他人的邀请，尤其是不要当着前者的面，堂而皇之地这样做。否则，会被前者视为是对其所进行的一种侮辱。

(2) 托词　拒绝他人时，语言不宜僵硬、粗鲁。通常，拒绝别人，应在说明原因时，使用委婉、暗示的托词。目前，在舞会上婉拒别人的托词，最常见的有下列六种。对此，拒绝者要会讲，被拒绝者则要善于"听话听音"，知难而退。

托词之一，是"已经有人邀请我了"。

托词之二，是"我累了，想单独休息一会儿"。

托词之三，是"我不会跳这种舞"。

托词之四，是"我不喜欢跳这种舞"。

托词之五，是"我不熟悉这首舞曲"。

托词之六，是"我不喜欢这首舞曲"。

6. 舞姿

参加舞会时，人人重在参与。一个人的舞姿不必美不胜收，舞技也不必无可挑剔，但是跳舞时所作所为，却必须尽量达到合乎规范的标准，而且还必须文明大方。

(1) 标准　在舞场上跳舞时，按规范，①步入舞池时，须女先男后，由女士选择跳舞的具体方位。而在跳舞的具体过程中进行合作时，则应由男士带领在先，女士配合于后。②每个人在跳舞时，身体都应保持平衡，步法切勿零碎、杂乱。在需要前进或后退的时候，迈出的脚步、身体的重心、力量的分配、一定要认真、准确，并且要注意移动自如。③在跳舞时，要掌握运步方向的技巧，要记住，在变换各种方向时，均应以自己左脚或右脚的前脚掌为轴心进行转动。④正规舞场，跳舞时所有人的行动方向，都必须按照逆时针方向进行，唯有如此，方能确保舞池的正常秩序，不至于发生跳舞者互相碰撞拥挤的状况。⑤当有乐队演奏时，一曲舞毕，跳舞者应首先面向乐队立正鼓掌，以示感谢。此后，方可离去。

(2) 文明　在舞场上跳舞时，每个人的舞姿均应符合文明规范。①跳舞时的具体动作，要与届时演奏的舞曲协调一致。在任何时候，都不要自我创作，乱跳一气。尤其是不允许有意采用夸张、怪异、粗野甚至色情的舞蹈动作，去吸引他人的注意。②在跳舞之时，要注意与其他的跳舞之人保持适当的距离，以防相互影响。万一不慎碰撞或踩踏了别人，应当自觉地向对方道歉。若系他人因此而向自己道歉，则须大度地向对方表示"没关系"。③不论自己与一起跳舞的舞伴是何种关系，两个人在一起合作跳舞时，除必要的以手相互持握外，身体的其他部位都要保持大约一拳左右或以上的间隔。男士不能借机对女士又拉、又抱，女士则不宜主动贴向男士。双方都不应当在跳舞时贴面、贴胸、贴腹，有意黏在一起。④除交谈之外，在跳舞时切勿长时间地紧盯着舞伴的双眼。万一碰到了双方身体的其他部位，应立即为自己的不慎向对方说一声"对不起"。

7. 交际

鉴于舞会多以交际为主，故此舞会亦称交谊舞会。参加舞会时，不能只图跳舞尽兴，而忘却了本应进行的交际活动。

(1) 叙旧　在舞会碰上了老朋友、老关系，除了要争取邀请对方或其同伴共舞一曲之外，还要尽量抽时间找对方叙上一叙，致以必要的问候，并且传递适当的信息。千万不要在舞会上表现得“喜新厌旧”，为了结交新朋友，而对旧交不屑一顾。

(2) 交友　在舞会上结交新朋友，通常有三种方法可行。一是主动把自己介绍给对方。二是请主人或其他与双方熟悉的人士代为介绍。三是通过邀请舞伴的方式直接或间接地认识对方。在舞会上结识新友之后，一般不宜长时间深谈。可在此后适当的时间，主动打电话联络对方，以便进一步推进双方关系。与互不相识的舞伴跳舞时，可略作交谈。其内容以称道对方的舞技、表扬乐队的演奏等为佳。有时，也可以进行简短的自我介绍。但是，在交谈时不宜打探对方的个人隐私、贬低他人的舞技，或是胡言乱语。不要在跳舞时伺机向对方提出单独约会的请求，更不能风风火火，急不可耐地向其表白“一见钟情”的爱慕之意。

练习题：

1. 交谊舞中有哪些舞种？
2. 交谊舞姿有哪些规定？
3. 舞会上有哪些文明礼仪问题要注意？

第五章　口头语言礼仪

说话是一门综合艺术，它关系到说话者的思想品格、文化修养、知识才干、心理、气质等多种因素。公关人员在言语交谈中，应通过称呼、问候、面谈、打电话、演讲、谈判等方式，运用各种说话技巧，体现出或博大精深、庄重严肃；或谦恭有礼、温文尔雅；或亲切柔和、委婉含蓄等审美价值，给交谈对方带来欢愉，使对方得到美的享受，受到思想的启迪。

第一节　口才概述

【事例】 有一次，美国总统里根与夫人南希出席一个社交集会。里根夫妇上主席台时，南希因步子迈得过大，不小心跌入台下的花篮里。会场观众大哗，一片笑闹声。南希忙说："我没事，我没事。"观众笑声更热烈。这时，里根镇静地走上前，对南希说："我不是跟您讲好了，要在我受到冷落时才要您使这一招的吗?"观众顿时为里根的随机应变所折服，全场响起一阵喝彩声。里根机智与幽默的口才不仅为南希解了围，而且赢得了大家的尊敬。

社会的进步和经济的发展使人们的生活内容丰富，节奏加快，彼此间的交往日趋频繁，并且越来越讲究交际的效率。因此，口才在交际中的地位和作用越来越被人们重视，对口才也提出了越来越高的要求。

一、口语原则

(一) 口语概念

所谓口语，即口头交际的语言。口语交际就是特定的人，在特定的语境里，为了特定的目的，运用语音手段，传递信息、交流思想和感情的一种言语活动。

(二) 口语目的

1. 对客体行为的直接驱动

驱动式目的的含义在于主体以语言内容对客体的直接指令。其核心是主体（我）要客体（你、你们）干什么。它是一种最简单、最直率的形态。例如："外面下雨了，你得带把伞出去"等。

2. 对客体的思想与情感的征服

(1) 感召式的目的　在于通过情感因素的传递使客体获得与主体相关的情感内容。一个人如果以感召的方式实现了目的，也很容易实现驱动的目的，这就是我们常说的"以情动人"。

例如：相传，在遥远的年代，一个部落受到外族的侵略，是反抗，还是屈服，众人莫衷一是。最后部落首领把大家带到野外，指着天上飞的鸟儿和原野上奔跑的野兽对族人说："看，这是没有失去自由的。"又指着部族中的关在栏中的牛羊和作为食品被屠杀的牲畜的尸骨说："这是失去自由的。"他激动地对众人呼喊道："如果我们不去反抗，就只能失去自由，任人宰割啊。"顿时，族人们群情激昂。

这个故事中，首领的话虽然简单，但借助社会条件和语境，取得了巨大的情感效力，达到了感召的目的。

（2）理念式的目的　它是口才主体运用逻辑推理，从理性的角度征服客体，以实现其目的。其表达方式平实，内容严谨。说话者在表达时，主观态度平静。它要达到的是“以理服人”的目的，这种目的一经实现具有超乎情感的力量，对客体会产生巨大的作用。但实现理念式的目的，不仅需要说话者有较强的逻辑思维能力，而且也需要接受者具有同样的能力。因此，它的使用在口才活动中受到限制。

（三）口语原则

1. 诚信原则

语言是思想的载体，人们通过语言交流的是思想。能否用诚信的语言，亦即诚信的思想交流，也体现了一个人的道德素养。承诺必兑现，这也是做人的基本准则。因此，口语也要讲究诚信，不能不负责任地信口雌黄、胡言乱语。

2. 语言规范原则

口语是通过声音转播的，它受到时空的限制。根据口语“即时性”的特点，在使用口语时，需要说者尽快将思维转换成言语，听者快速地把对方的话语转换成认知。为了达到这种快速转化的目的，要求人们说话时遵守一定的语言规则，即用语要准确，符合逻辑。在用词上要少用或不用深奥难懂的词语、晦涩语言和专门术语；在句式上以短句为主，少用长句与复杂句。提高说话和听话的准确性和效率。

3. 表达清晰原则

口语主要靠声音传递，其语音转瞬即逝。听众是快速理解从耳边一掠而过的信息，如果表述不清，“声音流”就会从耳边滑过去，达不到理想的信息传播效果。因而，使用口语交际时要有较强的“口语意识”，即吐字清晰，言简意赅、表达流畅。为了增强语感和效果，符合口语的“情景性”特征，说话者应配合适当手势、声调，并利用合适的现场情景表达思想，利于对方接受。

4. 神态专注原则

说话与听话是一种声音、神态的交流。由于口语交际又具有“多变性”的特征，因此，它不可能也没有时间让你像书面语那样字斟句酌地去做从容准备，交流的时候往往临时应对。在不同的场合，面对不同的听众和各种不同的问题，使用不同的语气、语速、语句、面部表情和肢体语言，使交谈在和谐愉悦的环境中进行，以达到良好的交际效果。即使是在不见面的场合，人的神情是否专注，也会通过声音的变化传给对方。这就需要交谈者双方用专注的神态随时留意对方的言谈、表情、声音所传达的不同信息，随机应变，及时调整各自谈话的内容。

二、口才训练

（一）口才的含义

所谓口才，即说话的才能。能说话，似乎是人与生俱来的能力。但是会说话，说得体的话、说动听的话、说幽默的话、说有号召力的话、说有效率的话，并不那么简单。俗话说：“台上三分钟，台下十年功”，如非平日训练有素，谁能临场应付自如？至于辩论演讲的“唇枪舌战”、据理力争；政治谈判的“短兵相接”、机智有度；商务交流的“针锋相对”、迂回小心，更是需要训练有素的口才。

（二）口才训练的意义

1. 口才训练是现代化建设的需要

高效率化的现代社会，要求人们有高效率的谈话，即要求人们思维敏捷，说话简洁、明了、针对性强，语脉清晰，废除套话、空话，以节约谈话时间，提高工作效率。

随着经济的高速发展和人们交际范围的扩大，对口才提出了更高的要求，即口语必须符合语言规范和口语语法规范，用词准确、严谨，符合逻辑。因此，进行严格的口才培训，尽快提高人们的口才素质是一个重要而紧迫的任务。

2. 口才训练是全面提高语言能力的需要

语言能力包含了听说读写能力，口才培训正是通过听、说能力的训练和培养，带动读写能力的提高，更可以不断提高人的思维能力。“说”与“写”是互相促进的两个方面，把话说得准确、有条理、有意味，反映了一个人流畅的思路，那么写下来也应该是一篇好文章。因此“说”也促进了“写”。

3. 口才训练可以促进思维能力的发展

语言是思维的表现形式，思维又可以借助语言训练。从“听”和“说”的心理过程来看，思维都起着决定作用。所以进行听说能力训练的过程，也就是进行思维训练的过程。口才训练可以培养思维的敏捷性和逻辑性，提高思维品质。反之，思维混乱是造成语言混乱的根本原因。所以说，口才训练是一种最好的思维训练，同时，它也有助于观察力的锻炼及注意力和想像力的培养。

(三) 口才训练的要求与原则

口语能力训练，是根据口语表达的特点、规律，进行科学、系统而严格的口语表达技能训练，它是以培养“说”以及和说有关的“听”的能力为目的的一种语言实践活动。

口才训练的要求是：一是能用普通话正确、流利、有感情地朗读书面语，并能运用语音、语调、语速等因素的变化技巧，提高语言的表现力。二是经过较短时间的准备，能当众进行较复杂的长篇讲话，做到中心明确，有条理，声音洪亮，语态大方。三是能掌握演讲的技巧，提高语言的说服力、感染力。四是谈话时能根据对方的心理，恰当采用说话的方式，能较好地展开话题，懂得一些论辩的技巧，提高交际的效果。

口才训练的原则是：一是循序渐进，系统训练；二是以练为主，突出实践；三是听说兼顾，全面提高。

口才训练，应持之以恒。日久天长，一定能练就一副好口才。

(四) 口才训练方法

1. 共性语言训练

(1) 日常礼貌语言的训练　在日常社交活动中要配合时间、地点、对象，真诚并带有甜意地说些像“您好!”“早安!”“晚安!”“辛苦了!”“麻烦您了!”“对不起!”“拜托!”“多谢!”“身体好吧?”“太好了!”“太美了!”“祝您……”等一些礼貌用语，并在音量、音质、肢体语言的配合上主动加强练习。你要取得成功，必须要坚持勤学苦练，坚持与别人交往。

(2) 名言、诗句、典故的应用训练　“腹有诗书气自华，话中有诗齿生香”。要让自己的谈吐高雅脱俗，就必须在平时多看书、多采集、多累积，记住一些名言佳句，并训练自己根据环境、人物、谈话内容恰如其分地“拈得诗句入话来”，在交际中展现出较高的文化素养，并以谈吐不凡取得各方面人士好感，获得社交的成功。

(3) 快速反应训练　拟定一些应对题，作自问自答的训练或几个人抢答的训练。最好是有对手和当众训练。居林习鸟音，比试长才干，抓住一切时机当众练习，这会迅速提高自己运用语言快速应对的能力。

2. 自创语言训练

创造一些有独到见解的个性语言，并恰当地应用于公关社交，则更能获得众人青睐。比如，用众人熟悉的谚语稍加修改，用到适当的场合也可使人耳目一新，如把“不拘一格降人才”改为“不拘一格用人才”来形容用人；把“不尽长江滚滚来”改为“不尽财源滚滚来”来祝贺财源茂盛等，可达到文采、创意独具特色的公关效果。

注意自创和改造谚语要符合哲理、常识，不能过分矫揉造作。否则不但不能增添你的谈吐风采，还会贻笑大方。

3. 幽默语言训练

幽默，不只是一种语言艺术的应用，更是把乐观、自信的人生态度在人际交往中加以实践。每个人都渴望拥有快乐，在公关社交中，幽默的语言是活跃气氛、增加乐趣的兴奋剂、克服不协调的润滑剂。它可以使和谐的气氛锦上添花；它可以使人在窘迫中化险为夷。平常多锻炼提高自己语言的幽默感，在公关社交中就能成功地应付各种局面。

(1) 面对被动、沉闷的局面　无论是主持一个会议还是一次谈判，如果中途发生冷场，大家都会很尴尬，这时一句幽默的话会打破僵局，重新调节气氛，扭转局面。因此要在实践中经常训练自己，当你的谈判对象对你及你的目标没有什么兴趣时，你如何用幽默语言去打动他？

(2) 面对一时失言　美国小说家马克·吐温爱好钓鱼。一天，他正在塘边钓鱼，一位陌生人走来，问他：“怎么，你在钓鱼呀？”马克·吐温点了点头：“是的。已经钓了半天，还没钓到一条。可是昨天，也是在这个地方，我钓了15条鱼哩！”陌生人狡黠地一笑，得意地说：“先生，这里是严禁钓鱼的！你知道我是谁吗？我就是专管这事的。”陌生人以为这下可逮住对方了。可是马克·吐温笑着回答。“对了，你知道我是谁吗？我是作家马克·吐温，虚构故事本来就是我的职业。”

如果你一时失言，被别人抓住了话柄或闹出了笑话，你能像马克·吐温这样急中生智，以幽默的语言来扭转局面吗？

(3) 面对无礼与纠缠　前日本首相吉田茂晚年丧妻。有一次记者招待会上，一位女记者突然问他：“阁下对女人有什么想法？”显然，在这种场合对这样的人物提这样的问题是一种无礼的纠缠。吉田茂看了看这位女记者，冷冷地答道：“过去想法很多，但自从看到你以后，我对女人就没有想法了。”

设想你遇到类似的无礼纠缠，你怎样借话作答，使公众喝彩而对方无言以对？

(4) 面对突然危险局面　1981年，美国前总统里根被人行刺。当他被人用车推去做手术时，他还打趣地对医生说：“我希望你们都是共和党人。”幽默作家罗伯特·奥本说：“在使全国镇定方面，里根总统的这句话胜过三吨重的新闻稿。”

设想你在主持公关活动，突然遇到非常危险情况，你怎样用幽默的话语来稳定全场的情绪？

曾有位名人说过：“幽默是为个人和集团服务的一种社会交际工具，甚至比艺术更有效。”我们应当学会幽默，并用幽默帮助社交。

(五) 提高口才的诀窍——口、耳、眼并用

一个口才好的人，要懂得口、耳、眼并用。即在说话时不仅要口齿伶俐，还要听懂对方的话意，眼睛也要随时留意着对方的面部表情、眼神、姿态以及各种细微动作所表达的语意。从对方的话语中很快了解他的思想和看法，从而以简洁的语言阐明自己的观点，使人折服。

因此，在练习说话之前，必须先学会用耳，用眼去了解对方，把握对方，体贴对方，训练自己听懂和总结别人说话的要点，然后你口里说出的话，才会深入对方的心坎，这才是口才的最高成就。

三、公关语言

（一）公关语言的含义

所谓公关语言是指人们交往中使用的具有公关特色的语言。它能有效地协调公众关系，帮助人们达到交谈的目的。

（二）公关语言的要求

公关语言的基本要求是谦恭有礼、温文尔雅、亲切柔和、委婉含蓄、不伤感情，给交谈对方带来欢愉，使对方得到美的享受。

语言交谈中是否注意礼节，语言运用是否恰当，直接关系到信息沟通的效果。所以公关语言要求以语言的“礼”吸引人，以语言的“美”说服人。

（三）公关语言的方式

1. 多用礼貌语

使用礼貌语是人类文明的一种表现，它表示出对人的尊重。能使对方感到亲切、愉快。因此公关人员在日常交往中应始终运用礼貌语，给人以文明、有教养的印象，有利于双方心理上的接近。常用的礼貌语有：

（1）问候致意　如“您好!”、“早上好!”、“下午好!”、“晚上好!”等；

（2）欢迎　如“欢迎您!”、“见到您真高兴。”等；

（3）礼请　如“请进”、“请坐”、“请讲”等；

（4）道谢　如“谢谢”、“感谢您的帮助”等；

（5）致歉　如“对不起”、“很抱歉”、“麻烦您了”、“给您添麻烦了”等；

（6）告别　如“再见”等。

2. 多用赞美语

赞美语指夸奖、称赞、肯定对方的言辞。人人都有自尊心，都希望得到别人的尊敬，因此，在交谈时要适度、恰如其分地对对方的成绩、良好品行、态度以及仪容仪表等予以肯定、称赞，让对方的自尊心得到满足，为交谈创造良好的气氛。

3. 多用鼓励语

在公关交谈时，要多用鼓励语，即使对方讲话中有缺失，也不要直接否定，如“不对!”、“你弄错了!”、“这绝对不行!”、“你的话没价值!”等。这类话容易刺激对方的感情，伤害对方的自尊心，使对方产生抵触情绪而听不进你接下去的解释和说明。如果改用对他说话中合理部分加以肯定、鼓励，如：“您说的话中有一定的道理”等，再指出他讲话中的缺失，他就比较容易接受了。

4. 语言要幽默

幽默的言辞能使交谈富于情趣，活跃气氛，化解尴尬局面，融洽双方关系，且能给对方留下深刻而美好的回忆。因此，在讲话中要善于运用幽默语，插入些成语典故、内容健康的笑话等。

5. 语言要委婉含蓄

对客人提及的一些属于组织机密的话题，公关人员既要保守机密，又要顾及对方的自尊和感情，要尽量委婉地回答，避免带有刺激性言语。

6. 体态语

体态语是表达思想和感情的一种微妙的语言，包括首语、手势、坐姿、站态、走态、眼神、表情和双方距离的远近等。其中首语指点头和摇头。一般点头表示肯定、同意，摇头则表示否定、反对。又如双方交谈时，上身前倾，表示谦恭、热情而有兴趣；微微欠身，表示恭敬；上身后仰，显得若无其事和轻慢；侧转身体，表示轻蔑、厌恶；背朝对方，则表示不屑理睬；至于拂袖而去，自然表示不欢而散或者绝交。

交往中双方距离的远近也能表示出不同的感情。比如，拥抱和亲吻表示亲热，并排而坐、握手攀谈表示亲近，对面而坐常是一般的业务交谈等等。在日常交往中，适当的距离能给人一种安全感和归属感，相反，会被视作是一种侵犯、干扰，引起对方的不安、厌恶。也不利于双方之间形成一种适宜的心理气氛。

因此，要懂得和善于使用体态语。为公关目标的实现增添成功的因素。

练习题：

1. 口语原则有哪些？为什么要遵守口语原则？
2. 公关语言的基本要求和方式有哪些？
3. 请根据自己的特点，拟一份口才训练的计划。

第二节 交谈礼仪

【事例】 美国知名主持人林克莱特一天访问一名小朋友，问他：“你长大后想当什么呀？”

小朋友天真地回答：“嗯……我要当飞机的驾驶员！”

林克莱特接着问：“如果有一天，你的飞机飞到太平洋上空所有引擎都熄火了，你会怎么办？”

小朋友想了想：“我会先告诉坐在飞机上的人绑好安全带，然后我挂上我的降落伞跳出去……”

当在现场的观众笑得东倒西歪时，林克莱特继续注视着这孩子，想看他是不是自作聪明的家伙。没想到，接着孩子的两行热泪夺眶而出，这才使林克莱特发觉这孩子的悲悯之情远非笔墨所能形容。

于是林克莱特问：“为什么要这么做？”

小孩的答案透露出一个孩子真挚的想法：“我要去拿燃料，我还要回来！我还要回来！”

交谈是一门艺术。它和所有的艺术一样，也可以通过经验和实践而得到提高。语言有美丑、文野之分别，正所谓“一句话使人笑，一句话使人跳”。恭敬有礼的话语温暖人心，能提高语言的交际效能，美化人的生活；恶语伤人、语言粗野、强词夺理不仅伤人的心，造成感情隔阂，而且会败坏社会风气，使人与人之间变得冷淡、刻薄起来。因此，正确运用这门语言艺术，使交谈双方心悦诚服、心花怒放并达到听、说目的，那么谈话中不仅要注意表情、态度、用词，还要讲究交谈的方式和技巧以及听话的实际效果。遵守交谈礼仪，是顺利达到交往效果的“润滑剂”。

一、交谈原则

(一) 态度真诚

交谈时能否用语言打动别人，使交谈顺利进行，关键取决于交谈者的态度，取决于交谈者所使用的交谈方式和感情。态度真诚、自然、大方，推心置腹的交谈，会使人感到和谐、融洽，自然能吸引听众；相反，趾高气扬、唯我独尊，会使人“敬而远之”；而低三下四、曲意逢迎、满口客套、吹牛拍马，让人鄙视。

真诚的态度，应该是平易、稳重、热情和坦诚的态度，而不是傲慢、轻浮、冷淡和虚假的态度。交谈中应以诚心换取对方的信任和好感，多用征求、探问、商讨的口气与他人沟通思想、交流意见。这样才能创造融洽的交谈气氛。

（二）语言文明

语言是交谈的工具，也是交谈内容的主要载体。语言文明的最基本规则是：使用礼貌、规范、准确、得体的语言，语气要亲切、自然，如见面之时的“您好”告别之际的“再见”；需要他人协助时的“请您帮我一下”；征求对方意见时的“您的意见如何”；影响或妨碍他人时及时真诚地道歉：“对不起”、“打扰您了”……都会使你显得彬彬有礼且有教养。既能表达自己对人的友好，也易获得他人对自己的尊敬，更能平息对方心中的不满，甚至化干戈为玉帛。

许多文明礼貌用语多是些约定俗成的常用语，在使用时，具有一定的规范性。如：初次见面说“久仰”；好久不见说“久违”；等候客人用“恭候”；请人勿送说“留步”；求人原谅用“包涵”；请人批评用“指教”；问老人年岁用“高寿”；问小姐岁数用“芳龄”等。在这些方面，不允许胡编乱造。

（三）神态专注

谈话时双方要神态专注、互相正视、互相倾听，精力要集中，不能东张西望和兼做其他事情。也不要做一些不必要的小动作，如玩弄指甲、摆弄衣角、搔痒痒、抓头皮等，这样做不仅失礼，也使自身显得猥琐。谈话中打哈欠、伸懒腰或不等人说完，视线和注意力就转向他方也是不礼貌的。这些都是带有明显的“驱赶性”的动作，会让对方产生被轻视、不受欢迎的感觉。

如果交谈环境嘈杂，也要想法约束自己，排除干扰、神态专注、聚精会神地同他人交谈。倾听时自己应不时以“噢…唔…是吗…”等语陪衬。

神态专注，并非就是一动不动地凝视或逼视对方，而是态度亲切、神情自然地让目光平稳柔和地望着对方。否则，会让对方精神紧张，造成心理上的压力，这同样也是失礼的。

对方在讲话时不要轻易打断或插话，否则会让对方思路中断而分神。如果因未听明白或了解情况而必须插话，应先征得对方同意，可用：“请等等，让我插一句”，“请允许我打断一下”，“请让我提个问题，好吗?”等语气，这样可以避免使对方感到你轻视他或不耐烦之类的误解。在对问题稍作解释理解后，一般应继续刚才的话题，避免越扯越远，甚至自说自话地扯到毫不相干的问题上，让对方无法继续刚才的话题。没听明白就下结论，在违背对方原意的情况下就发表你的意见是粗鲁无礼的，常常会引起争执而导致不欢而散。

二、交谈礼仪

（一）交谈技巧

1. 善于接近

接近对方是人际关系发生、发展的起点，对商务人员而言，也是业务工作的开始。良好的开端，有利于增进双方间的相互信任。一般可采取如下方式。

（1）问候与寒暄　这是人们相见时的招呼方式，本身并没有太多的实际意义，但能起到拉近感情距离的功效，如日常生活中常用的“你好吗”等；商务活动中一般采用标准的问候：“您好”、“认识您很高兴”、“见到您十分荣幸”、“久仰”、“幸会”等。以便打破陌生局面，缩短距离，为双方进一步交谈做好铺垫。

(2) 请人介绍　当你想接近一个陌生朋友时，最好的办法是请人来为你介绍，以免自己贸然自我介绍而显得尴尬。但有些情况下的交谈，是需要以自我介绍开始的，如：市场调查、产品推销等。在请别人介绍时，要认真倾听，记住对方的姓名、职务，必要时还应记住其专业、爱好和特长，以便在交谈中选择共同的话题。这样彬彬有礼，方能达到接近对方的目的。

2. 巧引话题

几乎所有的话题都可以是谈资，诸如文艺演出、体育比赛、电影戏剧、电视节目、食物烹饪、名胜风光、流行时尚、个人嗜好、个人的特殊经历等，如果是熟识的人，话题可以展开；但如果是初次见面，宜从平淡处开口，而不要冒昧提出太深入或太特别的话题或者只谈个人感兴趣的话题。一般而言，男士比较关心国际政治和体育，女士比较关心时尚与文艺，年轻人喜欢谈将来，老年人则常常怀旧。对商界而言，往往依据关系的亲疏来选择闲谈的内容：关系密切者，可推心置腹，甚至无话不谈；关系一般者，可选择“中性”话题，保持恭敬之心；关系生疏者，可选择问候、寒暄等客套性话题，以缩短心理距离；关系相抵触者，可坦诚相见，以德报之，借闲谈消除误会；关系敌对者，不妨主动上前问候，避重就轻地聊上几句，显得大气。如果跟外商闲谈，要入境问禁、入乡随俗，避免犯忌。最简单是从当时的环境找寻话题，比如：“今天来的人可真不少!”、“这儿的环境真不错，您从前来过吗?”、“您路上花费了很长时间吧?”、“您的气色真不错!”等。西方人一般从天气谈起：“今天天气真不错”。另外，还有一个中国人惯用的老方法：询问对方的籍贯，然后就你所知引导对方详谈其家乡的风物，一定会引起他强烈的兴趣，这几乎是一个万通万灵的不衰话题。

如果是商务交往，要视空闲时间的多少选择话题。一般拟谈的话题有：双方商务探讨的话题（产品、采购等)、格调高雅的话题（文、哲、史等)、轻松愉快的话题（影视、旅游、休闲、小吃等)、时尚流行的话题（新闻、体育赛事等)、对方擅长的话题（专业、特长等)。一般忌选的话题有：不得非议党和政府（与党和政府保持一致)、不可涉及国家秘密和行业机密（遵守保密法、安全法)、不得非议交往对象的内部事物（客不责主)、不得背后议论领导、同事（家丑不外扬)、不得涉及格调不高之事（家长里短、男女关系、黄色段子等)、不得涉及个人隐私之事（不问收入、年龄、婚否、健康、个人经历)。

3. 善用幽默

幽默是思想、爱心、智慧和灵感在语言运用中的结晶，是一种良好修养的标志。具有幽默感的人都有着宽广的心胸、随和亲切的性情和洞察一切的聪灵。在交谈中使用幽默的话语，能使交谈在轻松、自然与和谐的气氛中进行，特别是当交谈气氛陷入尴尬境地时，一句幽默的话语，能缓解人与人之间的矛盾，把冲突化解于无形之中，使尴尬的局面得到缓解，也可使本来融洽的气氛更加和谐。在商谈前的轻松愉快的闲谈中使用幽默语言，具有很强的消闲作用，它可以松弛神经、解除疲劳，既利于身心健康，又利于放松紧绷的神经，调整心境，让接下来的商务交谈在轻松、友好的气氛中开始。

但幽默也应有度，什么时候该用一句幽默话，要视具体场合、对象和谈论的话题，不能滥用。对于初识的人或长辈，更要慎用，否则很容易让人感到一种唐突，或者会认为你是在故弄聪明，有种被戏谑的感觉；有时，使用不当，幽默变成了取笑和讥讽，那就更有失礼仪了。

4. 学会聆听

聆听是一种修养，也是一门学问，在聆听他人谈话时，应做到：专注有礼、呼应配合、正确判断，创造一种与说者心理交融的谈话气氛。

在交谈中，总会有人扮演谈话的主角，而另一些人则是听众，或者相互轮流扮演着谈话者和听众的角色。但是不管是谈话者还是听众，都是整个交谈的参与者，只有互相包容、互相鼓励、互尊礼仪规范，才能使整个的交谈顺利进行。因此只有懂得如何去鼓舞主角的听众才是好听众。

听包括两个方面：一是留心听自己的谈话；二是留心听对方的谈话。在听自己讲话时，要在心里问自己："你清楚地表达你的意思了吗?""你的发音清晰吗?"、"你运用敬语了吗?"、"你语速平稳吗?"并不断加以调整。否则可能语速太快、语意不清，而使对方根本没听清、没理解，影响交谈的效果，甚至可能误事；在听取对方谈话时，要以耐心鼓励的目光让对方说完，自己应不时以"噢…唔…是吗…"等语陪衬。

要使交谈愉快进行，倾听者一般注意以下几点。

(1) 鼓励、引导对方说下去　可以采用提问、赞同、简短评论、表示同意等语言并配合点头引导对方说下去。比如："嗯，后来呢?"、"您说得有道理"、"是否再详细谈谈?"、"我很理解"、"想象得出"、"好像你不满意他的做法?"等。总之，采取这种积极的倾听方式，引导对方把他自己的话继续下去。

(2) 听话要听音　抓住对方话语所要表达的真正含义或实质性问题，不要被他的遮掩或言语技巧方面的缺陷所误，更不要曲解对方谈话的内容。

(3) 不打断他人讲话　对方在讲话时，中间插话打断，抢过话头等都是不礼貌的。也不要贸然地中途给对方的谈话下判断性的评论。

(4) 随时询问　如果没有听明白或需要了解情况，应先征得对方同意，用婉转的语气礼貌地提出问题，如："请允许我打断一下，好吗?"，"请让我提个问题，好吗?"等。不要不懂装懂，胡乱点头。

5. 学会赞美

每个人在心理上都有一种对赞扬的期待，交谈中若能适度地赞扬对方几句，就容易使对方产生亲切感，消融彼此间的戒备心理，为交际沟通创造良好的氛围。有时可能会成为接受对方意见的起点或转变态度的开始。

赞美是一门需要修炼的艺术，要真正起到赞美的效果，需要做到以下几点：

(1) 源自真诚　任何人都有他的优点和长处。有的人气质高雅、有的人漂亮美丽、有的人心地善良、有的人衣着得体、有的人事业有成、有的人家庭和睦、有的人谈吐不俗、有的人反应机敏、有的人忠厚老实、有的人做事认真、有的人开拓创新……只要你用心去发现，你会感到每个人都有值得你赞美之处。

赞美源于生活，是发自内心的喜欢与欣赏，不刻意修饰，它与没有诚意的、为自己打算的阿谀奉承有本质区别，阿谀奉承只是口头说说而已，赞美是无私的。

(2) 实事求是　赞美的语言要贴切，切勿偏离事实，更不能无中生有，否则将弄巧成拙。也不能言过其实，乱给别人戴高帽子，否则就会变成一种讽刺。要善于观察和挖掘他人身上存在的哪怕是微不足道的优点，加以称赞，定会产生神奇的效果。

(3) 因人而异　赞美别人之前，必须掌握对方的基本情况，如对方的优点和长处，缺点、弱点，还要熟悉对方的爱好、兴趣、人品等，一般男士喜欢别人称赞他风趣、幽默、有风度；女士喜欢别人称赞她年轻、漂亮；老人乐于听赞美自己经验丰富；孩子们爱听别人表扬自己聪明、懂事。赞扬时应具体对待，因人而异。要赞美别人引以为荣的事情，要道出他内心渴望获得的赞赏，这样才会收到好的效果。

有时也要利用对方的弱点，用其弱点的反向去赞美他，实现他心理上的满足。比如：性格善良既是优点，但有时难免优柔寡断被人欺，这时你可夸奖他宽容大度。

慷慨地从小事上称赞别人的闪光之处，哪怕微乎其微，经过你无“微”不至的赞美，其意义自然而然显现出来，对方就会有愉快的感觉。

6. 学会说服

说服是改变对方原有意见、见解、思想及态度的一种语言技巧。在交谈中，如果双方发生原则性的分歧，可在赞扬对方意见中合理的部分后，对其不妥当的部分要语意明晰，语气委婉地陈述己方的意见，如对方提出反驳意见，也不要急躁恼怒，应善于启发和开导。这样也容易使对方接受。但一般的交谈分歧应以宽容为怀。

7. 学会拒绝

在交谈中，若对方提出一些不合理的要求，不要碍于面子应允下来或承诺自己无法兑现的事。对交往不太深的朋友可使用敬语，扩大双方心理距离，使对方产生“可敬不可近”的“距离”感而不好意思再将要求和意愿提出来；对于不便作答又不想将关系搞僵的人，可不直接表态，必要时可以答非所问，避实就虚，将问题回避开；但如果不是商业秘密，一般交往中可真诚地说明无法兑现的原因，得到对方理解和谅解，但同时也应主动理解对方，可对对方的处境表示同情，也可帮对方想一些其他办法或提一些建议。这样的拒绝不仅不会伤和气，而且有可能促进双方关系的发展。

（二）交谈礼仪

1. 接受对方

在交谈时，要宽以待人，善于接受对方。不打断对方、不补充对方、不纠正对方、不质疑对方。

2. 尊重他人

在谈话中要一视同仁，无论是对待上级或下级、长辈或晚辈、女士或男士、外国人或中国人，都能够给予同样的尊重。

(1) 规范用语　讲双方都能理解的语言（现全国通用普通话），并使用敬语，避免产生语意曲解。谈话时表情要自然，语气要和气亲切，表达得体。可随说话内容适当做些手势，但动作不要过大，更不要手舞足蹈，不要用手指指人或拉扯拍打，不要唾沫四溅，不能使用粗话和黑话，更不要口出秽语。

(2) 声音低、速度慢　说话时要细声慢语，声音稍低一点，速度慢一点，让对方听懂、弄明白。不能旁若无人的高谈阔论，大声说笑，让人产生“油嘴滑舌”的感觉。一般地说，声调放低比提高嗓门悦耳；发音稍缓比连珠炮式易使人接受；委婉柔和的声调比粗鲁僵硬的声调动人；抑扬顿挫比单调平淡易于让人产生兴趣。

(3) 神态专注　交谈时目光应轻松柔和地注视对方的眼睛并保持平视，不时与对方交流。仰视显得谦卑，俯视显得傲慢，均应当避免。眼睛不要游移或四处张望，或直愣愣地盯住别人不放。要始终神态专注地说或听。

以适当的动作加重谈话的语气，但要避免某些不尊重别人的举动，如揉眼睛、伸懒腰、挖耳朵、摆弄手指、活动手腕，用手指向他人的鼻尖、双手插在衣袋里、看手表、玩弄纽扣、抱着膝盖摇晃等。这些举动都会使人感到你心不在焉、或傲慢无礼。

（4）与谈话对象互动　交谈时要注意在方式、表情、语言、内容等方面与交谈对象进行必要的互动。听话者也要面带微笑、点头示意，表示若有所思，会令对方有产生共鸣的良好感觉。与多人一起谈话，目光要适当照应大家，并不时同其他的人都谈上几句话，不要只对其中的某一个人窃窃私语而冷落了其他人。尤其需要注意的是，不要在许多人交谈时，只同其中的某位女士一见如故，谈个不休，而不顾其他人，更不要凑到某一个人耳边小声说话，这都是不礼貌的举动。

与别人谈话的时候，除非对方要求你谈谈自己的事，否则不要老是以自己为中心，句句不离“我”字，应适当地关心对方和对方的亲友，多谈和对方有关或对方所感兴趣的事，使之产生互动。

对长辈、师长、上级说话，要分别注意以相宜的礼貌，表示尊重，但要保持人格平等；对晚辈、学生、下级则要注意平等待人和平易近人。

（三）交谈中的注意事项

（1）要有诚意，不能言而无信　凡事要讲诚信，治理国家、结交朋友、经营业务都需要讲信用，交谈亦如此。所谓“言必信，行必果”。一朝失信，会终生无友。

（2）不要“抢白”　听别人谈话就要让别人把话讲完，不要在他讲得正起劲的时候突然去打断他。如果对别人的谈话需要补充或发表意见，也要等到对方的讲话告一段落之后。如果自恃聪明，领悟得快，或表示自己比说话者知识更广博、见解更高明，在别人说话中随意插嘴，是很不礼貌的行为。

（3）不要饶舌　有些人自负口齿伶俐，说话时不顾对方的心理感受，一个劲滔滔不绝地说下去，使人不易插嘴，不易改变话题，容易使对方产生疲倦感和不耐烦。有时对方为了礼貌起见，不得不听下去，可是他内心一定在想办法躲避了。

（4）不要自吹自擂　交谈中可适时适度地“推销”自己，让对方了解自己、熟悉自己，但不要说过了头，喋喋不休地炫耀自己。

（5）不要太沉默　有些人和上面那种人相反，在交际场合里，很少说话。原因可能是个性比较内向，也可能是由于自卑感作祟，以为自己某些方面不如人等。这种过于沉默的习惯大大妨碍了社交活动，而且也可能使别人误会你是个性情高傲的人。

（6）不刻意追求“语不惊人死不休”的轰动效应　以礼待人，善解人意才是最重要的。

（7）一般男性不要插入女性圈内谈话，也不要与女性长时间攀谈或耳语而引起别人的侧目。

（8）讲重要新闻时要准确　要先核实时间、人名及地点。不说荒诞离奇、耸人听闻的事，不传播流言蜚语。

（9）避免谈压抑的话题　不要谈别人感到压抑的事，如工作中、感情上的失败或生理上的缺陷等，即使对方谈起，也应给予理解，多宽慰对方。

（10）不要恶语伤人　交谈中出现意见分歧甚至争辩，不可动怒，更不可出言不逊，强词夺理，甚至讥讽辱骂、恶语伤人。应保持冷静，或一笑了之，或回避话题。

（11）不谈人隐私，不背后议论人，更忌搬弄是非。

（12）赞美别人时不触及对方的忌讳　如不要夸奖秃顶的领导“你真是聪明绝顶”等，否则，极易引起他人的反感，造成交际的失败。

（13）不说粗话脏话，切忌语言垃圾。

总之，交谈是一门艺术，要谈有成效，更是有学问的。这学问必须在实践中遵循礼仪规范、不断摸索而获得提高。

练习题：

1. 交谈的基本原则有哪些？
2. 设计不同情景，进行礼貌对话，练习语言交谈的技巧。
3. 当交谈中双方意见相左时，怎样运用“说服”的技巧？并举一生活中的实例说明。

第三节　演讲礼仪

【事例】 1990年7月，在孟加拉国的新一届议会召开期间，立法者狂暴地谴责该国航运部长阿布杜·罗布做出的一个手势，“这不仅是对议会的侮辱，更是对整个国家的侮辱，”孟加拉民族主义政党的议员领袖巴德鲁多扎·乔德呼利愤慨地说。

究竟罗布做了什么动作而引起如此强烈的愤怒呢？据说他涉嫌做出“竖起大拇指”的手势。这个手势，在美国意味着“进展顺利”；在中国，很多人用这一手势表示“真棒”；但是，在孟加拉国，它却是对人的一种侮辱。

演讲活动是伴随着人类文明的发展而发展起来的一种社会现象，它是以语言为工具进行宣传的社会活动，也是一种最高级、最完善和最富有审美价值的口才表达形式。古往今来，无数的演讲家以其敏锐的洞察力、敏捷的思维、锐利的目光、雄辩的口才，驾驭这声遏行云的口语艺术。或在商场上巧妙周旋、力挽狂澜，赢得商机；或在同外商洽谈，一段利辞，赢得亿万资财；或在施政演说上，一段妙语，使群情激奋，民心大振；或在做思想工作时，一席恳谈，使庸人立志，浪子回头；或在政治舞台上以其一言九鼎之力，推动着历史前进的车轮。像战国时的苏秦依仗三寸不烂之舌，游说东方六国，促成合纵抗秦联盟等，举不胜举。西方早在20世纪40年代就将演讲、原子弹和金钱并称为世界生存竞争的三大武器。有人认为21世纪最重要的三大交际工具是口才、通讯工具和交通工具，由此可见，演讲这种独立的语言表达形式，正越来越广泛地引起人们的重视并加以应用。

一、演讲常识

演讲既然作为一种借助有声语言来表达思想和情感的高级语言活动，一定有它自身的特点和规律。了解这些特点和规律，学习并运用它，才能使演讲日臻完善，达到理想的效果。

(一) 演讲的涵义

演讲又称讲演或演说，是人们在特定的场合中，凭借自己的口才，运用有声语言（为主）和态势语言（为辅），面对公众，为阐明事理、说服听众、感召听众并促使其行动而进行的一种有目的、有计划的针对性很强的信息传播活动。构成这种活动，必须具备三个要素，即演讲者、听众和特定的时空环境。

(二) 演讲的分类

演讲按照其形式、内容可分成下面几种类型。

1. 从形式上分

(1) 命题演讲　即事先由组织者拟定题目或演讲范围，演讲者经过准备后所做的演讲。它包含两种形式：全命题演讲和半命题演讲。全命题演讲的题目一般是由演讲组织部门来确定的。例如：某集团组织“共产党员的风采”的主题演讲，为了让演讲者从不同角度反映共产党员的形象，事先拟定了《岗位做贡献》、《先人后己》、《勇于牺牲个人利益》等题目，要求以此组织材料，准备演讲。半命题演讲指演讲者根据演讲活动组织单位限定的范围，自己拟定题目进行的演讲。例如：某报社举办演讲比赛，要求用具体事例从各个方面反映改革开放以来城市的变化，具体题目自拟。命题演讲的特点是：主题鲜明、针对性强、内容稳定、结构完整。

(2) 即兴演讲 即演讲者就眼前场景、事物、人物临时起兴发表的演讲。如婚礼祝辞、祝贺答谢、纪念凭吊、聚会演讲等。它的特点是：有感而发，时境感强、篇幅短小。它对演讲者口语表达能力要求较高，要求演讲者紧扣主题，抓住要点，迅速组合，言简意赅。

(3) 论辩演讲 即指由两方或两方以上的人们因对某个问题产生不同意见而展开的面对面的语言交锋。其目的是坚持真理、批驳谬误、明辨是非。比如，外交论辩、法庭论辩、赛场论辩及生活论辩等。它的特点是：针锋相对，短兵相接。论辩演讲较之命题演讲、即兴演讲更难些，要求演讲者必须具备正确的思想、高尚的品质，严密的逻辑性、较强的应变性。

2. 从内容上分

(1) 政治演讲 指为了一定的政治目的或出于某种政治动机，就某个政治问题以及与政治有关的问题而发表的演讲。它包括政府首脑的竞选演讲、施政演讲、外交演讲、军事演讲、政府工作报告、政治宣传等。它的特点是旗帜鲜明的政治观点、雄辩严谨的逻辑威力、刚劲强烈的鼓动力量。其中政治演讲较之其他演讲更具有宣传成分，它要以自己鲜明而坚定的政治立场，充实而雄辩的说理来说服、征服或慑服听众，促使听众接受自己的观点和主张，并付诸行动。

(2) 经济演讲 指的是为发展经济、开展经营活动进行的具有经贸内容性质的演讲。例如：企业的公关演讲、推销产品演讲等。它的基本特点是：高度求实、重视信息、讲究策略、语言明确并以解说为主。

(3) 学术演讲 指介绍科学研究成果、传授科学知识、表述学术见解的演讲。例如学校举行的学术报告、发言、评论、论文答辩等，它的特点是：具有内容的科学性、论证的严密性和语言的准确性三大要素。

(4) 法庭演讲 指公诉人、诉讼代理人在法庭上所作的演讲和律师的辩护演讲。它的突出特征是：鲜明的公正性、事实的准确性、言辞的严密性。

(5) 生活演讲 指演讲者就社会生活中存在的各种问题、风俗、现象而做的演讲，它表达了演讲者对这些问题的看法、见解和观点。这种演讲涵盖的内容比较广泛，有表达亲情友谊、吊贺、迎送、答谢等内容。

(6) 道德演讲 指以思想品德教育为目的的演讲。例如：爱国主义演讲、理想演讲等。它是以促使人们树立正确的人生观、世界观，培养人们高尚道德品质和情操的演讲。它的特点是：题材广泛、时代感强、疏导指教、充满亲切感。

(7) 宗教演讲 指的是一切与宗教仪式、宗教宣传有关的演讲。它主要包括布道演讲和一些宗教会议演讲。

本节我们主要讨论公关演讲。

(三) 演讲的特点

演讲是一种高级语言表达形式，它与讲课、交谈、朗读、报告、戏剧、曲艺等既有联系，又有区别。演讲有其自己的特点。

1. 说理性

无论何种演讲都以说理为主。演讲不是表演艺术，除了注意仪表、姿态，演讲者更应用严密的逻辑性、声情并茂的语言艺术和雄辩的事实去感召听众，使之折服。因此更具有以理服人的魅力。

2. 针对性

演讲大都是有感而发，针对某一个问题或某一个倾向表明自己的看法和态度，抒发自己的情感，因此它具有很强的针对性。演讲中所涉及的人或事大都发生在自己身边，使人感到可信，容易接受。

3. 鼓动性

演讲一般具有旗帜鲜明的观点，加之演讲者的激情、游说、体态语言，能够吸引听众、鼓动听众、感召听众。尤其当听众的某种期望与演讲者的演讲内容相一致时，听众会情有所动，为之振奋。

4. 艺术性

演讲，顾名思义，既演又讲，既需要有声语言的语言美感和音乐美感，又需要无声态势语言的形象美感，给人以艺术的享受，这样才能使演讲生动活泼，发挥作用。语言美感表现在演讲语言吸收了多种艺术的语言特点，从而使其具有丰富多彩的变化美。语言美感是通过讲来表现的，即要求发音准确，咬字清楚，要求充分运用语言语调和节奏的变化来提高讲的水平。一次好的演讲绝不是道理的空论和事实的罗列，而应该是演讲者闪光的思想、敏捷的才智和浓烈的情感的高度统一，这也是演讲语言美感魅力的丰富内涵。例如人们把李燕杰老师的演讲特色概括为：相声般的幽默、小说般的形象、戏剧般的冲突、诗歌般的激情。形象美感，指的是演讲者能根据主题的需要，运用各种态势语言，对听众产生立体形象和动人魅力。形象美感是通过演来表现的，即要求演讲者表情自然，举止大方，双目有神，利用各种姿态，包括站相、手势、表情等配合演讲，产生优雅美观、以情动人的效果。音乐美感，指的是演讲者根据演讲内容，利用声音的高低升降、快慢缓急等的处理，以音频讯号的形式传递给听众，使之产生音乐美，这种声情并茂的演讲，更易为听众所接受。

5. 临场性

演讲是在特定的时空环境中面对听众的口头语言表达活动，一般不采用照本宣科的方式演讲，而应该讲究临场发挥，根据现场的情况和听众的反应，调整语音、语调、语速和姿态，即审时度势地对演讲的内容、结构、语言等做适当的变更，以求有效地提高演讲的感召力。

(四) 演讲的要素

1. 正确的立场

演讲是人们用来表达感情、为某种目的服务的一种工具，它应该有明确的服务对象，如果用演讲来为人民、为公众、为组织、为国家服务，它就可以起到积极的作用。否则，它就起到破坏作用。演讲应该成为宣传公众、组织和鼓舞公众的工具，这就要求演讲者必须树立正确坚定的立场。

2. 充实的内容

充实的内容是成功演讲的决定因素，主要体现在以下三个方面：

(1) 知识性强　知识是人类社会历史经验的概括和总结，它以思想内容的形式为人们所掌握，当演讲者通过有声语言对思想内容进行传播并为人们所认识、理解和掌握时，使之变成了人们的意识和知识系统，从而有利于人们去完成改造现实的某些活动，因此，具有丰富知识内容的演讲才能获得公众的欢迎。

(2) 主题鲜明，时代感强　演讲要有一个明确的思想观点，要有一个中心。演讲稿的材料组成、语言特色等都要为这一中心服务。中心思想明确是演讲的生命。演讲应该旗帜鲜明地倡导什么、反对什么，不能模棱两可，含糊不清，要使公众从中得到深刻的印象。演讲中的思想观点应该具有鲜明的时代感，要讲听众普遍关心和迫切要解决的问题，不能老是脱离时代，讲些早就过时的内容。

(3) 趣味性、哲理性结合　趣味性是指演讲者要恰当使用一些诙谐幽默，妙趣横生的语言，让听众在轻松愉快的氛围中接受演讲的内容；哲理性是指演讲者要给听众以人生哲理的启示。两者是互相配合的，缺少了趣味，就会变成空洞的说教；而一味的趣味，又会有“油嘴滑舌”之感。

3. 生动的语言

语言是演讲的主要工具，也是演讲成败的关键，演讲中的语言要做到以下几个方面。

(1) 准确严密　演讲语言要“音准”和“意准”，要有严密的逻辑性，既能准确地表达自己的意思，不使听众产生歧义，又能用严密的逻辑性来折服听众。

(2) 鲜明生动　演讲必须态度鲜明，用生动的语言和事例吸引听众，语言忌空洞乏味，也忌光理论说教，使听众兴趣索然。

(3) 简练明确　演讲的语言应言简意赅、语意明确，寓意深刻。忌重复、冗长。

4. 恰当的态势语

演讲的态势语就是身体动作，它可以补充或强化口语表达的理性内容和感情色彩，起到口语表达所不能起到的显现视觉形象的直观作用。

演讲中的态势语主要有手势、眼神、姿势所表达的语意。要根据演讲内容有感而动，恰当地运用这些动作，不要喧宾夺主，变成矫揉造作地表演。

5. 真挚的感情

演讲者情真意切的演讲能打动听众、感染听众，使之产生情感上的共鸣，从而接受演讲的思想内容。

二、演讲礼仪

(一) 演讲前的准备

演讲是一种有目的的信息传播活动。在主体（演讲者）有意识地将信息传播给客体（听众）前，要做好充分的准备，便于演讲目的的有效达成。

1. 演讲稿准备

无论是命题演讲，还是即兴演讲，都要在演讲前首先了解听众的心理、愿望和要求；了解听众的文化层次、年龄、职业等等。其次是选择适当的主题。演讲的主题确定后，就可以准备演讲稿。一般命题演讲，可事先写好书面的演讲稿；而即兴演讲，也要迅速打好腹稿，不能随便讲几句。

(1) 书面演讲稿　所谓书面演讲稿，即将演讲内容用文字形式记录在纸上的一种文本。

书面演讲稿的结构要求有：①有引人入胜的开头。或入木三分，或有悬念，或设反问，总之，要能够迅速吸引听众。②有至情至理的正文。既要有叙事说理，又要有抒情感慨，使听众动情、动心。③有寓意深刻的结尾。演讲稿的结尾要强化主题，既让人回味无穷，又要发人深省，令人思考。

书面演讲稿的语言要求有：①通俗、流畅。演讲语言是一种讲究瞬间效果的口语，声音稍停即逝，因此易用口语化、通俗化的语言，尽量少用晦涩难懂的话语，以免因误听或不理解而产生歧义。②准确，深刻。演讲稿的语言要能准确地反映演讲者要表达的思想，要使用准确的概念，进行科学地判断和合乎逻辑的推理；同时还要有深刻的含义和精辟的语句，以启迪听众。③简洁、明快。过于冗长的演讲会令听众生厌，因此，文字应简洁、明了，避免使用形体长、词语多、结构复杂的句子。减少重复、空话、套话。④生动、形象。形象生动的语言才能打动听众，因此在写物状景时，要使用各种修辞手段，并注意用词贴切。此外，演讲稿的语言还必须注意语音的协调和韵律美。

(2) 腹稿　所谓腹稿，即在头脑中对演讲内容作结构性、层次性的组织的一种文稿形式。有些事先来不及准备的即兴演讲，应根据环境、听众、内容、要求等，迅速在头脑中形成概念，组织内容和语句，以便“出口成章”，不离题万里或支离破碎。例如：婚礼上的祝词、答谢词；欢迎欢送词等，可事先打好腹稿，即便是临时被推举、邀请、临时发表对某个问题的看法，提纲也没有，腹稿也来不及打，也应闪电般地在头脑中形成一个中心，边观察边思考边发表见解。一般即兴演讲时间比较短，内容相应简单。即兴演讲难度较大，因此，平时要有一定的文学修养积累和口才训练准备。

2. 心理准备

在演讲中，人的心理状态不一样，表现在演讲水平的发挥也不一样。有的人侃侃而谈，口若悬河，真可谓风度翩翩；有的人畏畏缩缩，结结巴巴，像是理屈词穷。在即兴演讲中，这种差别更为明显和突出。这里除了人的经历、知识储备、语言能力不同外，很重要的因素是心理因素。要成功地发表演讲，特别是要经常作即兴演讲的人，如：导游、公关人员等，必须有下列心理素质准备。

(1) 自信心　美国诗人爱默生曾经说过：“自信是成功的第一秘诀。”的确，自信也是面对大众，能否坦然演讲的心理保证。自信心既有性格因素，又有对自我的认可，这种认可程度有时又与知识的储备、理解和把握程度以及长期的锻炼有关。美国前总统林肯年轻时曾在演讲台上窘迫不已，甚至一句话也说不出来，被轰下台去。但他并未失去自信心，没有在心里否定自己，经过长期努力，演讲水准日益提高。他的就职演说被誉为美国历届总统就职演讲中最精彩的演讲之一。中国人有自谦的传统美德，但自谦决不等于自卑。自谦是有自知之明，在肯定自己优点的同时，认识到自己的不足并虚心向别人学习；自卑却是在心里否定自己，甘拜下风。因此要想获得成功，就首先在心里认可自己，看到自己的巨大潜能，大声地对自己说：“我要，我就能”，并通过不断的锻炼，把这种潜能开发出来，变成现实的能力。

(2) 镇定　演讲不同于熟人之间的交谈，坦然自由。面对一张张陌生的脸，特别是有专家在场或台上的聚光灯，不免心生恐惧，唯恐讲不好、讲错话，背上沉重的心理包袱，反映在语言的表达和思维的敏捷上都可能出现偏差，表现得不尽如人意。要想获得圆满的演讲效果，就要克服自己的恐惧心理，默默地对自己说：“今天我豁出去了，讲不好也没关系，我会用真诚去打动听众”、“今天如果我出丑了，就为明天积累了经验，明天就可以少出丑或不出丑”等，在心里给自己鼓气。面对各种环境的变化镇定自若地演讲是要靠不断地锻炼和积累的，如果一直怕出丑，一直不上台，就永远上不了台。如果你是一名教师，想想你第一次上讲台，有今天这么镇定自若地侃侃而谈吗？如果你是一名导游，面对众多游客探询的目光，你有今天这么“口若悬河”吗？要保持镇定，一是要平时多锻炼当众演讲；二是对演讲内容做充分的准备，腹中有“货”，心里不慌。一旦被邀即兴演讲，或上台的一瞬间，或面对台下的骚动，心跳不免开始加速，这时，先用目光巡视会场，同时深深吸一口气，调整急促的呼吸，对自己说：“我是主角，我能控制自己、控制场面”，这样有利于缓解因紧张而剧烈的心跳；如一时想不起继续往下讲的内容或语言，不要长久呆立在台上，给人以怯场的印象，可以把后面的内容提前讲，或现编新内容、新词接上去，或以提问的方式与场下互动。要灵活机动。

(3) 自控力　要善于控制自己内在感情，使展示于外侧的言行举止得体有分寸。无论争论、辩论多么激烈，上台演讲都必须注意文明礼貌、社交礼节，不能感情失控、失礼或失态。真情要随内容流露并适当控制，讲到得意处，不能手舞足蹈、忘乎所以、哈哈大笑；讲到悲伤处，不能泪流满面、捶胸顿足、号啕大哭。如果台下有人提出异议，不能随性激烈争论，要学会控制自己的情绪，做一个文明的演讲者。

(4) 逻辑要点记忆　逻辑要点记忆是一种在理解基础上的意义记忆，要求演讲者具备较强的理解力和灵活的记忆力。即兴演讲较之命题演讲更侧重于意义记忆，即演讲词临场现编，边想边讲，因此，只能记全篇的中心和几个要点及其彼此间的联系，先讲什么，后讲什么，理清思路，要点不能遗漏，顺序不能颠倒，关系不能搞错。

3. 服饰准备

公开场合中演说时，所穿的衣饰应庄重简朴。服装、饰物要与演讲的场合、演讲的内容、环境的布置以及季节的变化相适应，否则，会让人感到不协调。白天演讲，女士首饰应仅限于朴素的耳环、项链和手镯，不宜选择响哨哨的首饰，男士可以穿西服或上班服并配以一条花式保守的领带。如装饰得珠光宝气，会令人炫目。晚间聚会演讲，可以视其隆重程度，女士穿稍为华丽的衣服，但不要选低开领的衣服。夜晚的首饰可以比白天所戴的稍华丽，但不宜太闪亮或带得太多而引起别人注目或批评。男士可以穿燕尾服配白领结或西装等。

皮鞋要和整体的服饰相配，如果是作长篇大论的讲演，则要以穿着舒适为主，一双站不稳的鞋，一定会让你分心。

如果你要作电视演讲，则更要注意与整个节目协调。

(二) 演讲开始前的介绍礼仪

1. 介绍演讲人的礼仪

由司仪或者宴会中的主持人上台，手心向上指向演讲人，面向观众，向观众或来宾介绍演讲人；如果主持人是在餐桌旁边，他只要站起身来介绍即可。

介绍词要极短，一般只要几句说明身份的话就可以了，最长不超过两三分钟，以免分散演讲人的演说时间及大家对他的注意力。如果他非常有名，可稍附带简要介绍一下他的主要著作或成就，然后对他在百忙中抽空来作演讲表示感谢。

在被介绍后，演讲人若站在台上，则要点头呼应，并感谢他的介绍，然后向每一位在场的宾客及听众稍稍鞠躬或点头致意。介绍完以后，坐在台下的听众可报以掌声表示欢迎；如果是聚会，被介绍完后，演讲者要起身对大家示意，主持人便可以坐下来，直到演讲完毕，然后站起身来和演讲人握握手，并感谢他花了很多时间、精力准备以及作了那么精彩的演讲。

2. 自我介绍的礼仪

如果是演讲比赛，一般演讲人要作自我介绍。演讲者可落落大方地走上台去，站定后，面带微笑地向主持人和来宾问好，然后简要介绍自己的姓名、单位，并对大家的到来表示欢迎和感谢，然后向观众稍稍鞠躬，再介绍演讲的题目。

(三) 演讲开头的艺术

演讲的开头没有固定的模式，可以是一句警句、一段名言，可以是一个故事、一个情节，可以是一句设问或一句反问，可以是一个结局、一段感慨……良好的开头是成功的一半，开头在演讲中具有第一印象的效应，无论采取提问式、悬念式、幽默式或赞扬式的开头，都要尽快引发出听众的兴趣，以自己对题目的感觉和热情去点燃听众内心的感觉与热情之火，以自己对题目的精深理解去启迪听众的共鸣和思索。这就是演讲的入题。

通常可以采用的方法如下。

1. 开门见山，迅速将听众带人既定情境和思路中去

恩格斯的《在马克思墓前的讲话》，直接讲马克思“停止了思想”、“永远睡着了”，这样就迅速将听众引入到沉痛和肃然的既定情境之中。

2. 讲究悬念和曲折，以引起听众的关注

为了抓住听众心理，有些入题更需要讲究一定的曲折和委婉，尤其要讲究一点逻辑悬念，使入题显得有些跌宕，有些波澜，有利于入题的引人入胜，自然能引起听众的关注与兴致。例如：《人呵，认识你自己》的演讲，主讲人主要叙述人与社会和自身的关系。但为了吸引大家的注意，一开始先援引恩格斯的话，讲了个“司芬克斯之谜”的引子：“大自然——司芬克斯向每个人和每个时代提出了问题……”继而话锋一转，问道：“那么人类呢？人和人类社会有什么难题呢？”最后他自己答道：“人类面对着的有三大难题：人生、社会和人自身。”这就是“转折式入题”了。

3. 用强烈的反差

用对比对照和映衬之类的修辞手法，来引领和导入自己的话题，以期在人们心目中留下深刻的印记。有一篇名为《论男子汉》的演讲，一开始，演讲者洋洋洒洒列举了四个“为难”和“胆怯”之处，颇有离题之嫌。但突然话锋一转，便进入自己早已拟定的题目了——“但是，我并不胆怯；相反我充满了信心。我相信，既然我站到了这个讲台上来，我就必定能够鼓起勇气，竭尽全力，让自己体面地走下台去!”因为，我选择了这样一个演讲题目——《论男子汉》! 这样《论男子汉》特有的“勇气”之题目，便同一开始的“胆怯”与“为难”形成鲜明对比和反差，巧妙、贴切而又风趣。

(四) 演讲中的口头语言运用艺术

演讲是借助有声语言来表达演讲者的思想和情感的，它是演讲者与听众之间相互沟通与交流的手段，要使听众能够听懂并产生共鸣，演讲者必须注意以下几个方面。

1. 语音

(1) 采用双方共通的语言——普通话。

(2) 说话时吐字清晰、发音正确，不使用方言读音或读错别字。

(3) 演讲时，声音要洪亮圆润，如果在台上演讲，可借助事先调节好的扩音设备，以免听众听不清。但有时清晰低沉的声音对悲伤情绪的处理，往往比高的声音更能够打动人。演讲者平时应多训练，协调运用各发音器官。

2. 语调

语调是指演讲者在讲台上对听众的特定的说话语气和格调，包括语音的高低、强弱、长短、轻重等因素。要根据演讲的内容作抑扬顿挫的语调变化，使语调更具韵味，更好地表达语意和丰富的情感。

3. 语速

语速是指演讲时有声语言速度快慢急缓的变化。演讲中或迅疾或舒缓的不同节奏，表示着不同的思想感情。演讲者必须善于灵活自如地控制自己讲话的速率，应该比一般的对话速度更慢一些，句尾更清楚一些，一般每分钟 90 至 130 个字，以增强思想表达的效果。

(五) 演讲中的态势语言运用艺术

演讲中态势语言的运用十分重要，它有助于表达口头语言无法表达的意境。因此，演讲中不仅要重视口头语言，也同样要重视态势语言的运用。

(1) 演讲时精力充沛。神情专注，气宇轩昂的演讲能振奋听众，反之，萎靡不振的状

态，只能让听众昏昏欲睡。

（2）演讲时站要稳，切勿前后左右摇摆。

（3）演讲时，目光要前视听众并与之交流，不能仰头望天或低头看讲稿和地板。

（4）演讲时，要有脸部表情的变化。

（5）合理安排自己的一双手。

如果有演讲桌，可以将手自然地抓着讲桌的边，除了偶尔做手势或翻动讲稿，一般不去动它们。如果是在一个宴会上演讲，你可以将双手按在餐桌上。要尽量避免去碰触桌上的东西。如果你讲演时使用幻灯片的话，可以预备一根指棒。它不但可以用来指示图片中的细节，而且可以在你演讲当中作为一件可以抓住的道具。如果没有任何可以抓住的东西，你一定要尽量放松你的双手，并配合演讲内容适度做一些动作。如讲到激情处，手在空中挥动，讲到悲苦时握着拳头靠在自己的胸前，愤怒时举拳猛击，但都是一种自然和灵活的姿态。要尽量避免一再重复同一动作。也不要胡乱地挥动你的双臂，分散听众对你演说的注意。

特别要注意的是，手势语的使用要准确地表达语意，要注意不同国度、不同民族、不同观众群对同一种手势语的不同理解。演讲之前先了解观众的来源、环境的情况等，有助于合理地使用相应的手势语。

（六）演讲过程的控制

1. 控制自己

控制自己，指演讲中控制自己的情绪、语音、语调、语速、体态、表情、动作等，既要有激情，又要善于收放，不滥用感情。

2. 控制场面

控制场面，指演讲中一旦出现骚动和其他异常情况，如：灯灭了，话筒不响了，要镇定自若，合理“救场”。

3. 控制时间

演讲时间一定要短。切忌冗长拖沓，演讲的诀窍是在听众们意犹未尽时结束话题。各种仪式上安排的演讲，最长不要超过五分钟。如果为欢迎国宾、公务团体举办的正式晚宴或涉及实质性问题（例如两国间政治、经济、文化等问题）的讲演，无论是主人或客人的演讲，一般都安排在十五分钟左右。因为每过一定的时间听众就会产生一种“注意力危机”。要用控制时间来克服这些“危机”。

（七）演讲结尾的艺术

1. 演讲的结束语

演讲的结束语应有力、简洁，给人以激情和回味，使之成为一个含蓄的意味深长的省略号——余音袅袅、耐人寻味。结尾没有统一的格式，可以用归纳法，可以用鼓励法，可以用幽默法，可以用引用法，可以用升降法，可以用情感法，可以用见好法……形式不拘一格。下面列举两段结束语，以示启迪。

（1）林肯向南部人民发表就职演说的结束语：我痛恨发生冲突。我们不是敌人，而是朋友，我们绝对不要成为敌人。强烈的情感也许会造成紧张情势，但绝对不可破坏我们的情感和友谊。记忆中的神秘情绪从每一个战场及爱国志士延伸到这块广大土地上的每一颗活生生的心及每一个家庭，将会增加合众国的团结之声。到时候，我们将会，也必然会，以我们更佳的天性来对待这个国家。

（2）有关教师责任和价值的演讲稿结尾：老师的责任，老师的敬业，付出的青春，付出的热情，难道真的没有衡量的标准？不，有的。当新年时，办公室桌上堆满学生的问候；当人们把老师当红烛来歌颂；当我们培育出了祖国的栋梁。我看到了敬业的成就，责任的代价。我找到了衡量一个教师的尺码，那就是：祖国的辉煌明天中闪耀着我们无私奉献的光华！

2. 离场风度

演讲完后，不要逃也似的离场，或一下子松垮下来，须知台上的每一个细微动作和表情，都是整个演讲的组成部分。因此，离场也要有“大将”风度，在与观众鞠躬、点头、语言致谢后，应昂首稳步离场，给整个演讲画上圆满的句号。

练习题：

1. 什么是演讲？演讲的特点有哪些？
2. 演讲的基本要素有哪些？
3. 你认为怎样才能做一个成功的演讲者？
4. 写一篇 18 岁成人仪式上的演讲稿并练习演讲。

第四节　谈判礼仪

【事例】　美国大富翁霍华德·休斯为了大量采购飞机，亲自与某飞机制造厂的代表谈判。霍华德·休斯的性情古怪，脾气暴躁，他提出了 34 项要求，谈判双方各不相让，充满火药味。后来，霍华德·休斯派他的私人代表出面谈判。没有想到私人代表满载而归，竟然得到了 34 项谈判中的 30 项，其中包括 11 项非得不可的项目。霍华德·休斯很满意，问私人代表是如何取得这样大的收获的。私人代表说：“那很简单，每当谈不拢时，我都问对方：‘你到底希望与我解决这个问题？还是待霍华德·休斯跟你解决？’结果，对方无不接受我的要求。”

谈判是社会生活中不可缺少的交往协调方式，从广义上说，谈判的形式有多种多样，大到国家政治谈判，小到家庭之间的家务分配协商。公关活动中更离不开谈判，一切的商品买卖、求职谋薪、民事纠纷谈判等都需要通过谈判协商。因此，了解一般的谈判常识，熟悉谈判的基本礼仪十分必要。

一、谈判常识

(一) 谈判的涵义

谈判是指在社会生活中，个人、群体或组织之间为了满足各自的需要、解决共同关心的问题，或为了改善彼此关系而进行的讨论、协商。其中，商务谈判是指买卖双方对交换或买卖商品的品种、质量、价格、数量、收发时间、付款方式等事项进行的洽谈和协商。

(二) 谈判的分类

从不同的角度，以不同的标准，可以将谈判分为不同的类型。

(1) 根据参加谈判的人数规模，可分为个体谈判和集体谈判。

(2) 根据参加谈判的利益主体的数量，可分为双边谈判和多边谈判。

(3) 根据谈判的内容，可分为政治谈判、军事谈判、公关谈判、经济谈判、文化谈判、民事谈判等。

(4) 根据谈判的透明度，可分为公开谈判和秘密谈判。

(5) 根据谈判的方式，可分为正式谈判和非正式谈判。

(6) 根据谈判发生的状况，可分为有准备谈判和即兴谈判。

(7) 根据谈判双方接触的方式，可分为口头谈判和书面谈判。

(8) 根据谈判所在的地区范围，可分为国内谈判和国际谈判。

(9) 根据谈判条款的联系方式，可分为横向谈判和纵向谈判。

(10) 根据谈判性质的不同，可分为普通谈判和特殊谈判。

这里，我们主要谈一些公关谈判的基本特征、程序和礼仪。

(三) 谈判的特征

谈判是一种通过沟通、协商，有目的的、利益指向明确的双边或多边活动。由于谈判的种类不同，它们的特征也各有侧重，但无论何种谈判，都具有以下一些共同的特征目的。

1. 目的明确

谈判是一种双向的需要，谈判是有明确目的的活动，它是利用沟通的方式，彼此提出述求和主张，要求对方理解和认同，并达成共识的过程。

2. 利益鲜明

无论何种形式的谈判，谈判中的陈述、说服、提问、回答，都是为了己方的利益需要而进行的。不带有任何功利目的、也无求于对方的谈判是不存在的。例如：20 世纪 70 年代初，中美建交谈判时，美国前国务卿基辛格在与邓小平对话时曾说：“我们的谈判是建立在健全基础之上的，因为我们都无求于对方。”第二天，毛泽东主席接见基辛格时，就其前一天的谈话进行了反驳。毛泽东主席说：“如果双方都无求于对方，你到北京干什么？如果双方都无所求的话，那么，我们为什么要接待你和你们的总统？”毛泽东主席一针见血地指出，谈判是一种双向的需要，谈判带有明确的目的性。谈判的目的性决定了谈判必然具有鲜明的利益性。

3. 随机灵活

谈判是一种动态过程，瞬息万变。无论谈判双方事先作好怎样充分的准备，谈判中都会因为反馈信息、谈判条件、主客观环境的改变而必须对谈判的语言、谈判的方式、所采取的策略作相应的调整，因此，要灵活、随机应变。

4. 策略巧妙

谈判是一种智慧的较量，在谈判中，彼此都想获得尽可能多的利益，怎样使谈判朝着有利于己方的方向发展？尽快与谈判对方达成符合己方目标的协议，是谈判双方始终关注的要点，因而成功的谈判者常常会以其特有的机敏和洞察力关注谈判中的任何细微的信息，不放过有利于自己的任何一个机会，运用各种计谋和合适、合理的手段，在谈判双方的利益冲突和协调中，巧妙地诱使对方按照己方的目标和条件达成协议。

5. 反馈迅捷

谈判中情况瞬息万变，往往会出现许多稍纵即逝的机会。为了抓住这些机会，在有限的谈判时间内，双方往往斗智斗勇，不仅要反应敏捷，而且要密切注意对方说话中的信息及谈判中细微的变化，并立即对对方的发言做出判断、回答或利用。因此，谈判实际上是在进行智力的较量。

(四) 谈判的原则

1. 平等互利的原则

无论是什么形式的谈判，无论在何处谈判，谈判的双方在法律地位上，享有同等的权利和义务，都应本着平等互利的原则参与洽谈协商。至于谈判中出现不同观点和意见，只能以协商的方法妥善解决，以适当的让步寻求一致。在谈判中，谈判各方要坚持等价交换，互惠、互利、自愿让步的原则，在竭力为自己谋取合理利益的同时，又必须使对方获得相应的利益。

2. 求同存异的原则

求同存异就是双方在谈判中总体上、原则上保持一致，而适当作出让步，允许与己方利益要求并不完全相符的“小异”存在于协议中，寻求双赢或多赢，使大家都能实现自己的基本权利和要求。

3. 求实守信的原则

为了得到双赢的目的，在谈判中双方都应抱着求实守信的原则。求实，指的是自己提出的要求应客观、合理，对对方的要求也应实事求是地分析，换位思考问题。守信，指的是在谈判中，双方要恪守信用，这是奠定双方谈判成功的基础。要“言必信，行必果”。如果双方缺乏诚意、缺乏信用，互相欺骗，最终将导致谈判的失败。

4. 依法办事的原则

法律是保障公民合法权益的社会机制。它既保护合法行为，又制约不合理行为，更制裁不合法行为。在谈判中每一个谈判者都应该有法律意识，遵守法律原则，自始至终要依法办事，一切语言和行为应不违背国家法律和政策，所有的协议、承诺应在国家政策和法律的允许范围内进行，不可有与之相抵触的地方。

（五）谈判的程序

1. 谈判准备

谈判取胜的基础和关键是有的放矢的谈判准备工作。其中分为：

（1）背景准备　了解对方的基本情况，包括预算计划、财政计划、经济实力、生产状况、市场信息以及谈判代表的基本情况。

（2）人员准备　挑选懂业务，具有相应的素质和谈判能力，又熟悉双方情况，能应付各种复杂场面的谈判人员，并确定谈判领导人，明确各自的职务范围。谈判小组人员一般以3～5人为宜。

（3）制定谈判计划　谈判之前要预先拟定有关谈判具体内容和步骤的计划书，它必须有明确的谈判目的、谈判程序、谈判目标。其中，谈判的具体目标可以分为期望目标和临界目标。所谓期望目标，就是己方在谈判活动中，根据既定的目的和要求，力争达到的最高基准目标。所谓临界目标，就是己方在谈判活动中，在做出让步的情况下，从自身的利益出发所能接受的最低基准目标。

2. 谈判过程

（1）开局　这一阶段首先要营造谈判气氛，为实质性的谈判做好准备。谈判代表各自介绍己方的基本情况，以便互相认识和初步了解。可以热情、大方说些表示问候、欢迎、感谢的客套话，也可以随便聊些新闻，创造一个轻松、和谐的谈判气氛，为双方找到共同的语言与心理沟通做好准备，但用时应极短。

接下来各方简洁、明了地概说总的意图与目的、想法，对于某些关键性内容可暂时隐藏。要求语言流畅、清晰、原则性强并充满自信，目的在于沟通必要的信息，树立信赖感。

（2）磋商　这一阶段是双方清晰地提出各自不同的想法及其理由的时候，为了争取自己的利益，双方都会有许多的“说明”和“利益诉求”，有时甚至出现对立，这时最能体现谈判者的智慧与即兴口才。在一系列的设计、算账、磋商的过程中，双方代表都会抓住各种时机来论证己方主张的合理性，为己方争取尽可能多的利益而一展口才，有时难免语气强硬，甚至带点火药味。这一阶段要沉着、冷静，专心倾听对方发言，尽量从对方的言谈中发现问题，分析其真实意图，最好不要急于发表针锋相对的反对意见，否则会加剧紧张气氛。要用积极的思考和严谨的逻辑思维去判断，巧问智答，注意语言的外柔内刚和原则性。为了达到双赢，要寻求双方利益的共同点，根据互利互惠的原则，要懂得施与受兼顾，双方可多提出几个方案，耐心协商。当某些关键问题一时无法立即取得共识，则要全面权衡利弊，在不放弃己方主要利益的同时，也要兼顾对方的需求，在次要问题上作适当妥协和让步，一般让步与要求同时并提，并希望对方予以回应，作出相应的让步，以寻求原则上的基本一致。因为必要的妥协、让步是最终能够达成协议的前提条件。在经过迂回曲折的协商和讨价还价后，双方达成基本一致的意见，双方代表再对前面的谈判内容进行归纳与总结，并为正式签约的条款进行磋商、补充、完善。

(3) 签约　首先要对双方所谈的内容、共同使用的概念、术语，要有一致的理解或解释，以免产生误解或不良结果。经过交易磋商，双方达成了一致的看法，或称一方的发盘或还盘被对方有效地接受，就算达成了交易，双方之间就建立了合同关系。一般都要用书面形式将双方的权利、义务明文规定下来，以便于执行。这就是所谓的签订合同。双方首席代表在协议上签字、盖章、成交，谈判宣告结束。双方开始握手言欢，举杯祝贺。此时气氛是友好融洽的。

二、谈判礼仪

(一) 谈判人员的基本礼仪

谈判人员的基本礼仪包括：仪容、仪表、仪态。

1. 谈判人员的仪容

在谈判中，仪容首先会通过人的感官作用于人的心理活动，形成肯定或否定的判断，并由此产生愉悦或厌恶的情感活动。仪容包括面容相貌、表情、眼神等。表情要亲切自然，眼神应炯炯有神，充满自信的目光，可以有效提升自己的实力。

2. 谈判人员的仪表

谈判人员的仪表包括服饰礼仪和修饰礼仪。雅致、端庄重的服饰既表示对他人的尊重，也体现了个人的形象，同时代表着企业、公司的总体形象。

仪表修饰的通常原则是：自然、得体、适度。既要与个人容貌、体形、气质、职业相吻合，又要与谈判的地点、时间、场合相吻合。

佩饰是一种点缀，不应凌乱，要与着装、气质合拍。

3. 谈判人员的仪态

一个人的行为仪态就好像一面镜子，能反映出他的文化底蕴、知识水平和道德修养。谈判人员要注意行为举止的彬彬有礼、落落大方，讲究礼貌礼节，为自己和企业塑造良好的形象，为谈判的成功奠定基础。

仪态包括：坐姿、走姿、站姿、动作举止等（内容可详见本书第二章个人礼仪）。

(二) 谈判场合的礼仪

1. 会见礼仪

布置好谈判会场，安排好长方形或椭圆形的谈判桌，门右手座位或对面座位为尊，应让给客方。双方谈判代表按事先约定的时间、地点准时到达，主人应在会见开始之前到达正门口迎候客人，也可以在会见室的门口迎候，主方接待人员应按礼仪接待宾客，双方人员的人数和身份，应大体相当，将译员和记录员引坐在主人和主宾的后面。双方其他人员各自按一定的顺序坐在左右两侧，主方为左，客方为右。宾主双方进入谈判室后，工作人员应负责关好门，并退出现场。在谈判过程中，一般不允许外人进出。

2. 谈判礼仪

宾主双方见面时，可以是第三者做介绍，可以自我介绍。主谈人交谈时，其他人员应认真倾听，不得交头接耳，或翻看无关的材料，不随意打断他人的发言。双方都应抱着诚意交谈。

经过一系列的磋商之后，如果双方达成了某些协议，要经过签约仪式使之形成文字，成为具有法律效力的文件。双方协商的合同条约等要最后定稿，一式两份。

3. 签约礼仪

签约仪式一般选在宽敞的会议室进行，设一张长桌，盖深色台布，桌后并排放两张椅子。面对门主方在左，客方在右，将事先打印好的文本摆放桌上，分别放好签字用具，签字桌后墙上可贴上会标，写明“××合同签约仪式，×年×月×日”之类的标题。

签约时，双方参加谈判的全体人员都要出席，共同进入会场，相互致意握手，一起入座。双方都应设有助签人员，分立在各自一方代表签约人外侧，其余人排列站立在各自一方代表身后。

助签人员要协助签字人员打开文本，用手指明签字位置。双方代表各在己方的文本上签字，然后由助签人员互相交换，代表再在对方文本上签字。

签字完毕后，文本即已生效，双方应同时起立，交换文本，并相互握手，祝贺合作成功。其他随行人员则应该以热烈的掌声表示祝贺。

有时，签约后还可安排礼节性的干杯礼仪，或者合影留念，以示长期合作的愿望。

4. 道别、送客礼仪

谈判结束后，要作一个有礼貌的告辞，以行动表示诚意，自始至终都留给对方完美无缺的好印象。然后主方人员应按照送客的礼仪送别客人。

练习题：

1. 什么是谈判？谈判中要遵循哪些基本原则？
2. 请你谈谈商务谈判的特征有哪些？
3. 如何使谈判中形成的协议具有法律效力？
4. 请你思考一下，怎样做一个受欢迎的谈判者？

第五节　电话、网聊礼仪

【事例】 晋江青阳某外贸公司的高小姐接到一位以色列客户的通知，要求今后用SKYPE（一种网络电话）进行日常交流。高小姐安装了相关程序后试用，发觉效果很好。

高小姐向记者介绍说，公司有很多国外订单，都是通过E-mail与外国商家联系的。在邮件发出后，她们往往会打电话去确认E-mail有没有收到，加上经常性的日常问候等电话交流，电话费居高不下，使用网络电话可以节省公司的一笔日常开支。

据泉州晚报报道，随着网络在商业中的普遍运用，使用QQ、SKYPE等网络聊天方式进行商业沟通，正成为新兴的商务交流模式受到沿海商业人士的青睐。

一、电话

电话是一种常见的通讯、交往的工具，它无论在公务活动、商务活动、社交活动中都发挥着重要的通讯作用。打电话的礼仪也是公关礼仪的重要内容。因此，应当注意用好电话，遵守电话礼仪。

(一) 拨打电话的礼仪

1. 选择对方方便的时间

什么时间打电话要兼顾对方的时间。一般的公务电话最好避开下班时间，因为这时打电话，对方往往急于下班，很可能得不到满意的答复；打公务电话，不要占用他人的私人时间，尤其是节、假日时间；工作时间打电话，若对方有重要会议或会见重要客人，这时不宜去打扰，以免分散对方的精力；而社交电话一般在对方空闲时间打，最好在工作之余拨打，如果没有特别重要的事情，一般不在早晨 7:00 以前和晚上 22:00 以后打电话，也应尽量避开吃饭或睡觉时间，以免令人反感；给海外人士打电话，先要了解一下时差，千万不能骚扰人家。

2. 规范拨打电话

(1) 规范拨打方法　如果是给上级领导拨打请示电话或汇报工作，一般拨打办公室电话，讲话时要开门见山，条理清晰，谈吐自然；给下级打电话时，如对方不在办公室，可拨打其手机，说话态度谦和、亲切自然，不打官腔。

在单位打电话应调低自己的音量，尽量不要影响同事办公；在家里打电话不影响家人的休息；若使用公用电话，更应具有公共意识，长话短说，以免别人久等。

(2) 规范拨打内容　打电话前，应理清思路，把对方的姓名、电话、谈话要点和顺序拟好，特别是业务上的电话更是如此。避免出现现想现说，缺少条理，表达含混不清，语无伦次，既耽误时间，又影响工作。

应答时要注意分寸和留有余地，切不可不顾实际，信口开河，贸然应允而又不能兑现，否则会失信于人。

(3) 规范拨打语言　首先要热情招呼："您好"，然后自报"家门"。不能只用"喂"、"嗯"，或者不出声等待对方讲话。其次是根据通话对象恰当用语，语句规范通俗。再次是声音清晰，精神饱满。做到声情并茂，但"声"和"情"都要有度。即使对方看不见你，但从欢快的语调中也会被你感染，给对方留下良好的印象。由于面部表情会影响声音的变化，所以即使在电话中，也要抱着"对方看着我"的心态去应对。

3. 控制通话时间

公务电话要长话短说，不长时间占用公共设施，影响别人工作。社交电话可视与对方的关系和内容而定，但也应当以不引起对方厌倦为原则。如果拨打别人手机，更应注意控制时间，以免浪费别人过多的资费。

4. 注意举止

电话里尽管对方看不见你的形象，但通过语言、音调等因素能感觉到你的态度和电话形象，因此应做到以下几方面。

(1) 形象应得体，身体尽量坐正，躺着说话或弯着腰或把双脚高搁在桌子上，都能使对方从你懒散的姿势所传递的声音中听出来，这样会毁掉你温文尔雅的风度。

(2) 打电话过程中嘴里不要嚼东西、吸烟、喝茶，语言含混不清，给人以散漫的感觉。

(3) 通话时嗓门不要过高，免得对方感到"震耳欲聋"；也不要太轻，使对方听不清而误解。

(4) 话筒与嘴的距离应保持 3 厘米，不可"吻"话筒，否则不卫生。

(5) 不要骂骂咧咧，更不能用粗暴的举动在电话里撒气。

（6）通话中一旦出现话音不清或掉线，要尽快向对方拨打，同时说明原因并致歉。

（7）电话机应轻拿轻放，不可用力摔。

（8）如果打错电话，要主动向对方致歉。

电话形象的形成，是通过自己的态度、礼貌、举止、思路、用词用句的规范和反应的敏捷等来体现和塑造的。良好的电话形象，能体现自己和公司较高的素质、品位和能力，也使客户乐意与这样一个管理有序、训练有素、待人有诚的企业做生意。

（二）接听电话的礼仪

1. 及时接听

电话铃声三声之内，应立即接听电话，如正巧有事，铃声响过四次后再去接，拿起话筒应说声“对不起，让您久等了。”若长时间无人接电话或让对方久等是不礼貌的。电话接通后要先道声：“您好”，并主动报公司名称或自己的姓名，不要让对方猜自己是谁。如果是请转别人的电话，应轻声道：“请稍等”，然后速转某人，如找不到听电话的人，你可以自动的提供一些帮助，如“需要我转告吗？”或“需要请他回电吗？”

如果对方拨错电话，也要礼貌地予以说明。

2. 礼貌应答

（1）了解来电目的　上班时间打来的电话，一般都与工作有关，公司的每一个电话都很重要，不可敷衍。在问清来电目的后，能立即作出决定的，应当场告之对方；如自己无法处理，也应认真记录下来，委婉地探求对方来电目的并按时转达、处理并给予回应，这样既不会误事又能赢得对方的好感。

（2）认真倾听　听电话时，要不时说些“是”、“好”之类的话语，让对方感到你在认真地听，不要轻易打断对方的说话。

通话时要聚精会神，面带微笑，语气谦和友好，语言简洁明白，吐字干脆清晰，不要拿腔拿调或嘲讽对方，更不可在电话里发怒，恶语相加，甚至出口伤人。个人的声音、语气和态度往往代表了自身独特的形象，也代表了组织的形象。

如中途有事，必须走开一下，要控制时间，不能让人久等，并恳请对方原谅。

（3）随时牢记 6W1H 技巧　所谓 6W1H 是指①Who（谁来的电话），②Whom（打电话找谁），③What（来电的内容），④Why（来电的原因），⑤Where（来电提到的地点），⑥When（来电中提到的时间），⑦How（如何进行）。对方如要求电话记录，那么你就应马上拿过纸和笔进行记录。电话记录一般包括以上几个内容。如果是重要电话，记录完毕后，可以重复核对一遍。

3. 礼貌结束电话

内容讲完后，应主动致谢、道别再挂断电话，一般情况下由拨打电话的一方先挂断。如果是需要汇报的公务电话，应及时上报内容，不可搁置而误事。

（三）接听电话的注意事项

1. 主次分明

（1）接听电话时不要同时干其他事，如与其他人交谈、看文件、看电视、甚至吃东西。

（2）接听电话时，不要不理睬另一个打进来的电话，可对正在通话的一方说明原因，让其稍候或暂时挂断，过一会再回，然后去接另一个电话。如果另一个电话只几句话，可直接听完。但如果估计要占用较长时间，可先让对方稍候，过一会再打进来，随后继续接听刚才中断的电话。

（3）在会晤重要客人或举行会议期间有人打来电话，可向其说明原因，表示歉意，并承诺稍后再联系。

2. 关键情节或内容要重复

在商务交往中接听重要电话，需要进行重点内容和关键情节的必要的重复，以免出现记忆性错误或误听而影响工作。

(四) 手机的使用

现代生活中，通讯越来越发达，手机的使用也日趋频繁，如何使用好手机这个现代化的通讯工具，同样是现代人必须掌握的电话礼仪。

手机是移动电话之一。它除了具有电话的一般功能和一些特殊功能外，还具有快捷、便利、随时随地的特点。因此在拨打、接听电话方面，同样要遵守以上的电话礼仪，另外还要注意以下几个方面。

1. 妥善放置

一般放置在既能感觉到它的铃声或震动，又比较安全的地方。如上衣内袋、公文包内。参加会议时，可暂放在办公室抽屉里，如平时业务联系较多，可开到震动档带入会议室。

2. 遵守公共规则

(1) 因移动通讯工具会产生电磁波，因此在乘坐飞机时要关机。

(2) 使用手机时不可扰乱公共秩序，如不可在会议中、美术馆、影剧院、病房内等注明“保持安静”的地方开铃声或大声接听。

3. 接听时注意场合

(1) 不能在会议中当众接听手机，以免给人留下用心不专、不懂礼貌的不良印象。

(2) 不能在楼道、电梯、路口、人行道等人流拥挤处，旁若无人地接听手机，应侧背过身去通话，或找一个僻静的场所，这样既可以使通话清晰，也不会影响他人交谈。

4. 接听时控制时间

使用手机通话，时间不宜过长，力求简单、明了。

5. 使用手机注意安全

手机往往会在运动中使用，分散注意力，其本身还会产生电磁波，因此，要注意以下几点。

(1) 不在有重要仪器的场所使用，如医院、飞机、加油站等，以免干扰仪器或引起火灾。

(2) 不在手机中谈及国家机密、商业机密，以免泄露。

(3) 不在驾驶车、船途中使用手机，以免分心。

二、网聊

“网聊”，即网络聊天。它是随着电子计算机技术和网络技术的发展而诞生和发展起来的一种聊天方式。它突破了人类最寻常的交流方式，即面对面地对话；它提供了远程的即时交流手段。随着现代社会人们生活和工作节奏的加快以及商业化的手段向人们提供了更多消闲方式，人们的聊天方式也发生了急剧的变化。

(一) 网聊的方式

1. 版聊

既在BBS上轮流贴贴子，展开对话。有时一些网站邀请嘉宾与网友聊天时会采用这种方式。它的好处是可以将谈话保留下来，供别人观看。

2. 聊天室

参加网上聊天的一般的操作步骤是：先在聊天室首页进行用户名（昵称）及密码的注册，注册成功后点击“进入聊天室”按钮即可进入，在聊天窗口的“在线名单”处选取发言对象，再选择相应的动作，表情，字体及颜色，输入发言内容，点“发送”或直接回车就可将信息送出。

一群网友同时在网络提供的聊天室里七嘴八舌各说各话，这是在OICQ没有出现之前网友聊天的主要形式，屏幕上经常可以看见这种庞杂景象。

3. OICQ（现名QQ）的软件聊天

你只要从腾讯公司的主页上下载一个专门的聊天软件，再申请一个号码，就可以方便地与同样拥有号码的网友交流。此外，QQ还可以与手机传呼相通，具有附加的通讯功能。

MSN和QQ具有相似的即时聊天、共享空间、新闻等功能。但MSN具有的邮件功能更加强大。只要在MSN主页上下载一个“MSN Messenger”软件，然后申请一个MSN账号，就可以享受MSN的所有功能了。

4. 语音聊天

电脑上插上话筒、耳机，直接利用语言进行网络聊天。

5. 视频聊天

安装摄像头后进行网络聊天，在聊天的同时可以看见对方的形象。

除了语音聊天外，其他的聊天方式都是通过敲击键盘、输出文字进行聊天的。

（二）网聊的特点

网络聊天同样具有传统聊天的基本功能，无目的性，天南地北，海阔天空，既起消闲的作用，同样可以交流情感、促进友谊、传递信息，满足表达欲望。但它又具有一些特殊性质。

1. 非实名性，即隐蔽性

QQ的注册无须身份证，在网上聊天无须提供真实姓名、性别。没有人知道那夸张的头像与虚构的网名背后的你是怎样一个人。除了对方自愿提供的信息（可能是假的），你一无所知。QQ的隐蔽性使得人们如同戴上了各色面具，参加网络世界中的假面舞会。

2. 非公开性，即私密性

网聊借助文字的形式，避免了“隔墙有耳”的担心，没有人知道你和你的网友究竟说了些什么，甚至没有人知道你们在说（借助隐身手段）。它不必担心受到外界环境的干扰，或他人的参与，或花费一定的费用在酒吧、咖啡厅或是茶馆的聊天，它也可以使得几百人在一家网吧内同时“安静地”聊天。

3. 非现身性，即神秘性

隐蔽性带来神秘感。由于看不到真实的对方，于是，“轻舞飞扬”、“沧海一笑”、“水晶恋人”这些以前武侠小说或童话里才出现的名字背后，隐藏着怎样的美人或英雄？给人带来了神秘感，QQ族浪漫的漫画头像和网名为聊天过程赋予了丰富的想象空间。

4. 非等级性，即平等性

由于网络上聊天多以非真实身份出现，因此改变了人们习惯性地以貌取人的做法，不管是地位显赫之人，还是弱势群体，QQ成为了他们排解和宣泄感情的场所，他们日常生活中被压抑的话语得到表达。无论在聊天室里还是在QQ上，“权贵们”和“平民们”都有同等的话语权。从这个意义上说，QQ是真正平等的公共领域。而传统聊天虽然是非正式的，但其话语权力的等级架构却明显可见。

但是平等是相对的，QQ也一样，依然体现着人类世界的等级性。网聊中的等级关系是通过文化符号建构和体现出来的，即网聊中的同质性远远高于异质性。这也是人们常说的：人以群分。

此外，网聊还有成本低廉、新奇感与刺激性及不受空间和时间限制等特点。

（三）网聊的功能

网聊的功能主要有：休闲聊天、商业沟通、交友交流、视频电话、会议、卡拉 OK、娱乐游戏、远程教育等。

（四）网聊的礼仪

网聊既然作为一种现代化的聊天工具，在网聊中，人与人之间就可以不相互警惕，处处设防，能够敞开心扉交流和讨论及表达自我，但作为现代社会的公民理应遵守一定的公共规则，即网聊的礼仪。

1. 平等交流，语言文明

当有人发表“论点”后，网友们可根据自己的理解发表自己的观点，但应该语言文明、平等交流，不进行恶意的人身攻击，更不要以非常粗俗的语言交流，因为文字语言也同样反映了一个人的修养。

2. 不涉及国家机密

在网聊中，因为隐秘身份，互不认识，一些身在重要岗位或了解重要信息的人士，要自觉遵守国家的有关规定，不在网聊中泄露国家机密、商业机密、技术机密等内容。

3. 举止文明，符合礼仪

因为网聊的特点，人们可以以大胆的文字、语言和动作进行聊天，但不要怀着猎奇的心理陷入色情陪聊的圈套。

4. 谨慎交友，谨防上当

网聊交流因多半采用非实名，因此一些涉世未深的青少年，往往凭着自己的想象、怀着自己的梦想，容易被“网友”的语言和神秘感所打动而上当受骗。网络上尽管可以倾心交谈，但要谨慎做出行动。

5. 网聊有度，适可而止

网聊有它自己的极大优势，又极具吸引力，但由于电脑有电磁波辐射和视频的影响，长时间网聊会影响身体和视力，尤其是处在长身体时期的青少年。因此网聊要有度，适可而止。

总之，网络聊天是社会现代化进程中的必然产物。它的到来，既带来了现代化的理念和信息，又不可避免地同时带来了一些负面的影响。因此，我们每一个公民既不要把它当作“洪水猛兽”，又不要“身陷其中”，要用自己的行动维护网络的良性发展。

练习题：

1. 如果你是办公室文员，你将如何接听一个投诉电话？
2. 目前网聊有哪些基本形式？
3. 请根据角色分配，分别练习拨打和接听电话。
4. 作为一个公民，你将如何维护网络聊天的健康发展？

第六章　书面语言礼仪

书面语言就是利用文字来表达思想、传递信息、承上启下、联系内外、商谈工作，调整和改善、发展人与人之间、人与组织群体之间，组织与组织之间相互关系的书面材料与文字。在社交礼仪日益注重形式与规范的今天，掌握柬帖、公文、书信、广告等礼仪文书的写作特点和要求，明确写作语言的表达和词语的运用，有助于增强彼此间的交流与合作。

第一节　柬帖礼仪

【事例】 2005年8月7日下午下班前，山东省泰安市某局办公室王主任接到好友刘经理的请柬，邀请他8日中午12时出席在华侨宾馆举行的庆祝宴会。王主任非常为难，因为刚刚才决定第二天要陪同李局长到省厅去。由于刘经理的请柬送到的太晚，王主任无法对工作安排进行调整，以致于不能前去为好友道贺。

柬帖，是对用简短的言词书写的请柬、贺卡、明信片、名帖等的一种统称。柬帖的种类很多，从内容看，主要有喜庆帖、应酬柬帖、礼帖、谢帖以及丧葬帖几种。从表面形式看，有横帖与竖帖。横帖为西式帖，横向书写，从上至下顺序；竖式帖为中式帖，从左至右书写内容。从纸张的样式看，可以分为卡片式和折叠式两种。一张装潢精美的卡片，正面印有卡片名如贺年卡、圣诞卡等，背面为空白，用于书写内容。而有的是把卡片折叠起来，分为内、外两部分，外面印有柬帖名称和一些美术装饰，里面是空白，用来书写柬帖内容的就是折叠式柬帖。柬帖的特点如下。

其一，篇幅短小，文字简洁　柬帖不像普通信函，可以长篇大论，它只能在一张卡片的一面或两面的空间上做文章，篇幅有限，必须言简意赅，只要把事情说清楚就可以了。

其二，语言婉转，用词典雅　柬帖用的是书面语言，不能用口语，措辞应当庄重得体、高雅，力戒太直太露。

其三，装帧精美，印制得体　柬帖所用材料多是有一定厚度、质地优良、耐折的纸。柬帖讲究整体格调、文字布局与装帧的美观使人看起来比较精致，甚至像一件艺术品。

其四，约定俗成，合乎规范　无论哪种柬帖都有严格的讲究，在行文中的起行、抬头、具体位置要与交际对象、交际内容相和谐，并按社会约定俗成来写作。

其五，掌握时间，适时送达　柬帖有很强的时效性，过了所规定的时间送达就失去了意义。柬帖最好在所要求时间的前两天送到，既不算太早，也不算太迟，让被邀请人有时间做准备和安排。

一、请柬

在组织的日常交往中，当需要举办或参加某些礼仪性的活动，如纪念、典礼、仪式、婚礼、开张、揭幕、剪彩时需要对外发出邀请，这就需要通过专门的特定的文体形式去告诉受邀请者，这种特定的文体形式就是请柬。请柬又称为请帖，是邀请某人或某单位参加某项活动的专用文书。用请柬的形式邀请宾客，是为了表示郑重和对对方的尊重。有的请柬还可以作为会议的入场券和到会的凭证。如果是请人看戏、看电影、参观展览会等还要附上入场券。

请柬的使用在我国有着悠久的历史。魏晋时期就有了多种式样的请柬，如简帖、双书、品字封等，每当新居落成、婚嫁、添子女、店铺开张、中举等值得庆贺之事，都要向亲朋好友发出邀请。

请柬的大小和形状可根据请柬的内容自行设计，书写内容的一面应选用白色或象牙色为宜，双折请柬的封面颜色可不限，一般选用红、白、兰等色。不论选用自行设计的请柬还是使用固定的填空请柬都要仔细核对书写的地点、时间、人名、内容是否清晰无误，尤其受柬者是个人，在写职衔时，事先必须核实准确，以免发生误会。文字要求简单清楚，但又必须在简要的文字中表达出组织的较浓的感情色彩和意向。为了体现一个单位或个人的文化底蕴和教养风度，在书写时一定要注意字迹工整、漂亮、大方。

(一) 请柬的格式

请柬的格式有横式和竖式之分，其中横式请柬较为普遍，国内基本是横式请柬，但在港澳台及东南亚华人地区，比较多的沿用过去的竖式格式。请柬一般为对折式，封面印有“请柬”二字，为了醒目，字要大些，独占一面，封面要给人以赏心悦目之感，常以烫金为字，以红色作为底色，以示喜庆、热烈。封底素白或印有图案，中间为邀约内容。

请柬其实是一封简洁的邀约信，因此必须具备书信的基本要素，如抬头、正文、敬辞、署名、年月日等。

1. 抬头

顶格写被邀请的单位全称或个人的姓名。

2. 正文

正文写明被邀参加活动的名称、活动（或会议）的时间、地点、注意事项等。

3. 结尾

结尾处空两格写上“此致”或“敬请（恭候）”字样，再另起一行顶格写上“光临（莅临、惠临）”等。

4. 落款

落款写在右下方，由单位或个人署名均可，并要另起一行，在右下方注明日期。

(二) 发请柬的注意事项

(1) 请柬因为空间有限，不可能详细道来，因此，在请柬的正式内容之外，可以有一些附件。比如，如果地点较为偏僻，应注明如何乘车以及路线草图；如果是展览一类的活动，还要说明展览馆上午和下午的开馆和闭馆时间，让被邀请人心中有数。

(2) 如果邀请别人欣赏音乐会、演出等活动，还要随请柬一起寄出入场券、节目单或相关材料。

(3) 如果你不能确定被邀请者是否能出席，特别是外地的客人，最好随同请柬一并寄出“回执”。“回执”的内容包括：能否出席、是否需要接站（机）、是否需要订返程车（机）票等。

(4) 对于一些未最后确定是否能准时出席的客人，最好在请柬上留下“联系电话”，以备对方情况改变时联系方便。

(三) 请柬的书写格式范例

1. 横式书写格式

【例文】

请　柬

×××校长

今年欣逢我校建校 30 周年，兹定于 9 月 6 日上午 9 时于我校大礼堂举行校庆典礼，届时敬请

光临指导

×××学院 30 周年校庆筹委会

2005 年 9 月 2 日

【例文】

宴 会 请 柬

×××处长

在您的关怀和支持下，我校的综合办公大楼正式投入使用，谨定于 8 月 8 日（星期二）下午 6 时在太阳岛宾馆（地址：×××路 66 号）举行庆祝晚宴。

敬请届时光临

凭柬入座

×××学校校长（签字）

2005 年 8 月 6 日

2. 竖式书写格式

【例文】

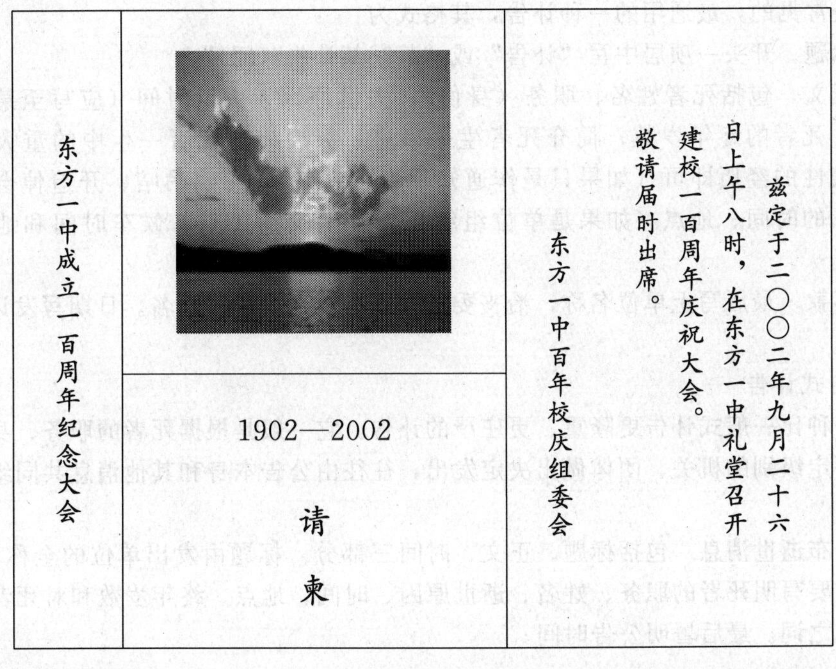

兹定于二〇〇二年九月二十六日上午八时，在东方一中礼堂召开建校一百周年庆祝大会。

敬请届时出席。

东方一中百年校庆组委会

1902—2002

请柬

东方一中成立一百周年纪念大会

【例文】

×××先生：

兹定于八月九日至十五日在文化宫举办×××展览会。

敬请

光临

主办单位 ××××××

开馆时间 上午八时至十二时 下午三时至六时

（附门票贰张）

二、讣告

讣告又称为“讣文”、“讣闻”，就是报告某人去世消息的一种文体。讣告一般由死者的亲属或治丧委员会（小组）发出，从发送讣告的时间看应当在向遗体告别仪式之前发出，以便于逝者的亲友及时做出必要的安排和准备，如准备花圈、挽联等。

过去在讣告上是比较讲究的，一般要向重要亲戚报丧，发“讣帖”较为简短，仅仅说明死者的死因和时间、治丧的时间和地点；对街坊邻里，则只在房前屋后贴出“讣闻”，告知此事；若死者生前交友广泛，外地朋友多，则在媒体上登“讣告”。目前，在政府机关、企事业单位则由治丧委员会（小组）发“讣告”，不仅在本单位公共场合张贴，还应该寄发给死者重要的亲戚朋友。若死者的至亲路途遥远，可以用电话、电报告知。

按照讣告的内容与形式的不同，讣告可以分为一般式讣告、公告式讣告和新闻式三种。

1. 一般式讣告

这是最常见的，最通用的一种讣告，其格式为：

(1) 标题 开头一项居中写“讣告”或“某某某讣告（闻）”。

(2) 正文 包括死者姓名、职务（身份）、去世原因、去世时间（应写至某时某分）、去世地点、死者的终年岁数；简介死者生平事迹，只要概述死者一生中的重大成就和主要具有代表性的经历即可（如果只是作通知用也可省略）；写明吊唁、开追悼会（或遗体告别仪式）的时间、地点（如果是单位组织还要注明交通工具、候车时间和地点）以及注意事项。

(3) 落款 最后写上单位名称，治丧委员会（小组）或个人姓名。日期写发讣告的具体日期。

2. 公告式讣告

这是一种比一般式讣告更隆重、更庄严的讣告。它一般是根据死者的职务、身份，由党和国家或一定级别的机关、团体做出决定发出，往往由公告本身和其他消息共同组成，其格式是：

(1) 公布逝世消息 包括标题、正文、时间三部分。标题由发出单位的全称和“公告”组成。正文要写明死者的职务、姓名、逝世原因、时间、地点、终年岁数和对死者的简单评价以及哀悼之词。最后署明公告时间。

（2）治丧委员会公告 包括标题、正文及时间三部分。标题一般用黑色粗大字体写明“某某某同志治丧委员会公告”。正文是对丧事的安排和具体要求。最后署明公告的时间，公布治丧委员会的名单。

3. 新闻式讣告

这种讣告常作为一则消息刊登于报纸上。其格式是：

（1）标题 一般直接写明“某某某同志逝世”。

（2）正文 正文有两方面内容，一方面简述死者生前单位、职务、身份、姓名、因什么原因在何年何月何日何时在何地逝世，终年多少岁。另一方面是对死者生前的功过是非作简要的介绍。

需要注意的是，讣告只能用白纸或黄纸，必须用黑色字。如果是报刊新闻式的讣告，讣告的全文要加黑框，以示哀悼。讣告的语气要求准确、简练、严肃、郑重，以体现对死者的哀思和尊重。

【例文】

讣 告

×××文化局人事处处长李××同志，因肺癌晚期，医治无效，不幸于2004年10月5日15时28分逝世，终年53岁。李××同志的遗体告别仪式定于10月7日上午9时整在殡仪馆大厅举行。特此讣告。

李××治丧小组

2004年10月5日

追悼逝者，现在一般都采用追悼会的形式。追悼会的地点有的在遗体所在地，有的在殡仪馆或火葬场召开。追悼会的程序一般有以下内容。

（1）布置会场，要庄严肃穆。一般在会场中央放遗体和遗像，会场周围摆放亲朋好友、单位敬献的花圈，会场中央上方悬挂白纸黑字的“×××同志追悼会”横幅。

（2）由逝者亲友代表家属或治丧小组工作人员在会场门口发放白花和黑纱。

（3）主持人宣布追悼会开始，奏哀乐、默哀。

（4）由治丧委员会代表或单位主要领导向遗体致告别词（悼词）。

（5）来宾致悼词或发言。

（6）众人绕遗体一周向遗体告别。

（7）向逝者亲属表示慰问。

（8）在哀乐声中护送骨灰至灵堂。

（9）追悼会结束。

【例文】

在×××同志追悼会的悼词

今天，我们怀着沉痛的心情，深切悼念×××同志。2005年7月7日上午11时，×××同志在北沟乡指挥抗洪抢险工作中，因心脏病猝发，抢救无效，不幸以身殉职，终年48岁。

×××同志生于1957年6月29日，山东省昌邑县人。1975年高中毕业后在村小学任教，1977年加入中国共产党。1979年考入山东×××大学中文系读书，1983年7月迄今一直在×××局工作，历任副科长、科长、副局长等职。

×××同志忠诚党的事业，认真学习马列主义、毛泽东思想和邓小平理论，在工作中实践“三个代表”的重要思想，以实际行动学习孔繁森一切为人民的精神。为了改变山区群众饮水难的问题，千方百计筹措资金，亲自带人进行勘测，崎岖的山路留下了他的足迹，洒下了他的汗水，终于让山区人吃水难的问题成为了历史。他不顾身体不适，经常深入基层、深入实际，调查研究，指导基层的工作。他这种兢兢业业、无私奉献的工作精神，诠释了“权为民所用，情为民所系，利为民所谋”的共产党员的情怀。

×××同志廉洁奉公，团结同志，严以律己，宽以待人，自觉遵守党的纪律，从不利用手中的权力谋取个人的私利，维护了党的形象。

×××同志的一生是为人民服务的一生。他的逝世，使我们失去了一位好党员、好干部。

我们悼念×××同志，要化悲痛为力量，学习他的革命精神和优秀品质，努力贯彻、执行党的方针政策，开拓进取，奋力拼搏，为党旗增辉，完成×××同志未竟的事业，以告慰×××同志的在天之灵。

×××千古！

×××同志治丧小组

2005年7月9日

作为亲友，接到讣告如果不能亲自去参加吊唁活动，应对死者的亲属致唁电或唁函，即使准备参加丧仪，也应先致唁电告知。唁电或唁函应发给报丧的单位或家属中的长者。若有治丧委员会（小组），则要发给治丧委员会（小组）而不发给个人。唁电或唁函的内容一般应表达自己悲痛的心情，劝慰死者亲属节哀顺变、保重身体之类的。如请人代办花圈等事宜，也应在其中说明。

三、贺卡

贺卡就是印着（写着）一定祝贺词语的卡片。一般用来表示祝贺、问候，作用类似于书信，但较书信更为简洁。如春节用于相互祝贺的叫“贺年卡”、“贺年片”，还有在元旦、圣诞、生日、寿诞、结婚等喜庆日子和节日庆典中使用的贺卡。赠送贺卡是节日庆典活动中的一项重要礼仪活动，它有利于加深相互了解、增进感情、密切联系。为了使贺卡更具诗情画意，更加亲切感人，一些大的公司还特意制作了本单位专用的贺卡。是否需要制作专用贺卡，应根据公共关系的需要和本单位的经济情况而定。贺卡过去一般用于私人友谊，现在已成为公共关系活动中简便表示祝贺的一种文书形式。

1. 贺卡的种类

贺卡种类众多，几乎囊括生活中的各个环节，常用的主要种类有：

(1) 新年贺卡　如圣诞节、元旦、春节。

(2) 生日贺卡　即用来祝福生日快乐的。

(3) 喜庆贺卡　如结婚、生子、晋升乔迁等。

(4) 特殊节日贺卡　如情人节、教师节、母亲节、父亲节、老人节等。

(5) 特殊意义纪念贺卡　如瓷婚（结婚20周年）、珍珠婚（结婚30周年）、红宝石婚

(结婚40周年)、金婚(结婚50周年)等。

在这个东、西方文化交融的信息时代，许多年轻人习惯了外国人的节日，除了情人节和圣诞节外，还过愚人节、狂欢节、复活节、感恩节等。简直是逢节必过，相互寄赠贺卡，以此缓解紧张的工作压力。

2. 贺卡的挑选

随着人们使用贺卡的增多和普及，贺卡生产厂家千方百计迎合多种社会祝贺活动的需要，贺卡出现了立体画面、音乐功能、甚至记时报点。市场上的贺卡琳琅满目，用不同的功能、不同的款式、不同的色彩图案、不同的祝贺词语把贺卡打扮的多姿多彩。挑选贺卡要根据使用贺卡的节日背景和具体的赠送对象的不同来决定哪种贺卡更合适，这就要求注意贺卡的款式、装饰内容、总体风格和祝贺词语。挑选贺卡应做到：贺卡的装饰内容与祝贺词语同赠送贺卡的节日背景相一致，并且计算好时间，保证在节日之前寄、送到收卡人手里；贺卡的装饰要与收卡人的文化修养、审美情趣相和谐，贺卡的内容与赠送对象的心境相统一，贺卡上的祝福词语要能准确表达赠送者对收卡人的最诚挚的祝愿，要选择贺卡上的词语与你的心意吻合的来赠送。

3. 贺卡的写作

现在市场上出售的贺卡，一般都配有相应的贺词，对于普通关系，可以不必再斟酌词语，如新年贺卡上一般都印制有“恭贺新禧”、“圣诞快乐”、“新年愉快”的字样，这样签上自己的姓名和日期就可以了。但是如果认为贺卡上面已有的词语不足以表达自己的情感，可以自己填写一些词语，以准确表达自己的心情。

【例文】

祝你

一年都如意！

四季都平安！

十二个月都幸运！

365天都快乐！

【例文】

送你一座心中花园，心烦时推开门，到园中流连。园里栽着智慧树，流着忘忧泉，开着自在花，搭着逍遥桥。

祝你：新春快乐！

贺卡是用来表达思忆、感激、赞誉、祝福、问候、友情等方面的情感，应当不拘一格、发自肺腑的，切忌千人一面。此外，贺卡书写时不仅要用词得体、别致，还要注意字迹大方、美观、工整。若贺卡是竖式，行文宜竖行书写；贺卡是横式，行文应横行书写。

明信片本来是作为通信的一种方式，事情简短、无需保密的内容一般用明信片，这样可以节省邮寄费用。但是伴随着现代化通讯工具的广泛应用和网络的普及，简短的内容一般都用电话直接联络，明信片的优势也就失去了，现在已经极少有人把它作为通信工具。为了适应市场的需求，邮政部门逐步把明信片改造成一种“贺卡”，特别是新年贺卡，还通过抽奖的方式刺激人们的购买和使用。目前，明信片的主要功能已变成一种独特的“贺年卡”了，因为自带邮票，使用更方便，只是在装帧设计上比较简单，样式单调，远不及真正的贺卡那般新颖华美。

练习题：

1. 请柬的格式有哪两种？
2. 挑选贺卡时应注意哪些问题？
3. 分别给老师、家长、同学设计制作一张贺卡。

第二节　公文礼仪

【事例】 某机关的一份文件有这样一段文字："经反复核查证明，李××、王×确曾在2004年1月间收受过××公司的巨额贿款，已构成受贿罪。案发后，两人还与××公司办公室主任刘××私下合谋串通，以图掩盖过错。"文中"过错"一词，显然是对"罪行"的误用。"过错"是民事责任的要件，指因故意或过失而损害他人的违法行为；"罪行"则是指犯罪行为，是依法应当受到刑法处罚的行为。文中已确认二人的行为构成犯罪，却又称"妄图掩盖过错"，是自相矛盾的。

公文，就是公务文书。它是指机关、团体、企事业单位在处理各种事务中形成的体式完整、内容系统的各种书面材料。公文也称为文件。公文就其使用范围而言，可分为专用公文和通用公文两种。专用公文是由具有专门职能的机关，根据特殊需要而使用的具有特定内容和格式的公文。如司法机关使用的起诉书、判决书、调解书等，它们只能在一定范围和领域中使用。通用公文是通行于各机关、团体、企事业单位中的公务文书。如命令、指令、通知、请示等。我们平常所说的公文，实际上是指通用公文。而公文礼仪是指公务文书的撰写、往来、处理中的礼节和程序。讲究公文的礼仪，在今天是非常必要的，因为许多重大的事情都必须通过书面文字的形式来办理，许多主要的关系也要通过公文的书面形式来维系，公文礼仪在很大程度上代表单位的形象，影响着单位的信誉。下面主要介绍通用公文礼仪。

一、通用公文的种类

公文的种类简称文种。机关、社会团体、企事业单位在行文中必须从实际出发，根据本机关的职权范围、所处的地位和发文的目的，正确使用公文种类，不得乱用。国务院办公厅发布的《国家行政机关的公文归纳处理暂行办法》将公文归纳为10类15种，具体包括：命令（令）、指令；决定、决议；指示；布告、公告、通告；通知；通报；报告、请示；批复；函；会议纪要。

这些文种按照行文关系、文件去向，可以分为上行文、平行文、下行文三类。

1. 上行文

上行文是指下级机关向所属上级机关的发文，如请示、报告等。

2. 平行文

平行文是指平行机关或不相隶属的机关之间的发文，如通知、函等。

3. 下行文

下行文是指上级机关对所属下级机关的发文，如命令、决定、批复等。

二、公文的格式

公文都有一定的格式，这是公文权威性和约束力在形式上的具体表现，它要求结构完整、标志准确、各机关保持一致。公文的格式一般包括：标题、主送机关、正文、附件、发文字号、秘密等级、紧急程度、印章、发文时间、抄送机关、阅读范围等项。

1. 标题

公文的标题应当准确、简要地概括公文的主要内容，它由发文机关、事由、公文种类组成。

2. 公文字号

指文件上的编号，是公文的特殊标志，它的作用在于统计发文的数量，便于公文的收发和查找，还可以作为公文的代号供引用公文者使用。发文字号一般包括：机关代号、年号、顺序号。

3. 机密等级

机密公文应当根据机密程度划分机密等级，并分别注明“绝密”、“机密”、“秘密”等字样。机密等级由发文机关根据公文所涉及的党和国家机密的程度来确定，并据此来确定其递送方式，以保证机密的安全。密级位置，通常放在公文标题的左上方。

4. 紧急程度

紧急程度是对公文送达和办理的时限要求，分为“特急”、“紧急”、“急件”三种。标明紧急程度是为了引起特别注意，以保证公文的时效，确保紧急工作和问题的及时处理。紧急程度的字样通常放在文件标题左上角醒目处。

5. 主送机关

主送机关是主办或答复本公文的受文机关。上级机关对下级机关发出的指示、通知、通报等，需要所属机关都了解和执行的公文叫普发文，凡其下属机关都是主送机关。下级机关向上级机关报告和请示的公文，一般只写一个主送机关，不要多头主送，以免责任不明，延误问题的及时处理。如果需要报送另一个上级机关，可以使用“抄报”的方式。主送机关一般写在正文之前，标题之下，顶行写。

6. 正文

正文是公文的主体，是叙述公文具体内容的，为公文最重要的部分，写作力求简明扼要。公文的结构、逻辑、修辞和文法等，必须准确、严密、鲜明和生动，事实必须真实可靠、数字确实无误、结论要符合实际、办法应切实可行。公文起草人应当深入实际进行调查研究，精通本行业的业务，学习有关知识，避免在拟写公文时说“外行”话，贻笑大方。

7. 附件

这是指附属于正文的文件材料，它也是某些公文的重要组成部分。附件不是每份公文都有的，它是根据需要一般作为正文的补充说明和参考材料的。公文如有附件应在正文之后、发文机关之前，注明附件的名称和件数。

8. 主题词

主题词也叫关键词，是反映公文内容特征、发挥关键作用、表示归属类别的规范化名词或名词性词组，是公文信息输入电子计算机的信息符号。主题词要准确鲜明地概括出主件最核心的内容，一般由三、五个名词或名词性词组组成。在“抄送”栏目上面用一条黑色横线隔开，在黑线上面左侧空两格标明“主题词”，主题词后面用冒号，将词、词组依次排开，间隔处空一字格，不用加标点符号。

9. 印章和发文机关

公文一律要加盖公章，公章要盖在正文之后偏右落款的发文日期上。发文机关写在正文下面偏右，所以又称为落款。发文机关要写全称，不能写简称，以示严肃和负责。如果需要以领导人名义行文，应同时冠以职务身份。政府机关的公文，常常以文头或印章为标志，不再写发文机关。

10. 发文日期

公文必须注明发文日期，以表明公文从何时开始生效。发文日期位于公文的末尾、发文机关的下面并稍向右错开。发文日期必须写明年月日的全称，以免以后查考时发生困难。发文日期一般以机关领导人签发的日期为准，几个机关联合发出的公文，以最后签发机关签署的日期为准。法规性公文，以批准日期为准，或者在正文的最后专门规定生效和开始执行的日期。

11. 抄报、抄送单位

这是指需要了解此公文内容的有关单位。送往机关如果是上级单位，应写"抄报"，如属平行或下级机关的，写"抄送"。抄报、抄送的单位数量应加以控制，以免"文山"越累越高，但是也要防止漏报、漏送，以免工作脱节。抄报、抄送单位的名称应写在公文末尾。

12. 阅读范围

根据工作需要和机密程度，有些公文还要明确其发送和阅读范围。它通常写在发文日期之下，抄报、抄送单位偏左的地方，并加上括号，如"（此件发至县团级）"。文件的印刷份数一般印在最后。

三、常见公文的写作方法

1. 命令（令）

命令（令）是国家机关或领导人依照有关法律规定发布行政法规和规章，宣布施行重大强制性行政措施，奖惩有关人员，撤销下级机关不适当的决定时使用的公文。根据宪法和地方人大组织法的规定，全国人大委员长、国家主席、总理、各委员会主任可以发布命令。在处理重大紧急事务如抢险救灾时，县以上行政领导机关也可使用这一文种。命令（令）根据作用的不同，主要分为四类。

（1）公布令　用来颁布法律和行政法规（如条例、规定、办法等）的命令（令）。其格式是：标题，一般是由发文机关名称（或领导人职务）加上"命令"或"令"。正文，主要由命令依据和命令内容组成。即什么会议、什么时间、通过什么法律法规或作出什么任免决定。公布令还要指明生效时间。结尾，写明发文机关主要领导人或发令人姓名。发布时间，要写具体的年月日。

（2）行政令　用来发布重大行政措施和强制性行政规定的命令（令）。其格式是：标题，由发文机关、事由和文种三部分组成。正文包括：命令原由，主要阐明命令的根据和措施，规定的目的、原因和意义。命令内容，具体写明所采取的行政措施或规定，内容较多时可以分条列项。执行要求，是命令内容的补充，也是命令内容的结尾。

（3）任免令　用来宣布重要人事任免决定的命令（令）。其格式和公布令相同。

（4）嘉奖令　用以表彰有功单位、集体或个人的命令（令）。其格式是：标题，由发文机关、事由、文种三部分组成。正文，一般由三部分组成：表彰对象的基本情况和主要事迹，奖励决定的内容，号召向被表彰者学习。

此外，还有特赦令、戒严令等。

2. 公告、通告、布告

（1）公告　公告是国家、政府、政党、机关团体向国内外宣布重大事件的公文，通过各种宣传媒体向国内外发布。发公告的机关单位和被告知的对象一般没有直接隶属关系。公告的标题有写发文机关名称、公告内容和文种的，也有只写"公告"二字的。公告的开头常用来说明发布公告的缘由，紧接着就直述公告内容，然后用"特此公告"、"现予公告"等词语结尾，再署明发布公告的机关名称和发布日期。

使用公告这一文种时要注意，公告是用于向国内外宣布重大事件的，比如全国人民代表大会选举结果，属于国内外关注的重大事件，应当采取公告的方式。另外，所谓重大有时就是发公告的单位职能范围及其与公众的关系讲的。如车站、码头、机场以及有关的售票场所在"五一"、"十一"黄金周和春运期间就有关交通运营情况、售票的有关规定发出公告，因为这不仅是它的职责范围，而且关系中外游客的出行能否顺利，影响相当广泛，采用公告的形式广泛告知是正确的。

【例文】

中华人民共和国全国人民代表大会公告

中华人民共和国宪法修正案已由中华人民共和国第十届全国人民代表大会第二次会议于2004年3月14日通过，现予公布施行。

中华人民共和国第十届全国人民
代表大会第二次会议主席团

【例文】

公　　告

根据《中国人民银行关于人民币存贷款计结息问题的通知》（银发［2005］129号）规定，自2005年9月21日起，我行将调整人民币存贷款计结息规则。现将有关调整内容公告如下：

一、个人活期存款由按年结息调整为按季结息，每季度末月的20日为结息日。按结息日挂牌活期利率计息，计息期间遇利率调整不分段计息。

……

五、人民币贷款的计结息规则仍按现行规定执行。

以上内容将同时在中国建设银行网站（www.ccb.cn）上公告，如有疑问，请向本行各营业网点咨询。

特此公告。

中国建设银行股份有限公司
二〇〇五年九月十九日

（2）通告　通告是国家机关或单位在一定范围内，对社会公众或机关团体公布应当遵守或者需要知道的事项的一种公文。通告往往具有法规作用，要求有关范围内的人员严格遵守。通告可以利用各种宣传工具加以发布，而公开张贴是其主要发布方式之一。通告的标题，有的加上发文机关和事由，如"×××公安局通告"，有的只简单的写"通告"两个字。通告开头应写明颁发的依据、缘由、需要通知的事项，强调违反规定的处理办法和开始执行的日期、有效期限和执行范围等，最后署明发文机关。

（3）布告　布告和通告有些类似，也有所不同。布告晓谕和知照的作用明显，如“×××中级人民法院布告”，标题也可直接写“布告”二字。正文包括受惩罚人员的姓名、性别、年龄、籍贯、民族、职业、受教育程度、受惩罚的原因、处置结果和依据等，结尾要写明发布机关和发布日期。

3. 函

函即公务信件，主要用于平行机关和不相隶属的机关之间的公务联系，上、下级机关有时也使用这一文种。函分公函和便函两种，公函在格式上和其他公文相似，有标题、公文编号，落款有时还注明抄送的单位。便函的使用范围比公函要广泛的多，机关、企事业单位处理一般事务都用便函。便函的格式和普通信件相似，不加标题、不编号，行文比较自由，篇幅简短、灵活。结束语一般用“为要”、“为盼”、“为荷”字句为宜。“为要”一般用于下行函，不能用于平行函，更不能用于上行函，“为盼”用于上行函，“为荷”用于平行函。要求回复的可以写“即请函复”，告知的情况可以写“特此函达”等。函以陈述为主，把要问要答的问题写清楚就可以了，不作任何议论。署名后要加盖公章以证明其效力。

4. 报告、请示

（1）报告　报告用于向上级机关汇报工作、反映情况。从内容上分，报告有情况报告、工作报告、请示报告三种类型。情况报告侧重于反映情况，但也包含从反映情况中引出的建议。情况报告分为三部分：开头先简明扼要的概括情况的来源或者背景，然后写明主要情况和建议，最后写出对反映情况的有关说明和请求。工作报告侧重于向上级汇报工作或汇报工作的进展情况，也可以汇报工作中存在的问题或提出今后工作的主要思路。请示报告的主要目的在于向上级请示开展某项工作的指导意见。请示报告应当包括工作情况和工作意见两大部分。反映工作情况要摆事实、讲道理，夹叙夹议。陈述工作意见要具体明确，切实可行。工作报告常见的是政府工作报告、检察院工作报告、法院工作报告、审计工作报告、财政工作报告等。

（2）请示　请示是陈述性公文，目的是请求上级领导机关对于某项工作或某个问题及时给予批准或答复。请示的正文主要应说清楚提请上级给予批准或指示的问题，并简要说明提出的理由以及本单位对于该问题的处理意见或请求。请示的结束语应写明行文的具体要求，如“请予批准”等。

5. 会议纪要

会议纪要是指择要记述会议情况、议程和会议基本精神、决议内容等的一种公文。以会议记录为基础，经过综合整理、加工提炼而成，可以作为纪实性资料，也可以作为报送的报告性资料，还可以作为正式文件下发。会议纪要的写作格式为标题、正文和结尾三部分。纪要的正文前面要用前言来介绍会议的有关情况，如会议名称、开会时间、地点、出席人、列席人、主持人、主持人的讲话、会议报告与传达等。会议纪要的写作有一个从记录的口头语言向书面语言转化的过程，要注意文件的条理化、理论化，突出中心和重点。

6. 通知

通知就是把某件事或某些事项告诉别人知道。通知的使用范围非常广泛，上级机关向下级机关传达决定、交代应知应办事宜可以用通知，同级之间、不相隶属的单位之间有什么事情需要互相知照，也可以发通知。通知的标题一般写上“通知”二字即可。正文应当包括参加的人员、时间、地点、注意事项等。落款写上发通知的单位（部门）以及具体日期。从通知的内容和性质看，可分为发布性通知、指示性通知和一般性通知等。通知在日常工作中的用途很广泛，写作的灵活性大，只要把通知事项写清楚，不必过于强调形式。对紧急的、重要的通知，标题可写“紧急通知”、“重要通知”。通知事项应分条叙述，明确具体，便于被通知者迅速理解执行。对于平级和不相隶属的单位，用“函”要比用“通知”更显得平等和尊重。

四、公文的行文关系

公文的行文关系就是处理好发文机关与收文机关之间的关系。主要包括以下几点。

(1) 下级机关一般应按照直接的隶属关系而不要越级行文，以免打乱正常的领导关系。如遇特殊情况必须越级行文时，应当抄报所越过的上级机关。

(2) 涉及几个部门职权的公文，主办机关要主动与有关部门会商，取得一致意见后再联合行文，但联合行文的机关应当是平级的。

(3) 要符合行文的常规，正确使用上行文、平行文和下行文。

(4) 要分清主送机关和抄送机关。如向上级机关的请示，不要同时抄送下级机关。上级机关向受双重领导的下级单位行文时，应当抄送另一个上级机关。

(5) 注意防止党政不分的现象。党务和政务事宜要分别行文，凡属政府方面的工作，均应以政府名义行文；凡属党务方面的工作，则应以党委名义行文。

(6) 要明确发文权限。公文内容要符合制发机关的职权范围，否则就无权威性和约束力。

练习题：

1. 什么是公文？公文的种类有哪些？
2. 公文的格式是什么？
3. 请你为任课教师代写一个收交作业的通知。

第三节 书信礼仪

【事例】 网上流传着一封儿子给父亲的信。

爸：

钱！

儿；

×月×日。

俗话说：“子行千里母担忧”、“家书抵万金”。可是老父亲看完信后，百感交集，酸咸苦辣汇聚心头。这封信从格式上看没有大的问题，内容非常简洁，只是抛却了“交流思想感情”这一书信功能，把父母当做了提款机。

书信是人们在日常生活、社会交往及工作中用来传递信息、交流思想感情的应用文书，是社交往来的基本手段。书信分日常书信、专用书信、礼仪书信等，其格式大同小异，主要区别在于其用途。

礼仪书信是在特殊情况下，用于表达敬意、倾诉感情、以示礼节的各种专用书信。如公开信、感谢信、慰问信、邀请信等。不同的礼仪书信有不同的要求，往往是一事一用，不同的情况采用不同的形式，比较注意事由和表达情感的方式。礼仪书信要求在行文过程中，要以对方为中心，输入相应的感情成分，以打动对方，给对方一种心理满足和欣慰，增进彼此情谊。

一、慰问信

（一）慰问信的概念

慰问信是组织或个人向有关人员表示关怀、慰藉、问候、鼓励的专用书信。慰问信体现的是组织的关怀、集体的温暖、同志间的友爱。常见的慰问信，或写给做出突出贡献的集体或个人，或写给舍身救人、见义勇为的英雄，或写给无私奉献、一心为公的一线职工、人民教师，或写给默默奉献的边防战士、武警官兵、公安干警以及他们的家属，或写给蒙受病痛、灾害与不幸的人或组织等。通过慰问信，使他人得到精神慰籍，受到鼓舞，或增强战胜困难的勇气和力量。因此，慰问信要写得诚恳、亲切、真挚，有针对性。

（二）慰问信的格式

慰问信一般应当包括以下几个部分。

1. 标题

慰问信的标题通常有三种方式：①单独由文种名称组成，如“慰问信”。②由慰问对象和文种名组成，如“给华丰煤矿职工家属的慰问信”。③由慰问双方和文种名组成，如“朱德致抗美援朝将士的慰问信”。

2. 抬头或称呼

慰问信的开头要顶格写上受文者的名称或姓名称呼。如果写给个人的，应当在姓名之后，加上“女士”或“先生”字样。如周恩来写给邹韬奋夫人的慰问信，开头顶格写“粹缜先生”。如果写给组织或群体的要写全称，如“泰安市人民政府”。

3. 正文

正文应当另起一行，必须空两格写慰问的内容。正文内容应当包括发文目的、慰问的缘由或慰问事项等部分。

（1）发文目的　这部分要开宗明义，写清楚发此信的目的是代表何人向哪个集体或个人表示慰问。如“值此第21个教师节来临之际，中共××市委、市人大常委会、市人民政府、市政协代表全市人民，真诚的向工作在教学岗位的全体教师、教育工作者表示亲切的慰问，并致以崇高的敬意。”

（2）慰问缘由或慰问事项　该部分要概括地叙述对方的先进思想、先进事迹，或战胜困难、奋力拼搏的顽强精神，或舍身救人、不怕牺牲可贵品质和高尚风格。或者简要叙述对方所遭受的困难和损失，以示发信方对此关切的程度。要体现出发信方的敬佩或同情之情。

4. 结尾

结尾就是要表示共同的愿望和决心。如“让我们携手奋进，努力拼搏，为实现中华民族的伟大复兴而共同奋斗”；“你们遇到的困难是暂时的，相信在×××的领导下，最后的胜利一定属于你们!”等。接着应当写上祝愿的语句，如“祝你们取得更大的成绩”、“祝节日愉快”等。按照书信的格式，“祝”字后面的话应当另起一行，空两格写，不能与上文末尾连在一起写。

5. 落款

慰问信的落款要署上发文单位或者发文者个人的姓名，并且在署名的下方落上成文的日期。

【例文】

慰问信

交通系统全体教职员工同志们：

值此我国第十七个教师节来临之际，谨向工作在交通教育战线上的全体教师和教育工作者致以崇高的敬意和节日的问候！

改革开放20多年来，交通教育事业按照邓小平同志“三个面向”的方针，取得了令人瞩目的成绩。教学改革正朝着加强素质、提高质量、适应未来的方向发展。交通院校的教师队伍蓬勃向上，骨干教师、优秀的年轻学术带头人不断涌现，成为教学工作的中坚力量。交通教育形成了鲜明特色，积累了宝贵经验。交通教育取得的成绩，凝聚了交通系统广大教师和教育工作者的心血和智慧。

21世纪的第一个五年，是我国改革开放深入发展，经济结构进行战略性调整，建立比较完善的社会主义市场经济体制，实施现代化建设第三步战略部署的关键时期。中国加入世贸组织、实施西部大开发战略，为交通事业的发展提供了新机遇，同时也对交通教育提出了新的更高的要求。交通事业发展的关键取决于职工队伍素质的全面提高。“十五”期间，交通行业将进一步实施“科教兴交”战略，以科技创新和人才培养为依托，加快交通现代化建设。交通教育要以提高职工整体队伍素质为目标，以改革和创新为动力，以推进交通职工各类教育培训为手段，进一步加强交通人才工程建设，努力建设一支高素质的交通职工队伍。

今年是新世纪的第一年，也是“十五”计划的开局之年。开好头，起好步，对于实现“十五”交通教育培训规划，具有承前启后，继往开来的关键意义。希望交通教育战线的广大教师和教育工作者，以邓小平理论和“三个代表”重要思想为指导，认真学习江总书记“七一”重要讲话精神，抓住机遇，深化改革，同心同德，锐意进取，为交通事业的大发展再立新功！

中华人民共和国交通部

二〇〇一年九月六日

二、感谢信

（一）感谢信的概念

在生活和工作中，我们常得到他人或组织的帮助，大多数情况下，我们采用简单的口头语言表示我们的谢意。但是有些时候、有些事情，我们觉得不用书面语言向对方表示感谢就不足以表示我们的感激之情，感谢信应运而生。感谢信是指因为得到了某人或某单位的关心、帮助、支持而写给对方的致以感谢之意的专用书信。感谢信要陈述对方给予了自己什么关心、帮助和支持，交代清楚有关人物、事件、地点、原因、结果等，重点放在所产生的效果上。还要用简练的文字，激情洋溢地赞扬对方的先进事迹和良好的品质、作风，表达自己的谢意，并表示自己向对方学习的态度和决心。

（二）感谢信的格式

1. 标题

感谢信的标题通常有以下三种格式：①单独由文种名称组成，这种形式比较多见，如“感谢信”。②由感谢对象和文种名组成，如“致××公安派出所的感谢信”。③由感谢双方和文种名组成的，如“××村致××市水利局的感谢信”等。

2. 称呼

称呼要写在开头顶格处，应当写清楚要感谢的机关、单位、团体或个人的名称或姓名，然后加上冒号。

3. 正文

感谢信的正文应当另起一行，并且空两格开始写。要求写清楚感谢的原因、内容以及发自肺腑的感激之情。其中，感谢的事由要精炼的叙述事情的前因后果，介绍对方的好品德、好作风、爱心等。叙述时必须讲清楚人物、时间、事件、地点、原因和结果等。同时，在叙事的基础上点明对方的关心支持和帮助对整个事情成功的重要性以及所体现出的可贵精神。还可以写上向对方学习的态度和决心等。

4. 结尾

结尾要写上敬意的话、感谢的话。如“此致，敬礼”、“致以最诚挚的敬意”等。

5. 落款

感谢信的落款要署上发文单位或发文者的姓名，再签上成文日期就可以了。

【例文】

感谢信

《齐鲁晚报》编辑部：

请贵报转告所有关心我的解放军战士、工人、教师以及各界的朋友，我的病情经几家大医院医护工作者的精心治疗，目前已得到明显的控制，现正在家休养，如果没有什么意外的话，9月份新学期开学时我将返回梦牵魂绕的校园，继续我的学业。

顽疾缠身是人生中的不幸，突然降临的灾难，让我和我的父母失去了继续生存下去的勇气。由于贵报的援手呼吁，让众多素不相识的人了解了我的情况，随后发生的情况是我意想不到的：一张张来自远方的汇款单，一封封热情洋溢的来信，一张张几经周折转来的药方，一个个亲切问候的电话，使我那不情愿跳动的心，又恢复了正常的节奏；几乎凝固的血，又沸腾了。一双双援助的手，指明了我生活的路；一颗颗充满爱的心，温暖了我一家将要冷却的心。

我和你们天各一方，素昧平生，你们却把微薄的津贴、工资以及辛勤汗水换来的收入寄给了我。我知道你们并不富裕，有的甚至还很困难，需要节衣缩食、精打细算的过日子。而你们对我一个可能终生都见不上面的山区学生，却如此的慷慨！虽然我无法想象你们的音容笑貌，也许一辈子也无法报答你们的恩情，但是你们高尚的品格、助人为乐的精神、一人有难众人相帮的中华民族传统美德却铭刻在我们全家人的心中。你们不是亲人，却胜似亲人。我现在最想唱的歌就是“只要人人都献出一点爱，世界将变成美好的人间”，我最想说的话，就是愿你们——好人都一生平安！

现在，我的心情很快乐，我们的家中又有了欢声笑语，父母满脸的皱纹也变得舒展了。只是我们全家有一块心病——不能当面答谢各位的深情厚意，不能当面向你们说一声“谢谢”。在此，请接受我们全家最真诚的谢意，愿你们爱的春风暖遍祖国，充满世界。

回到学校后，我将刻苦学习，以优异的成绩报答你们的爱心和良好的祝愿，争取学有所成，成为一个对社会和他人有益的人。同时，我要以你们为榜样，关心别人，无私奉献，用真情回报社会。

最后，衷心祝愿《齐鲁晚报》读者遍天下！

祝愿编辑叔叔、阿姨事业蓬勃发达！

刘小刚

2005年8月5日

三、邀请信

(一) 邀请信的概念

邀请信是以组织（单位或团体）或个人的名义就某次会议、聚会以及其他活动（如邀标）向某组织或个人发出的邀请信函。邀请信比起请柬来容量更大，更注意加强与被邀请者的感情交流，因为篇幅不限，往往可以输入更多的感情。尽管邀请信与请柬一样，带有务实性，即为某件事情邀请对方在某时某地出席某个活动，请柬虽然郑重、简洁、华丽，但因为空间的限制，却不可能从容表达意思，显得呆板、无味，而邀请信则可以字里行间尽情的播撒情谊，在更大的范围倾注热情。因此，邀请信的内容往往虚实相间，相得益彰，使被邀请者通过这种专用书信，感受到亲切和热情，从而对被邀请一事采取更为积极、郑重的态度来对待。

（二）邀请信的格式

邀请信在格式上与普通书信几乎没有多大区别，只是在正文内容上要围绕邀请一事阐述背景、原因，交代时间、地点、人物，表示态度。

1. 标题

邀请信的标题可以单独用文种名称组成，如“感谢信”。也可以用邀请人（单位）和文种组成，如“北京大学105周年校庆邀请信”等。

2. 称谓

称谓应当另起行，顶格写。

3. 正文

邀请信的正文应当包括下列内容：

（1）说明邀请对方参加什么活动、邀请的原因是什么。

（2）将活动安排的细节及注意事项告诉对方。如时间、地点、参加人员、人数，做些什么样的准备以及所穿的服饰等。

（3）为了方便安排活动，可以注明请对方予以回复能否应邀及还有哪些要求等。为了方便联系，可以留下联系人的电话号码或地址。

4. 结尾

结尾应当另起行，在偏右的位置署上发信人的单位（团体）或个人的姓名。另起行在署名的下方签上时间。

【例文】

北京大学105周年校庆邀请信

尊敬的学长、亲爱的校友：

“东方风来满眼春”，在这春回大地、万象更新的时节，我们的母校即将迎来105周年华诞，而我们校友的节日——一年一度的校友返校日也悄然来临。在这个喜庆的日子，我们衷心邀请您重返燕园，共同庆祝母校的生日和我们的节日。

今年的105周年庆典，是百年校庆后的第一个五年庆典，也是国家“985计划”开始实施的第五年。五年以来，我们伟大的祖国蒸蒸日上，我们的母校也在落实科教兴国战略、创建世界一流大学的道路上稳步前进，在科研和教学方面均取得了丰硕的成果。2002年，王选教授和黄昆校友同获国家最高科学技术奖；24项成果获国家级教学成果奖；81个学科获选全国重点学科，在全国高校遥遥领先，42种教材获全国高校优秀教材奖，位居全国高校榜首。此外，我校“十五”、“211工程”建设可行性研究报告得到了评审专家的一致认可；信息科学技术学院、环境学院、对外汉语教育学院、亚太研究院先后挂牌成立，进一步完善了学科设置；师资队伍建设成果卓著，教授、杰出成年基金获得者、中科院院士数量均居全国高校之首。这些为北大向着世界一流大学迈进奠定了坚实的基础。

这些成就的取得让我们感到无比的振奋和自豪，而我们深知，母校的每一点进步和发展，都离不开广大校友的关注和支持。为了迎接您的归来，我们在5月4日准备了一系列活动：上午9:00在百年纪念讲堂召开的庆祝大会；“相约北大”文艺演出；首届北大理学论坛；北大教育展……希望您在同学重聚、畅叙友情的同时，更能感受到母校青春的脉搏和昂然的步伐。

祝北京大学生日快乐，祝福每一位北大人事业顺利，心想事成！

期待与您相聚燕园！

北京大学校友会

2003年3月

四、公开信

（一）公开信的概念

公开信是组织或个人在节日或特殊日子里，将某事、某项意见或想法公布于众的专用书信体例。公开信的公开形式，体现在有的是在电台播放，有的在报刊上发表，有的登载在互联网，有的张贴，有的公开宣读。公开信有的是以集体或个人名义通过传播媒介向广大观众、听众发表；有的是机关、团体、企业和个人针对某一问题给有关对象而发出的；有的是以领导者、领导机关、群众团体的名义，在传统节日、重大事件、重要活动里给有关单位、集体、个人发出的。

（二）公开信的格式

公开信的格式与普通书信的格式基本相同，即包括标题、称呼、正文、结尾、署名等几部分组成。

【例文】

给全市邮电用户的一封公开信

各位邮电用户：

大家好！感谢您使用我局开办的各种邮电业务，邮电使我们紧紧相连。以前我局曾采取过不同的方式宣传过一些邮电业务知识，但随着我市邮电通信发展，近年来又增加了许多新业务，现在我们将这些新业务以及大家关心的问题做一些较详细介绍，以期为您的事业和家庭带来更大的方便。

回顾1994年，我市邮电通信事业有了长足发展。作为衡量邮电为社会提供服务的主要指标——邮电业务总量完成8.4亿元，比1993年增长了57%，高于全国和全省平均水平。新增市话交换机16.2万门，装电话8.9万部，市话用户22.8万户；无线寻呼再次扩容，容量为全省之最，用户有9.2万之众，即将实现华东三省一市联网。大哥大正在扩容，用户有1.16万户。青岛市邮电局第三次被评为“中国500家最大服务企业”。这些成绩的取得与你们的支持和关照是分不开的。在此，请允许我向你们表示衷心的感谢。

改善服务是过去一年里我局管理工作的重中之重。为此开展的“树邮电新风、创优质服务”活动也取得了明显成效。但是我们也看到，服务中仍存在若干不尽人意的地方如装电话等待时间长、修电话慢、个别营业员态度生硬等等。这些都表明我们的管理工作还没有完全到位。今年，我们将继续把改善服务当作大事来抓。加快装机进度，在重点解决好已交费待装户装机的同时，通过信息卡等方式，缩短装机时限。修电话努力做到一般障碍24小时内修复，线路障碍72小时内修复。推广礼仪服务和限时服务，让大家进了邮电门能感到满意。在这里，我恳请大家对邮电服务提出宝贵的意见和建议。你们可以写信（地址是安徽路5号，邮编：266001），也可以拨打电话（号码是2865027）。

各位用户朋友，春节就要到了，我向大家拜个早年，祝各位新春愉快，家庭和睦，生活幸福。随信赠您一张中国邮政有奖明信片，希望在送您祝福的同时，能带给您一份幸运。

此致

敬礼

青岛市邮电局局长

1995年元月

五、求职信

伴随改革开放的不断深入，大学毕业生就业制度的改革已经为社会所接受，广大毕业生都要进入就业市场，通过与用人单位“双向选择”来实现就业目的。当前，就业形势依然严峻，劳动力市场供过于求的局面没有得到有效改善，“僧多粥少”的现实不容置疑。毕业生要让用人单位认识自己、了解和接受自己，就要通过各种途径来宣传自己，展示个人的能力和魅力，以吸引用人单位。而写求职信（也称为自荐书）是广大毕业生与用人单位取得联系、推销自我的最常用的方法。

（一）求职前的材料准备

“工欲善其事，必先利其器”。必要的材料准备是求职者必须做的事情。求职材料包括：①个人简历。②求职信。③学校推荐表。一般由系里填写推荐意见，是组织对你的评价，用人单位比较重视。④学习成绩单。这项材料应当由学校教务部门填写并加盖公章。⑤各种证书。如毕业证书、外语、计算机等级证书、职业资格证书、荣誉证书等的复印件。⑥如果是通过老师或某个专家介绍你去某个单位，应聘时最好带上推荐信。⑦有关科研成果证明以及在报刊公开发表文章的复印件。

（二）求职信的格式

求职信的格式通常和一般书信的格式大致相同，即由标题、称呼、正文、结尾、落款和附件等几个部分组成。

1. 标题

求职信的标题通常由文种名称组成，即在首行正中写上“求职信”三个字。

2. 称呼

称呼写明收信人或阅信人的姓名、称谓或职务，如果知道阅信人的姓名和职务，就在开头写上“××总经理（部长）：您好”字样，要用“您”，而不能用“你”称谓对方。如果不知道对方的职务和身份，就用“尊敬的领导：您好”的字样。

3. 正文

求职信的正文是核心内容，应当写清楚自己的专业、毕业院校、学习的主要课程、个人的特长、在校期间的表现、获得的荣誉、业务技能、外语水平以及其他潜在的能力和优点。要善于“自我推销”，尽量找出主观条件与客观需要一致的方面，针对用人单位所需扬长避短，使用人单位意识到你正是他们用人的最佳人选。这一部分是求职信的关键，所以要尽可能多地了解用人信息，使自己的“自我推销”可以拥有较强的针对性。求职信就如一则简洁的广告，让你向雇主“推销”自己。但求职信空间有限，故内容必须精简扼要。可以介绍一下自己的性格，如“富有团队精神，善于与他人合作”，“人生的格言是：不轻易言败”等，强调你的专长和能力，如何有益于公司。强调专长和能力时，切忌妄自尊大，最恰当的是写出事实。最后应当感谢领导在百忙中能够垂阅此信。

4. 结尾

求职信的结尾应写上“祝您工作顺利”，“祝愿贵公司事业兴旺发达”等祝愿性的语句，并表达出热切希望有一个面试的机会。

5. 落款

求职信和其他书信一样，在最后的右下方要写上自己的姓名，可以这样写“自荐人×××”或“求职人×××”。另起一行签上日期即可。

6. 附件

一般说来，附件是求职信不应忽视的一个重要组成部分。一份有说服力的附件很可能会在求职过程中起到决定性的作用。所以，为能更好地证明自己的实力，可把有关的证明材料，如各种获奖证书、实践证明、成绩表的复印件、老师或专家的推荐信等附于信后。

（三）写求职信应当注意的问题

1. 要实事求是地评价自己

求职信是以自我介绍的方式，向用人单位推荐自己。自然地，用人单位对你的了解也主要是通过求职信的内容来把握的，所以，如实客观地“推销自己”，是对自己负责，同时也是对用人单位负责，这样做给今后的工作只会带来好处而无害处。

2. 要具备谦虚诚恳的求职态度

求职是希望用人单位能聘用自己而成为其中的一员，所以写求职信时，态度一定要热诚恳切，要用自己的实力获得对方的认可，切忌浮夸自大，言辞狂妄，这于求职成功很不利。

3. 字迹工整，没有错别字

求职信文字的整洁美观很容易引起用人单位对求职者的好感。相反，如果字迹潦草，龙飞凤舞，则会给用人单位留下不好的印象。现在绝大多数毕业生的求职信是用电脑打印出来的，但如果你的钢笔字很漂亮，建议你还是工工整整的用手写，这样能给人以亲切之感，同时也向用人单位展示了自己的特长。求职信中字词的选择能反映出一个人做事是否仔细、严谨，一篇内容很好的求职信往往会因为几个错别字，影响整体效果，甚至造成求职失败。毕业生在向用人单位递交或邮寄求职信前应当仔细审阅内容，发现错别字，如将“出生”而写成“出身”，把“简历”写成“简厉”的要及时纠正，但不要直接在信上涂改，最好重新写一份或者重新打印一份，以免因小失大。

4. 富于个性、针对性强

求职信的首要目的是力求吸引对方，引起对方的兴趣，应当注意在一开始就能用一两句富有新意的话去吸引看信的人。比如一位在外地求学的毕业生在给家乡所在地的一家单位写求职信时写到：“我的故乡，请接受一名游子对您的问候”，一句话就拉近了与用人单位的距离。如果你是给“三资”企业去信，最好用中文和外文各写一份，这样既可以自荐，还可以表现你的外语水平。

5. 不要规定对方，以免引起反感

有的毕业生由于求职心切，在语言表达上不注意，引起用人单位的反感，如“本人将要去某地实习（或做什么），请于某月某日前答复为盼”，“现有多家单位准备聘我，所以请你从速答复我”等，都容易引起对方的反感，可能“为山九仞，功亏一篑”。

6. 要表现出良好的文风

求职信要篇幅短小，立言居要，语言简练，切忌长篇大论，行文粗糙。废话连篇不但会浪费阅读者的时间，也会有损求职者的形象。所以求职信在写出草稿后应反复推敲，意思是否清楚，用词是否恰当，格式是否正确等，可以先读给老师和同学听听，请别人看看是否有需要改进的地方，力求做到完美。

【例文】

求　职　信

××公司总经理：

您好！

首先感谢您在百忙中抽出时间审阅此信，给我一个展示自我的机会。

我是一名中药学专业的应届本科毕业生，得知贵公司为谋求发展招贤纳才，渴望加盟贵公司，为贵公司发展做力所能及的贡献。

在校期间，我的主修和选修课程均成绩优良，多次受到学校的表扬和奖励。早就从新闻媒体得知，贵公司十分重视人才，办事效率很高，人际关系融洽，能使员工无后顾无忧、一心一意地投身科研和生产。今年上半年在贵公司实习期间，我更深切地体会到了这一点。能在如此宽松、和谐的环境里工作，对我这样一个性格开朗、充满朝气的学生来说，才会更好地发挥自己的专业才能，忘我地投入到自己喜欢的专业研究工作中去。

作为学生会干部和班级团支部书记的我，具有大局观念和团队精神，因为我知道“众人拾柴火焰高“的道理，不仅各项工作率先垂范，而且善于调动全班同学的积极性，发挥每个同学的特长，在学校和院里组织的各项集体活动中都取得了比较理想的成绩。

生活中的我与人为善，能吃苦，有主见，自信而不自负，这就使我不仅能独立承担工作，而且在团队中能与其他人融洽相处。

我知道自己没有工作经验，但我相信，凭借坚实的理论基础和熟练的操作技能以及顽强的适应能力，一定不会辜负贵公司为我提供的展示才华的机会。尊敬的领导，虽然我初出茅庐，但是我有万分的热情和干劲，还有决不轻易言败的精神，请给我一个从容试剑的舞台！

祝愿贵公司事业发达！

祝愿各位领导事业蓬勃！

此致

敬礼

自荐人　×××

2005年6月25日

附：1. 各科成绩登记表（略）

2. 计算机等级证书（略）

3. 获奖和荣誉证书（略）

(四) 个人简历

个人简历就是广义上的个人履历，对于求职者是必不可少的，是求职资料的重要组成部分。简历是求职者的脸面，用人单位通常会以简历为窗口判断是否向你发出面试通知。所以，不能马虎，要认真填写。

1. 个人简历的主要内容

(1) 个人资料　包括姓名、性别、出生年月、家庭地址、联系电话、详细通讯地址（包括邮政编码)、政治面貌、婚姻状况、身体状况、兴趣、爱好、性格等。

(2) 学业有关内容 包括就读的学校、所学专业、学位(学制)、外语及计算机掌握情况等。

(3) 本人经历 可以简单地介绍入学以来担任的社会工作或加入党、团方面的情况。

(4) 所获得的荣誉 包括三好学生、优秀团员、优秀班干部、奖学金等。

(5) 本人特长 填写的特长最好能与将要从事的工作有联系,也可以写驾驶、文艺体育等方面的。不要填写“爱好旅游”之类的内容。

2. 个人简历应当注意的问题

填写个人简历要注意的问题,基本上和求职信类似。需要强调的是:

(1) 诚实可信 不要试图编造工作经历或业绩,充分介绍自己与夸张编造是有区别的,用人单位一般都能识破这种骗局。即使你被录用,因为你不能胜任这项工作,用人单位也会与你解除劳动合同。

(2) 努力使简历悦目美观 就像制作一份平面广告作品一样,排版时要综合考虑字体的大小、行和段的间距等。注意整洁,不要有涂改的痕迹。有的毕业生把各种求职资料装订成册,再贴上一张经过精心设计的封面,不仅资料不易丢失,而且给人耳目一新的感觉。

练习题:

1. 练习给老师写一封感谢信。
2. 练习写一封个人求职信。
3. 准备一套自己的求职材料。

第四节 广 告

【事例】 电视画面——憨态可掬的大熊猫,在竹林间悠闲地玩耍着。电视屏幕上打出字幕:关爱生活,关爱大熊猫。这种广告既不推销产品,也不宣传企业,而是倡导人们保护环境,爱护珍稀动物,这是典型的公益广告。

广告对于宣传组织来说,有着独特的作用。时至今日,广告已经不再是一种单纯推销商品的手段,而是日益成为一种文化的载体,它不仅负载着一种消费习惯,一种消费观念,一种文化氛围,而且成为一种生活方式。

一、广告的含义

(一) 广告的概念

广告,现在可谓林林总总,铺天盖地,不绝于耳,人们颇有微辞。但我们也不得不承认有相当多的优秀广告(尤其是公益广告),在给人艺术享受的同时,还能给人精神上的鼓舞、心灵上的震撼、思想上的启迪,以及表现手法(即广告创意)上的借鉴。广告,顾名思义就是广而告之。是以支付一定费用为代价,对产品、服务以及某项行动的意见和想法,进行非人员性的推销和介绍。广告是一种宣传手段,但它不同于一般的新闻报道,两者区别在于:其一,它以公开支付费用为前提。广告是以金钱来购买传播媒介的使用权,要想得到好的宣传效果,就得由专业广告部门制作,这也是有偿的。而做新闻宣传时,只是提供新闻素材让传播机构选用,不用花钱。其二,自主性。广告客户只要支付广告费就有权选择传播媒介,编制广告内容，决定合适的播出时间和所需要的次数。而新闻报道则不同，是否给予报道，什么时间报道均由传播机构说了算。广告虽然与公共关系的概念不同，但两者间的关系极为密切。广告和公共关系的目标相同，任务相似，并在实际运用中相互依存、相互渗透，公共关系中有广告，广告中有公共关系。有的公共关系活动的实施需要运用广告的手段来完成；有的广告的制作又需要融入公共关系的手法，因而有人将公共关系和广告比喻为“一对姐妹花”。

(二) 广告的种类

随着科学技术的发展与进步，各种传播媒体和传播手段不断出现。从不同的角度，广告可以进行如下分类。

(1) 按照广告内容的不同　广告可以分为商品广告、企业广告、公益广告、祝贺广告、赞助广告、致歉广告等。

(2) 按照广告目的的不同　广告可以划分为介绍新产品、推销老产品、提高组织声誉的广告。

(3) 按照广告媒体的不同　可以分为电视广告、广播广告、报纸广告、互联网广告、邮寄广告等。

(4) 按照广告发布区域的不同　可以划分为世界性广告、全国性广告、地方性广告、购货地点的广告等。

(5) 按照广告制作特点的不同　可以划分为促销广告、指名式广告、心理式广告、提示式广告等。

(三) 广告的功能

广告的功能则是要通过特定的信息传播来激发和满足公众的消费需求，促进其消费行为的发生，这也是任何一种广告所力求达到的目标。广告的功能主要体现在以下几个方面。

1. 认知功能

在琳琅满目的商品世界中，普通公众对商品的认知因为缺乏专业知识，往往通过广告的刺激和传播来实现的，尤其是儿童产品。而广告被广泛采用也正是为了及时地向社会公众传播商品信息，引起人们的注意，从而使公众在心理认知活动中不自觉的加深对商品信息的存储和记忆，也使公众内心隐藏的消费动机转化为现实的购买行为。

2. 便利功能

在复杂多样的商品海洋中，不仅公众对商品的认知会受到广告的影响，而且公众对商品的比较和选择也会不自觉的打上广告传播的痕迹。广告的及时和重复出现、广告内容的详尽与直观，都为公众对商品的比较和选择提供了便利条件，不仅能强化公众对某一类商品的认知，而且还能使公众把握不同商品的各自优点，对公众的消费起到指导的作用。

3. 诱导功能

广告可以通过创造一种合乎消费者意愿的商品经验来刺激公众的消费欲望，使其产生广告主所期待的行为反应。广告的英文意思可以翻译为“诱导”。不仅如此，广告还可以通过新观念、新构想的传播为社会公众提供一种新的思想观念与思维方式，引发公众新的消费需求，激发他们潜在的购买动机。

4. 教育与审美功能

广告内容和形式的健康向上，可以拓宽公众的知识领域，丰富公众的精神生活，潜移默化地塑造公众良好的心理素质。完美的广告艺术形象诙谐幽默、充满智慧的广告文字不仅能够强化公众的消费兴趣和行为，而且能起到净化人的灵魂、提高公众的艺术欣赏力和鉴赏能力、美化社会生活环境（户外广告）等。

5. 推销组织和商品的功能

广告是一个企业或社会组织通过向公众传递真实准确的商品信息及其他宣传手段以达到推销产品及团体意识目的的活动。广告宣传不仅要影响公众对自己产品的购买，而且还要借助广告来宣传组织或企业的文化、信念、宗旨和风格，从而使公众不仅买我们的产品，还要爱惜我们这个组织或品牌，提高公众对组织的忠诚度。所以，成功的广告宣传就是要在赢得公众信赖的基础上，使公众达到对组织和企业产品的认同和爱戴。

（四）广告创意应遵循的原则

广告是组织传播信息的主要手段，是社会认识企业的重要途径，也是企业输出文化最重要的通道，市场竞争中的文化竞争，最直接的反映在广告的竞争上。广告本身还可以反映一个国家、一个民族的时代文化，研究一个国家的广告，就可以了解这个国家人民的理想和追求，从而理解这个民族的内在本性。广告创意应当追求新、奇、趣、异，与众不同，但是，不能违背《中华人民共和国广告法》的要求。如果片面追求标新立异、故作“另类”就会事与愿违，落个“鸡飞蛋打”的下场。报载：2005 年 4 月，河南汝阳县一家摩托车经销商，在为其经销的“三铃”摩托车发布广告时，为了“能整点唬人的词儿”，在未经工商行政管理机关批准的情况下，制作了“骑上三铃摩托，不怕汝阳交警”的墙体广告，最终落了个没收广告发布费 500 元人民币和罚款 2500 元人民币的“效果”。广告创意要符合下列要求。

1. 真实性

真实是广告的生命。广告对其所宣传的商品或服务必须实事求是，广告里承诺的各项义务，承诺人应当完全做到，这样才能取信于消费者。坚决杜绝骗人、坑人的“假冒伪劣”广告。现在，药品、化妆品、保健品成为各种广告媒体的主角。某些药品广告大吹“特效”，简直是男女老幼皆宜，成了包治百病，有病治病、无病健身的灵丹妙药。其实，这恰巧证明该药品是什么也不能治的“无效”废品；有些化妆品，宣传使用后“今年 20，明年 18”，实际使用后却有不良反应；有些产品，名为“优良”，其实不良。在部分消费者心目中，有些商家的广告，简直就是诓告。

2. 内容要有针对性

广告的内容要有针对性，就是要抓住人们的心理活动和解除顾客在购买产品时可能产生的各种疑虑，从而为打开产品的销路扫清思想障碍。切忌东拉西扯，喧宾夺主，让人看得一头雾水，不知其所云。

3. 文字的简练性

广告文案要通俗易记，切记冗长和晦涩。现在的年轻一代，不少人是跟着广告语学会说话的，许多经典的广告词，基本上是家喻户晓。

4. 艺术性

广告要在有限的时间里或版面内输出尽可能多的信息，就要通过生动形象、彩色优美的画面，富有趣味的艺术语言，和谐动听的音乐旋律来宣传商品或服务，从而引人入胜，看过或听后能记住不忘。

5. 思想性

广告不仅是促进产品销售的经济活动和宣传商品的宣传手段，而且也是传播意识形态的一种重要工具。广告借助于文字、美术、音乐、戏曲等艺术形式，通过报纸、杂志、广播、电视、互联网等宣传工具，天天与公众见面，必然会对人们的思想意识、生活方式和社会风气产生巨大的影响。广告的内容总会反映一定的思想、道德、情操和风格。内容健康的广告，会引导人们进步。充满吃喝玩乐和色情的广告，会使人堕落和颓废。因此，广告在制作和表达上，在内容和形式上都必须健康，能给人以知识和美的享受，必须符合社会主义精神文明和《广告法》的规定，严禁把低级庸俗的东西塞进广告。

“横看成岭侧成峰，远近高低各不同”。广告种类繁多，我们本节不介绍一般的商品促销广告，只就公益广告、祝贺广告、致歉广告等礼仪广告做简要介绍。礼仪广告重点表现在对他人的尊重，沟通组织与公众的情感，改善关系，广结良缘，建立和维护组织的整体形象。礼仪广告是非商业性广告，它不直接推销商品，而是表现为为他人着想，帮助他人，由此体现企业的价值观念。

二、公益广告

公益广告，也称为公众服务性广告，不以赢利为目的，旨在为社会提供无偿服务、义务向公众宣传教育的非商业性广告。公益性广告一般是就某些观念、规则、道德或哲理向公众进行告知、劝导和提醒。其内容大致有公共道德、文明礼貌、交通安全、计划生育、环境保护、禁毒戒烟、防火防盗、慈善救灾、关爱他人、希望工程等，如“关心他人，快乐自己”、“吸烟有害健康，为了你和家人的幸福，请勿吸烟”、“我们只有一个地球，请保护环境”等。公益广告对公众来说，其作用在于提高人民素质，以唤醒人们对社会问题的密切关注，促进社会健康发展。

对营利性的企业来说，广告是其推销产品（或劳务）、提高企业知名度的有效手段之一，目的自然是增加企业的经济效益。但问题的关键在于采取什么样的广告策略来达到增加经济效益的目的。各种媒介上铺天盖地的广告，公众已经司空见惯，甚至到了反感的程度，已经引不起人们的兴趣。其实，最好的广告是一种不像广告的广告，在人们没有心理戒备的情况下达到广告的目标。

在商品经济高度发达的今天，企业之间的竞争已经从产品的技术竞争，转向了“人”的竞争，转向了“形象”的竞争。消费者对企业的接受、对产品的接受，首先取决于对企业或产品的一种心理上的、文化上的认同，而这种认同的核心是企业的社会形象。“形象竞争”已经成为当今企业竞争的焦点。社会是一个复杂的整体，是由无数个组织所组成，而企业组织是社会的构成单位或基本细胞。企业的生存和发展离不开一个良好的社会环境，离不开社会方方面面的支持与合作，而社会良好的环境和发展又需要每一个组织的自觉奉献、承担责任和义务。企业履行社会责任的程度，实质上体现了企业的整个经营理念，体现了企业的形象。

三、祝贺广告

祝贺广告是对某个组织的成立、开张、改名、迁址、纪念活动等，以同行或友好单位的身份登载广告表示贺喜的文体。登载广告为同行或友好单位祝贺，可以广结善缘，提高本组织的知名度。

祝贺广告的格式，一般分为两部分。一部分为标题，即为哪个单位什么事而祝贺。在印刷媒介上，标题往往套红，以增添喜庆色彩。标题的字体比正文字体要大，非常醒目，如“×××学校热烈祝贺×××学院成立五十周年”、“×××单位热烈庆祝×××公司隆重开业”、“×××公司正式成立志庆”等。另一部分为祝贺单位的名称。祝贺单位按顺序排列，但是祝贺单位排列的先后顺序有的是按祝贺时间先后排，有的是按单位性质、地区分类排，也有的按单位名称的汉字笔画顺序排列。一般比较常见的是在标题的旁边括号内标明“排名不分先后”，以表示祝贺单位的同等地位。此外，在这种格式的基础上，也有的在祝贺单位的前面，简介被祝贺单位的经营方针、主要产品或服务等，巧妙的为自己做广告。

在祝贺广告中，也有自己为自己祝贺的，称为“自贺广告”。

四、致歉广告

致歉广告是由于组织的失误，在社会上产生了不良影响或者对其他组织、个人造成了伤害，为了尽快挽回对别的组织或个人造成的各方面的损失，消减不良影响，组织除了采取种种措施抑制失误，纠正错误外，还可以及时刊登广告，公开致歉，安抚人心，平息民愤。

致歉广告的标题，应该直截了当的表明主题，如“×××公司（杂志）向消费者（读者）致歉”。正文首先要写清楚失误的原因与产生的后果，造成了什么不良影响等。写由于失误导致的事故时应当交代清楚，让人看到你的诚意。还要对失误造成的后果，对他人造成的损失表示歉意和悔过。最后，提出解决问题已经采取或将要采取什么办法，并保证今后不再发生类似的事情，以求得谅解。

练习题：

1. 广告的功能有哪些？
2. 广告创意的原则是什么？
3. 编写一段广告词。

第七章　会议和仪式礼仪

在人类漫长的发展过程中，从原始的部落首领议事，到某一组织为了安排某项工作而召开会议进行布置，再到联合国成立 60 周年首脑会议。“会议”作为一种方法或手段，一种信息交流、传播的方式，在任何国家、组织都被广泛运用。

有许多重大的活动或事件，为郑重其事，作为表达内容的一种形式，或单独或作为活动中的一项，要举行一定的仪式。这些会议、仪式随不同的活动内容而有不同的礼仪，需要分别掌握。

会议、仪式具有很强的公关属性。无论是组织内部的会议、仪式，还是组织对外的推介、招待、剪彩等会议、仪式，其礼仪要求较一般公关礼仪更严格、更规范，更侧重于组织形象的塑造。尤其是仪式，礼仪的含义之一便有仪式的意思。

第一节　会议和仪式共同礼仪

【事例】 在每个学校中，都有开学典礼、毕业典礼、升旗仪式、庆祝教师节大会等常规活动。在这些活动中，每项活动都有许多礼仪问题需要遵守。譬如仪容要整洁；坐立要规范；横要成排竖要成列；要按时参加，不能迟到早退；不能交头接耳；不能睡觉；不能看会外资料等等。同时，在上述活动中，或单独或作为议程中的一项，要奏国歌。在奏国歌时，一项基本的礼仪要求是：全体人员必须起立、肃立，在升旗时要行注目礼。这些礼仪都是会议或仪式共同的礼仪。

虽然不同的会议、仪式随不同的内容在礼仪上有许多不同，但也存有许多共同之处。主要包括主题及议程、通知或邀请、接待、现场组织、文秘工作、善后等礼仪问题。

一、总体礼仪

总体礼仪是指贯穿会议、仪式全过程，全体参与人员都应遵守的礼仪规范。大致包括如下几方面。

（一）遵守时间履行约定

遵守时间是目前世界上普遍遵守的礼仪。参加会议、仪式的人员都要按照统一的时间要求到规定地点参加相应的活动，遵时守约。若无特殊情况，不能不参加或迟到、早退。遇有特殊情况，确实无法参加或需中途离场，应及时告知会议主持人或相关人员，做好请假或解释工作。不要影响会议、仪式的正常进行，防止产生不必要的误会。

参加会议、仪式的人员要遵守会议章程，按照会议、仪式的程序、制度办事。不能自由散漫、随便进进出出；手机的来电、短消息等呼叫方式应设为振动，遇有须接来电要到外边接听；不能有交头接耳、看其他资料等不认真参会的现象。

（二）衣饰得体　举止有度

会议、仪式都是公众场合。对所有参加会议、仪式的人员而言，衣着得体，修饰得当，举止有度是基本要求。这方面在许多会议、仪式后都会有一些笑谈。诸如有的人本应淡抹却浓妆、有的人接移动电话喜欢边走边接，真的是“移动”电话等。

（三）相互尊重　语言文明

相互尊重是礼仪的首要原则。参加会议、仪式的人员可能来自全国甚至世界各地。大家不同的口音，不同的性别，不同的年龄，不同的生活、礼仪习惯……要融洽相处，就必须相互尊重对方的习俗，以礼相待。如见面统一用握手礼；公共场合不能抽烟；行走、用餐时注意礼让；对非原则问题不要纠缠等等。相互尊重对方的个性特点、礼仪习惯，做到“非礼勿施，非礼勿听，非礼勿言，非礼勿动”，共同塑造一个和谐、高效的会议、仪式氛围。

会议、仪式的主要信息传播媒介是语言。所有参加会议、仪式的人员要特别注意语言文明。要尽量使用普通话，发音清晰，少使用方言；要音量适中，不高嗓大声，也不蚊声蚊气；要言简意赅，当长则长，当短则短，不要一言不发，更不要啰里啰唆，喋喋不休；不能随意打断别人的发言，不要随便插话；参加会议时，针对不同的会议性质，该表态的表态，该讨论的讨论，该畅谈的畅谈，该阐述的阐述，该听讲的听讲。对不同的观点可以讨论，但不要无端争执，更不能强词夺理，要尊重别人的观点。参加仪式时，有发言项目则发言，无发言项目则认真听讲等。

（四）精心准备　周密安排

会议、仪式的工作量、简繁程度，随会议、仪式级别、规模、主题的不同而不同。事先一定做好充分的准备。许多看似会议很快就通过的事情，之前往往做了大量的准备工作。譬如以胡锦涛同志为总书记的新一代中央领导集体，为制定“十一五”计划，从2004年12月胡锦涛总书记到广东、珠海等地调研，并提出制定规划的方法问题开始；到2005年7月吴邦国委员长到山东考察、贾庆林主席到湖南考察；8月温家宝总理到安徽、湖南调研；9月黄菊副总理到湖南长沙调研、政法委书记罗干到黑龙江了解情况；最后到温家宝总理在珠海、深圳等地调研结束后于9月13日发表长篇讲话，为高层调研画上句号，距10月8日中共十六届五中全会召开、研究对“十一五”的规划建议只有20多天的时间。党的全国代表大会，只是大会的报告，就要提前一年进行起草，之后，要多次听取党员代表、理论工作者、地方领导、中央政治局领导等多方面的意见，要做多次修改，甚至几易其稿。所以，会议之前，一定对每一个细节都考虑周详，安排周密，防止出现疏漏，导致责任事故。尤其要防止漏项及诸如在典礼开始、当主持人宣布全体起立、奏国歌后，放国歌的磁带却卡住放不出来等现象。

二、主题及议程

主题和议程的确定，首先要考虑必要性。前一段时间社会上存在着文山会海、领导忙剪彩现象。2002年1月20日，中共中央办公厅、国务院办公厅下发了《中共中央办公厅、国务院办公厅关于进一步精简会议和文件的意见》，要求减少会议，压缩文件，进行改进。举行会议、仪式，首先要看有无必要，有没有其他更有效率、更有效益的办法？若必须举办，要明确干什么，怎么干的问题，即确定主题和议程。主题是要讨论、研究或部署、解决的问题。议程包括顺序和项目两大部分，即按什么顺序、具体干哪些事情。谁来讨论、研究或部署、解决这些问题？用什么方法讨论、研究或部署、解决这些问题？需要达到什么要求？实现什么目标？譬如庆祝教师节大会，主题即庆祝教师节，在全社会弘扬尊师重教的良好风气。议程主要包括宣布大会开始，全体起立，奏国歌；学生献辞；上级领导讲话或宣读上级慰问信；学校主要领导讲话；教师代表讲话；学生代表讲话；大会结束等。这些事项必须在事前确定好。

三、通知或邀请

明确了会议、仪式的主题和议程，接下来的问题就是哪些人参加的问题。也就是通知或邀请哪些人来参加会议、仪式？谁来通知、邀请？通过什么方式通知、邀请？

(一) 通知和邀请的区别

正规的通知，是批转下级机关、转发上级机关和不相隶属机关的公文。就会议和仪式而言，一般是指一定层级的组织、人员对不高于本层级的组织、人员的告知，或对职权管辖范围内的组织、人员的告知。如组织内部召开办公会议的通知等。通常带有一定的强制性，必须参加。邀请一般是指一定层级的组织、人员对不低于本层级的组织、人员的邀请，或邀请对自己有管辖权的组织、个人，或对无隶属关系但对组织、个人有利的组织或个人的邀请。具有礼节性。如邀请上级领导来参加大型活动，邀请大众媒体记者前来采访、报道等。通常，出于礼节，被邀请单位会派代表或被邀请人自己应邀参加，但不是必须。

(二) 通知或邀请的对象

通知或邀请的对象，主要是按照会议、仪式的主题而定。譬如举行教师节座谈会，我们可分为内部教师座谈和外部关系单位座谈两部分。内部教师座谈会，要通知教师代表及有关部门负责人参会，在表达对教师的尊敬的同时，请教师谈谈任教的感想，对学校其他工作的意见建议等；外部关系单位座谈会，要邀请与学校经常保持往来尤其是给予学校很大支持的关系单位参加，对关系单位所给予的支持的感谢，并请关系单位就学校的建设发展提意见建议，继续给予支持。

通知或邀请的对象要考虑周全。依照会议、仪式的主题，不能多，更不能少。如果是召开综合办公会，要通知各部门负责人都来参加，不能通知范围外的人员，除特殊情况外参会人员一个也不能少；如果是召开专题办公会议，则除校领导外，通知相关部门负责人参加即可，没必要兴师动众地全体参加。对外部关系单位，也是同样道理，该邀请的一定邀请，没必要的则不要邀请，可邀请可不邀请的从礼多人不怪的角度考虑以邀请为好。当然，具体问题具体分析，如果一对新婚夫妇对凡有一面之缘、有过交往的人都送请柬，邀请出席婚礼，则有“捞喜钱”之嫌。反之，若连亲朋好友也不邀请，则也有不近人情之嫌。

1. 通知者或邀请者

通知或邀请并不是随意找人办理即可。谁通知或邀请，要依照不同的身份、关系程度而有所区分。以举行比较隆重的教师节庆祝大会为例。邀请上级领导参加一般由学校主要领导邀请；邀请重要关系单位代表参加一般由与关系单位有业务关系的部门的分管领导邀请；邀请媒体记者采访由办公室邀请，其他参会人员如职工、学生由办公室通知。

有一些会议，如由来自不同单位人员参加的业务性会议，通常由主办单位或承办单位邀请，具体由会务组依照要求办理。

2. 如何通知或邀请

如何通知或邀请主要是指通知或邀请的内容、方式。通知或邀请的方式目前主要有如下几种。

(1) 当面通知或邀请　这种方式一般是距离很近，当面通知或邀请即可。还有一种情况就是邀请上级领导或贵宾，需要当面邀请。这种方式最为直接，对方信息反馈也快。

(2) 电话通知或邀请　这是一种常见的通知或邀请方式。通知或邀请者通过电话这一常见通讯手段通知或邀请对方。其优点是快捷、方便，信息反馈快；缺点是通知或邀请的内容易漏掉或忘记。

(3) 书面通知或邀请　书面通知或邀请包括寄送、传真、报纸等多种方式。其中寄送信函、请柬等内容全面，但寄送速度慢，反馈也慢；传真内容全面，速度快，反馈也快。这也是一种常见的通知或邀请方式。

(4) 通过电子方式通知或邀请　这是近几年随着互联网的发展大家逐渐使用的方式。优点是内容全面、快捷，反馈快。随着电子政务、电子商务等业务的开展，这是一种前景广阔的通讯方式。缺点是目前普及程度还不高。

(5) 请他人带捎通知或邀请　这种方式一般用于不很重要、不很正式的会议或仪式。优点是比较便利。

四、接待礼仪

接待是会议、仪式礼仪中的一个重要方面。俗话说，接待无小事。接待工作必须全面考虑，周密安排，注意每一个细节，以防待客不周。

(一) 迎接

古人曰：有朋自远方来不亦乐乎？参加会议、仪式的来宾来自不同区域、部门，人生地不熟，主办、承办方要安排迎接。迎接主要包括何时迎接、谁去迎接、在哪里迎接、如何迎接等几个方面，其中谁去迎接、到哪里迎接取决于被迎接者的身份和双方的关系程度。

1. 迎接时间

迎接时间通常比会议、仪式的开始时间提前一定时间，具体提前多少视情况而定。在已经约定具体时间的情况下，一般性迎接在被迎接者将要到达迎接地点之前，迎接者到达即可；如果是隆重的迎接，则要分阶段进行。在目前通讯工具非常便捷的情况下，有的迎接要随时联系，按联系情况确定迎接时间。

2. 谁去迎接

谁去迎接按来宾的身份、双方关系程度的不同而不同。主要迎接人员与来宾的身份应该相当或相差不大，最好相当。譬如上级领导来，要由本组织的领导迎接；无隶属关系的平级领导来，公关部门负责人迎接；一般业务会议，由会务组的人员迎接；关系紧密、亲密的双方提高迎接等级等。

3. 在哪里迎接

按照来宾不同的身份及双方关系，迎接的地点包括如下几方面。

(1) 在会议、仪式现场迎接　其中又可分为在会场内、会场门口、会场所在建筑门口等地点。依照不同情况，在不同地点迎接。

(2) 在高速路出口处迎接　通常迎接自带车辆的上级领导等贵宾时到高速路口处迎接。

(3) 在机场、车站、码头迎接　对不自带车辆的上级领导等贵宾，直接到机场、车站、码头迎接。

(4) 到来宾所在地迎接　对交通不方便的贵宾常采取这种迎接方式。

(5) 到其他约定的地点迎接　视来宾所在的具体地点前去迎接。

4. 如何迎接

迎接来宾，迎接人员在迎接之前首先要弄清来宾的姓名、性别、单位、身份等基本情况，以方便见面后双方招呼、叙谈。迎接未见面的来宾要准备迎接牌，在上面写上“迎接×××”或“欢迎×××”。其次，见面互致问候的同时，要行握手礼或拥抱等其他礼节。双方主要人员要相互介绍双方人员。再次，应主动帮助来宾拿行礼等物品，按照礼仪规范帮来宾开关车门，上车后或问候来宾旅途情况，或向来宾介绍沿途的主要建筑、风光等。最后，到达会议、仪式现场后，要做好引导、介绍工作，将来宾介绍给其他参加人员。如果是先接到宾馆、饭店，则不宜久留，在将行程、活动安排、何时再来接请、联系方式等告知来宾后，请来宾先洗漱休息。

（二）接待

主要包括餐饮、茶叙、住宿、返程票、通讯、来宾贺礼、纪念品、娱乐活动等事项。

1. 餐饮

如果会期较长，需要统一安排就餐；如果会议、仪式时间较短，会议、仪式后到了用餐时间，要热情挽留，安排用餐。餐饮主要包括以下事宜。

（1）参加人员　要根据具体情况，分主次定好参加人员及每位人员所在的房间、桌次甚至座次。每一桌谁主陪、谁副陪，视情况定好并通知好。

（2）用餐地点　要事先与宾馆、饭店或其他用餐地点联系，确定好用餐地点。并告知用餐人数、用餐标准、到达时间。若有忌口等情况，也要告知用餐处，以便对方做好准备。

（3）用餐方式　用餐方式主要包括集中和分散两种方式。集中是比较常用的方式，大家围桌而坐，以桌为单位进餐。当参加人员来自天南海北，人数较多，众口难调，又没必要以桌为单位时，可以采用分散的、自助的方式，大家各取所需，各自用餐。

（4）席间礼仪　席间礼仪主要包括每位就餐人员要按照不同地区的餐饮习惯，注意餐饮礼仪。主陪、副主陪要及时招呼客人入座，用公筷为客人布菜，请客人用餐。作为陪餐者，恭敬不如从命，要尊重客人的餐饮习惯，不要强行敬酒让烟。所有人员不能酗酒，最好不抽烟。在服务不很到位的地方，副主陪要注意为客人斟酒、敬烟。主宾、主陪及各位用餐者应按照通常的礼节要求，边用餐边叙谈，共同塑造一个和谐、愉快的用餐氛围。对多桌用餐，需要在餐前致辞的要安排致祝酒辞。在“酒过三巡、菜过五味”后，主客双方领导、故朋至交等相关人员要到其他桌次敬酒。

2. 茶叙

如果是一般茶话会性质的座谈，注意按时端茶倒水即可。如果是专门的茶叙，除提前按规格联系好茶叙地点外，要按照“茶道”的有关礼仪，边饮边叙。

3. 住宿

如果会议或仪式时间超过半天，要安排住宿或午休。具体的标准按客人身份的不同分为套房、单间、标准间几个档次，要提前联系、安排好。要注意一些细节的安排，如办事人员提前到住宿地点办好相关手续，不要等客人到时再一一登记；如房间内要 24 小时有热水，要视情况定好是否摆放水果、是否开通房间长途电话的业务等。

4. 返程票

为方便来宾返回，在参加会议、仪式的人员签到时，就应在签到簿上设一栏或直接问清楚是否需要代购返程票。无论是机票、船票、火车票、汽车票，若需要，都要记录好返回时间、终点站等主要事项，买好后交给来宾。

5. 通讯

通讯包括来宾登记或签到簿、通讯录、房间电话三个方面。

（1）来宾登记或签到簿　来宾登记簿或签到簿应事先打印好。在客人到来时及时登记或请客人签到。这既可掌握参加会议、仪式的来宾情况，又可据此印制通讯录。

（2）通讯录　为方便以后联系，应及时打印通讯录，核准后印发。打印通讯录时顺序排列要注意，如按照先宾后主、来宾按区域、组织的通常排列顺序排列等。

（3）房间电话　如果是在饭店、宾馆等场所举办会议、仪式，宾馆房间的电话通常是本地区免费，长途收费。会务人员要视参与人员的不同情况，需要开通的开通，不需要开通的在会务须知中说明，需拨打长途的到总台拨打。

6. 来宾贺礼

有一些会议、仪式，譬如庆祝教师节座谈会、奠基仪式，都会邀请许多外单位领导、代表前来参加。外单位领导、代表来参加，通常都会带贺礼。会务组要专设贺礼登记处进行登记、接收。来宾带现金的，要及时开具收据，以方便来宾处理相关账目。

7. 纪念品

对需购买纪念品的会议、仪式，应按照来宾的人数，备好纪念品，并在来宾签到时发放。纪念品要注意其纪念属性，价格、重量、体积适宜。要人手一份、人人相同，不要厚此薄彼。

8. 娱乐活动

有一些会议、仪式期间，需要安排一定的娱乐活动，譬如舞会、游览等，要与有关单位、人员提前联系，将娱乐活动的时间、地点、参加人员、活动方案等设计、安排好。通过娱乐活动促进与会人员的相互交往，达到增进友谊、促进了解的目的。

(三) 送行

送行主要包括送行时间、送行人员、送到何处、如何送等几个方面。

1. 送行时间

如果是参与人员自带车辆，送行时间通常在会议、仪式之后或餐后；如果不是自带车辆，通常提前一定量时间，在上车船飞机之前到达即可。

2. 送行人员

与迎接人员对应，视不同情况，由身份相当的人员送行。

3. 送到何处

送行送到何处代表了不同的礼仪等级和尊重程度。古人有十里相送之说，送到何处，同样主要视对方的身份、双方的关系程度而定，与迎接对应，送行的地点包括：

(1) 送出会议、仪式现场。具体又可分为在会场内、会场门口、会场所在建筑门口等地点。

(2) 送至高速路入口处。

(3) 送至机场、车站、码头。

(4) 送至参与人员所在地。

(5) 送至参与人员要求的其他地点。

4. 如何送

到达送别地点后，宾主要互相握手或招手致意，送行方要热情地欢迎来宾以后再来，再目送来宾走开一段距离或离开视线后返回。

五、会议和仪式现场

这里的会议和仪式现场是指会议、仪式进行期间的有关事宜。主要包括会议、仪式现场布置、电子设备、相关资料、摄像拍照、现场招待等事项。

(一) 现场布置

会议、仪式现场布置主要包括场地、会标、桌椅、灯光、鲜花、桌牌、座次安排、瓜果饮料、香烟、卫生等事项。

1. 场地

场地依照空间分主要包括室内、室外两种。又可依照是否设主席台和设专门发言席等多种情况。具体场地的选择要按照会议、仪式的主题、规模等不同情况进行选择。会议一般多在室内进行，如办公会议；大型集会等也有在室外的，如建国50周年庆祝大会。仪式多在室外进行，如剪彩仪式；小型仪式也有在室内的，如签字仪式。

2. 会标

会标是会议、仪式全称的标题。正式会议、仪式需要有会标，将全称用大字刻（写）后挂（贴）到主席台的正上方。

与会标相似的还有会议、仪式标语，标语通常是为了烘托会议、仪式的主题，渲染气氛，振奋参会者的精神。

3. 桌椅

桌椅视不同的会议、仪式要求进行摆放。有的需要摆放，有的无需摆放，如简单的室外剪彩活动等。通常，会议、仪式的级别越高桌椅档次也越高。桌椅摆放应整齐、配套、成形，其数量以参加人数不多于桌椅数量、和谐即可。

4. 灯光

室外一般无所谓灯光问题，视场地最好防止阳光直射一方，不得已应尽可能使阳光直射主席台一方，除非固定主席台背向太阳。夜间活动视要求设计。室内灯光要适应照明要求，不能太暗、太亮，也不能有的亮有的不亮。要与会议、仪式的氛围和谐。

5. 鲜花

鲜花能起到装扮场地、烘托气氛的作用。视不同的要求摆放数量、花种合适的鲜花。

6. 桌牌

桌牌通常以有机玻璃等透明材料制作，尺寸、形状固定。将来宾的姓名打印或手写到红色、粉红色纸上插入桌牌即可，姓名字体颜色一般为黑色或黄色。

7. 座次安排

座次安排必须讲究。按照中国的主席台为上、前排为上、居中为上、对门为上、左为上的礼仪习惯，首位领导或来宾应安排在主席台上，或面向入口、居前、居中而坐。其他领导或来宾按一左一右就座。若前排座位数为双数，应居第二位次领导的左侧而坐。

8. 瓜果饮料

仪式尤其是站姿的仪式通常不放瓜果等招待物品，个别的如签字仪式后将用以祝贺的酒备好即可。一般工作性会议除备有茶水、咖啡、纯净水等饮料外，不放瓜果等招待物品。一些座谈会、检查指导工作会等通常备有瓜果等招待物品。从卫生角度考虑，凡入口的招待物品以香蕉、橘子、开心果等带皮的瓜果为好，点心应带有包装。

另外，凡放瓜果等招待用品时，要同时备好湿巾等物品。

9. 香烟

通常，在会议、仪式等公共场合，不能抽烟，也不准备招待用烟。但在我国的一些地区，一些场合，视不同情况需准备香烟。香烟的档次依照来宾的身份而定。要注意同时配好打火机、烟灰缸。

10. 卫生

卫生分会议、仪式现场内的卫生和外部环境卫生两部分。无论是哪部分，都要认真清扫，保持干净、整洁。尤其是非一次性水杯、毛巾等物品，应进行消毒。所提供的饮料、食品等务必保证新鲜卫生，防止买到不合格、过期产品。

(二) 电子设备

电子设备大致包括音响、显示设备、表决器、翻译设备等。

1. 音响

音响是会议、仪式中的重要设备，一旦出现故障，大型会议、仪式便难以继续进行，所以必须确保音响设备能正常使用。每次会议、仪式之前，要调试好全部音响设备。在会议、仪式过程中，要注意及时按照不同的信号源将音量、音调、音色调配好，并注意会议、仪式议程中的其他音响要求，如开始时奏国歌、颁奖时放进行曲等。重大活动要多准备几套设备，以防万一。

2. 其他设备

显示设备主要包括投影设备、大屏幕显示设备。连同表决器、翻译设备等，在会议、仪式之前要调试好。

（三）相关资料

相关资料是指与会议、仪式相关的资料。仪式时间通常较短，一般不发相关资料，或只发仪式议程、活动安排等比较简单的资料。会议相关资料大致可分为会议资料和会务资料。会议资料通常包括针对会议内容的有关文件、讲话稿、讨论稿等资料。会务资料包括参加人员、会务安排、会务须知、代表证、笔、笔记本等。参加人员主要包括姓名、单位、职务、联系方式、住宿房间等内容；会务安排主要包括会议、用餐及其他活动安排；会议须知主要是会议要求。相关资料通常装到文件包中发给来宾。

（四）摄影摄像

除需要保密或一般性会议无需摄影摄像外，根据会议、仪式的级别、规模等不同情况，或不同层次的大众媒体作相应的报道，或举办会议、仪式的一方留存资料，都要对会议、仪式进行摄影摄像。摄影、摄像人员除了掌握使用相关设备的技术外，还要掌握一定的新闻专业知识，如哪些内容是必须摄拍的，哪些内容无需拍摄，有关的背景资料需准备哪些等。

（五）现场接待

在约好的时间前，接待人员要先行到门口迎接客人，重要客人应安排有关领导前往迎接。然后引入会议室门口进行签到、领发资料、登记食宿等，再行引座，注意让客人先进入会议室，对重要领导应先引入休息室，由本单位领导作陪，会议、仪式开始前几分钟再引到主席台就位。

与会者坐下后，接待人员应及时端茶倒水。先给领导递茶，然后再给其他参会人员依次递茶。递茶时要用双手，茶杯把要放在与会者的右手处。倒茶要轻要规范，杯盖的内口不能接触桌面，手指不能按住杯口。可左手拿开杯盖，右手持水壶，将开水准确倒入杯内。茶水倒至七八分满为宜，然后将杯盖盖上。会议中要根据需要及时添加茶水。

会议中如有电话或有要事相告，工作人员应走到该人身边，轻声转告。如果要通知主席台上的领导，最好用字条传递通知，避免工作人员在台上频繁走动和耳语而分散他人注意力，影响会议效果。

工作人员在会场上不要随意走动，使用手机要设置到振动上。若会场上因工作不慎发生差错，工作人员应不动声色尽快处理，不能惊动其他人，更不能慌张、来回奔跑以免影响会议气氛和正常秩序。

六、文秘工作

文秘工作主要是准备各类文字材料并记录会议、仪式情况，是贯穿会议、仪式始终的一项重要工作。首先，文秘人员要按照不同的主题、不同的要求在准备阶段就备好如领导讲话稿等各种会议材料。其次，会议、仪式进行期间要记录会议、仪式情况，并随时提供会议、仪式要求的其他材料。最后，会议、仪式结束后，起草会议纪要及有关材料的发送、立卷归档等工作，这是一件艰苦、耗神的工作。

七、善后工作

善后工作主要包括会议纪要、会后工作的落实、联系媒体报道情况等。会议纪要起草完毕经领导审阅后作为重要资料要保存好，该寄送给其他组织、人员的及时寄送；会后工作要按照会议的决定事项、要求加以认真落实；有大众媒体采访的会议、仪式要联系其报道时间、版面等情况，从而视情况通知相关人员视听，并作为重要资料注意留存。

练习题：

1. 参加会议、仪式应注意哪些总体上的礼仪？
2. 观察并记录一次国家领导人在开会时的座次安排。
3. 邀请的方式有哪些？
4. 布置会议现场有哪些主要问题需要考虑？

第二节 会议礼仪

【事例】 举世瞩目的朝核问题，从三方会谈到六方会谈，虽一波三折，却始终在不断地进行。六个国家，五种语言，不同的立场，不同的利益，使会谈变得异常复杂。中国作为东道国，在“劝和促谈”的过程中，在礼仪方面，从六边形大会议桌的设计到六方代表按各国国名英文第一个字母的顺序围坐（依次为朝、日、中、韩、俄、美，从而使会谈的两个主角朝鲜与美国是相邻而不是相对而坐，且中、俄、韩相邻，在朝核问题上立场相近，是解决朝核问题的重要力量）；从六方代表团团长会谈前握手，到王毅副外长、李肇星外长、唐家璇副总理的依次宴请。中方周密考虑、精心安排、卓有成效的工作，既表现了中国作为“负责任的大国”协调多边国家矛盾冲突的能力，又在世人面前展示了文明古国、礼仪之邦的大国风范。

会议通俗地说即有组织有领导地商议事情的集会。会议具有组织领导、统一协调、民主决策、信息交流等多种作用。按照性质和作用的不同，从公关礼仪的角度出发，我们可以将会议分为一般性会议（如各级代表大会、委员会、办公会等）、记者招待会（新闻发布会）、学术研讨会、座谈会、展览会（博览会）、推介会、庆功会（表彰会）及娱乐性竞赛性会议（如联谊会、趣味运动会）等多种类别。

一、一般性会议

一般性会议即通常的如代表大会、党委会、办公会等会议。除前文中会议、仪式共同礼仪外，还有以下几个问题。

（一）选举问题

选举是实现选举人权利的重要方式。会议选举是会议代表的一项基本政治权利。受法律保护，应当得到尊重。

1. 选举原则

选举原则包括如下。

（1）普遍原则　凡有选举权的公民都可参加选举。

（2）平等原则　每一票的效力是相等的。

（3）直接原则　选举人直接选举，不经中间环节。

（4）无记名原则　确保选举人表示真实意愿。

2. 选举方式

选举的常用方式有投票、举手、鼓掌、口头表示、按表决器等。举手、鼓掌、口头表示比较直接、容易，通常在比较简单、非重要选举中使用。对重要选举，为能表达选举人的真实意愿，应以无记名或按表决器的方式进行选举。

3. 选举过程

选举是一件严肃、认真、周密的工作，过程包括：

（1）确定候选人　按法律或大会章程或会议通过的其他选举办法进行。

（2）准备选票　选票要按规定印制，除姓名（事项）、赞成、反对、弃权等基本内容外，该说明的要加以说明，在候选人之后，应设另提候选人栏。

（3）选举程序　一般包括成立选举委员会或确定负责人、公布参加选举的人数和内容、通过选举办法、产生候选人、召集会议、公布投票方式、通过检票人名单、检查票箱、分发选票、填票、投票、计票、唱票、公布选举结果等。

（二）保密问题

会议保密，是指在一定时间内会议的内容只能让一定范围内的人知道，不能泄露，包括各级各类的相关内容的保密。保密有以下几个方面的问题。

1. 会前保密

在会前准备阶段，一是要明确保密内容，二是要研究保密措施。同时对与会人员进行保密教育，明确保密纪律，要求相关人员未经批准，不能泄露会议内容。

2. 人员审查

凡涉密会议，参加人员、列席人员都应按相应规定进行审查，无关人员不准进入会场。

3. 会议资料

会议资料包括拟稿、复印、保管、分送、蜡纸、试印样纸、有关场所等所有与保密资料有关的事项，应严格按规定进行。

4. 会址选择

会址的选择应符合保密要求。如秘密程度较高的会议一般不安排在饭店、宾馆举行；单位有保密内容的会议不能敞门召开等。

5. 其他事项

如高级别涉密会议不能通过移动电话召开，以防止无线泄密等。

（三）记录工作

会议记录是一项重要工作。包括文字记录、录音记录、摄影记录、摄像记录等几种，狭义上指文字记录。

文字记录包括会议名称；会议开会时间、地点、主持人、出席人、列席人、缺席人、记录人等组织情况；会议主持人的开场白或大会主题报告、与会者的发言、会议的决议、决定等会议进行情况。这是文字记录的主要内容。会议记录包括详细记录、摘要记录、速记等方式。视情况需要采用不同的方式。

为会后传达会议精神、要求及有关决定，通常会后要在记录的基础上经归纳、整理形成一个会议纪要。包括决议性纪要和消息性纪要两大类。

决议性纪要除会期、会址、参会人员、议程、主持、发言报告人等内容外，主体是用来交待会议的共同决议，如共同做什么？谁负责？做到什么程度？在哪些方面形成了共识等。

消息性纪要的主体是与会人员在各方面形成的认识、意见，包括一致意见和尚未一致的认识、意见等。

（四）主持工作

主持人主持的如何某种程度上决定着会议的成败。大致包括如下方面。

1. 做好充分准备

有不少未达到预期效果的会议，是因为准备不够充分。主持人要了解会议的综合情况，议题是什么？多个议题的先后顺序怎样排列？议程是什么？参加会议人员包括那几类？是否能按时到会？各自是什么职责？起积极作用的约有多少人？起消极作用的可能多少人？不积极不消极的多少人？会议期间可能出现的不同意见有哪些？如何引导、决断？有关资料是否已准备好？会议时间能否完成相关议题等问题，主持人应有相应的思想准备。

做好准备还包括细节的许多问题，如服装整洁、步履自然、坐姿端正等。

2. 把握好会议的进程

这是一件既要与身份、威望相符又需要技巧的工作。如何正确表达会题、会议的目的？如何限定讨论问题的范围以防止跑题？如何限制时间以防止发言者东拉西扯啰里啰嗦言不及意？如何防止上边开大会下边开小会？如何使与会人员积极参与、坦率表达？如何从各类意见中抽取、引导、总结出一致意见和共识？主持人在会议进行之中要全神贯注、认真听取与会代表的发言。同时掌握进度，努力使会议有条不紊地进行，达到预期的效果。

二、记者招待会

记者招待会又称新闻发布会。是某一组织将多个新闻机构的记者召集在一起，发布某一消息，并回答记者提出的问题。记者招待会是组织机构广为宣传某一消息的最好办法之一。

（一）时间地点

发布的时间一是看新闻性要求的时间，该早则早，该晚则晚；二是尽量避开节假日、重大活动日等记者不方便的时间。

地点的选取主要考虑记者是否方便，包括交通、采访等各个方面。

（二）邀请范围

邀请记者的范围要广，各类新闻媒体能邀请、能接纳得下的都应邀请。譬如报刊杂志记者、电台电视台记者等。对同一级别的媒体记者应注意一视同仁，防止厚此薄彼，影响招待会效果。

（三）主持人和发言人

记者的工作特点决定了其想问题、提问题既有广度又有深度，难度较大。这就要求新闻发布会的主持人、发言人要有相应的素质。除掌握记者招待会的预定题目、内容外，应有丰富的相关素材和较高的文化素养。同时，还要思维敏捷，口齿伶俐，具有专业技巧。譬如当记者问的问题离题太远时应技巧地将话题引到正题上来；当涉及商业秘密等不便的回答问题时应迂回应答，一般不要说“不知道”或“不能告诉大家”；当记者设置语言陷阱、提问刁钻时，应能巧妙地避开或技巧地回答；当记者提问带有恶意时，能不卑不亢地正确应对。通常，主持人由公关部、办公室负责人或组织的副职领导担任，发言人应有组织的正职领导担任，能够从更高的层次把握、回答相关问题。

（四）宣传材料

从起草发言稿到为记者准备报道提纲、相应的背景等材料，招待方都要做好充分的准备。发言稿要由熟悉情况的人员在充分收集、掌握信息的基础上起草送审；报道提纲主要是作为记者采访报道的参考；背景材料主要是为记者进行全面、深入的报道而准备，要采用文字、图片等多种形式全面、具体地提供给记者。

(五) 以礼相待

记者是无冕之王，与媒体保持良好的关系是每个组织都应争取达到的目标。对前来参加招待会的记者应以礼相待。除提供方便之外，还包括赠送纪念品等方式增进与记者、媒体的感情。如果招待会后接近用餐时间，应安排宴请，以便与媒体相互沟通感情，交流会上记者尚未了解到的内容。

三、展览会

展览会是有关组织为展示、推介本组织的成果、宣传本组织的成绩，通过摆放实物、模型，展示有关文字、图片、影音资料等方式组织的会议。大规模的展览会称为博览会。如2010年将在上海举办的世博会。展览会具有很强的说服力、感染力，使观展人员能直接、快速的了解相关信息。同时，通过个人、大众媒体的传播，能起到很好的宣传、推介作用。因此，展览会被广为运用。

展览会按照展览不同的目的可分为宣传型展览和销售型展览。其中销售型展览通常又被称为展销会或交易会。按照展览物品的不同可分为单一型展览和综合型展览，单一型的如汽车展示会，综合型的如农贸物品展示会。按规模可分为微型展览会、小型展览会、大型展览会。按照展期可分为长期展览、短期展览、定期展览。

(一) 主办方的准备工作

展览会准备工作繁多，需要提前较长时间做准备。在明确展览会的时间、地点、种类、规模的基础上，要做好充分的准备。

1. 场地选择

场地从大的方面分为室内和室外两种。室外的是露天场地，室内较大规模的有展览馆、会展中心等，规模较小的有本单位的展览厅或展览室等。场地的选择要依照展览的规模、展览对象等情况而定。规模较大、受天气影响小、对保卫工作要求不严格的展览可选择露天场地；反之，可选择室内场地。

2. 参展单位

大型展览会要将参展单位事先确定好。一般由主办单位进行邀请，按照展览会的要求、容纳量进行审核、确定，并正式通知参展单位，告知参展的有关事项。譬如展期、展位、展览要求、有关费用等。

3. 宣传工作

无论是销售型还是宣传型展览，宣传都是一项重要工作。要通过新闻发布会、做广告、发放宣传材料、制作会场会标、横幅、请知名人士参观展览等多种方式进行宣传。

4. 后勤工作

展览会的后勤工作主要包括餐饮、住宿、交通、通讯、保卫以及综合协调等工作。其中前四项前边已有叙述。保卫工作通常要与当地公安部门合作，确保人员、物品的安全。综合协调工作主要指为方便参展单位，办会方主动协调与海关、商检等部门的关系。

(二) 参展方的准备工作

参加展览的一方，应积极准备，力求做到最好。

1. 制定预案

决定参加一个展览会后，要确定参展目的、参展内容、负责人员、工作安排等全部事项，并落实到位。

2. 展位布置

展位的布置是一项重要的准备工作。根据主办方提供的位置、面积、空间、光线等各种情况，拿出布置方案。包括名称、广告语、展台、背景、灯光、音响、产品摆放、宣传材料印制等一系列准备工作。提前一定时间，或在组织内部准备，或到展览地点进行布置、准备。

3. 参展人员

参展人员是指实地到展览地点工作的人员。视情况包括负责人、技术人员、推介解说人员、服务人员等。参展人员要认真准备、恪尽职守，尤其是解说人员要做好充分准备，为塑造良好的组织、产品形象，赢得参观者的认可打好基础。

4. 协调关系

参展之前，有许多事务需要与主办方协调落实，必须保持良好的关系往来。如依照参展内容的不同，与公安、交通、商检、防疫、宣传等部门协调好关系。

（三）展会期间的工作

展会期间，应与主办方积极沟通、合作，主要包括整体形象、礼貌待客、说服技巧三方面问题。

1. 整体形象

参观展览，第一印象便是展区的整体形象。整体形象包括展区的布置和人员形象两大部分。

（1）展区的布置　展区视展示内容情况应布置的最利于推介所展示的内容。从准备阶段开始，精心设计、布置，努力在参观展览者心中留下深刻印象。譬如展品的外观，要做到完美；展品的质量，要选出最优；展品的摆放，要吸引眼球；展品的资料，要精美全面等。

（2）人员形象　展区内工作人员的形象代表了组织、展品的形象。仪容、仪表、仪态等各方面应力求完美。如容貌给人以美感、认同感；服装最好穿本组织的标志服或礼服，使参观者感到组织的规范和被尊敬；语言应是普通话，保证与参观者最有效的沟通等。

2. 礼貌待客

参观者到来，不管人数多少，接待者都应做到到位、站位、热情、周到。

（1）到位　这里是狭义的“在岗”，不是广义的做事“到位”。工作人员必须在岗，不能空位。也就是不能有迟到、早退、串岗等现象，更不用说不到岗。可以想象，当参观者到了一个空位的展位时会对该展区所代表的组织形成一个什么印象。

（2）站位　作为一种礼节、一种工作状态。“站位”是一个基本的要求。不论是对参观者还是对工作本身，这都是正确的。

（3）热情、周到　这是解说、推介工作的基本要求。一般情况下，任何人都不会喜欢冷若冰霜、面无笑容的人。热情、周到的人，会使参观者乐于接纳你所代表的组织及所推介的内容。

3. 说服技巧

说服是参展单位向参观人员介绍、说明有关情况时应掌握的技巧。具体包括如下方面。

（1）真实性　解说、介绍、解释，前提是真实。讲实事求是、讲货真价实、讲诚信是组织得以健康发展的前提。夸大其词、吹吹嘘嘘等行为是不长久甚至是违法的。真实是最大的技巧，不讲真实的技巧是舍本求末。

（2）优异性　解说、推介人员除能够向参观者介绍相关内容外，还要追求“人无我有、人有我优、人优我新”的境界，展示优于其他同类展品的地方，向参观者说明自己的优异之处。在说服客人的同时塑造良好的组织、展品形象。

(3) 实证性　展览会的一大特性就是实证性。眼见为实，物品放在那里，你可以亲自触摸、感受，有很强的说服力。解说、推介人员可以以优异的展品作为最强有力的证明，说服参观者。

四、座谈会

座谈会通俗地又称为茶话会。主要包括专题性座谈会和联谊性座谈会两种。或对某一专题进行座谈、听取来宾见解、进行对话；或为增进感情、加深了解、增进友谊；或为通报情况、解释宣传等等。主要包括座谈会主题、议程、时间、场地、茶点、邀请来宾、座次安排、座谈等问题，除会议共同礼仪外，还有以下几个方面。

(一) 人员邀请

参加座谈会的人员都应是与本组织有关系、对本组织的生存发展起一定作用的人员。视不同的目的，人员主要包括如下。

1. 本组织人员

本组织人员包括两种情况。一是座谈会全部由组织内部人员参加，座谈本组织的有关问题。二是本组织的部分人员参加，包括组织负责人、有关人员等。

2. 组织顾问

组织为了自身发展，会视情况聘请组织之外的不同身份的人作为顾问，以备请教、咨询。顾问通常由有关领导、专家学者、知名人士等组成。

通常他们站得更高，看得更远，对问题的认识更深，在座谈时能提供更多信息、建议。

3. 关系单位人员

关系单位人员通常是指关系单位的领导或有重要作用的人员。任何一个组织的发展都离不开周边环境的影响，都会与若干组织构成多层次的关系。譬如所在地周边的组织、同业组织、业务合作组织等。请他们座谈，增进友谊，加强合作，相互启发，共同促进。为本组织的发展创造良好的外部环境。

(二) 座次安排

座谈会的座次安排与通常会议有不同之处。因为参加座谈会的人员或本组织人员或有关系的人员，这些人员在一起座谈一般不分主次。除特殊的座谈之外，一般采取的座次安排有：大家围成一定形状环绕而坐；或围会议桌而坐；或干脆散坐，如教师们在自己办公室各自座位上座谈教学心得等。其中前两种座次安排中一般以主持人、主发言人为中心进行座谈。

(三) 现场发言

现场发言要注意顺序和发言礼仪两个方面。

1. 发言顺序

发言的顺序一般为：

(1) 主持人宣布开始　在开始之前，主持人要有一定的开场白，简要介绍座谈会概况，并介绍来参加座谈的人员或主要人员。

(2) 主办方负责人讲话　一般由组织主要负责人介绍座谈会的主题、内容，介绍与座谈主题有关的情况，并对组织外来宾对本组织的支持表示感谢，请来宾继续给予支持。

(3) 参会人员发言　如果参会人员较少，来自不同组织，一般要请参会人员逐一发言；

如果来宾中多人是同一组织的，一般选一位代表发言；如果参会人员很多，一般由若干主要发言人发言。

(4) 结束语　座谈会接近尾声，无人再发言时，主持人要对座谈会进行总结，并宣布座谈会结束。

2. 发言礼仪

发言人在发言前，要打好腹稿，或提前准备好发言稿。发言要按照会议的统一安排，注意谦虚、谦让；发言要语言条理、清楚、中肯，不要争抢发言，不要插话，更不要与其他来宾作无谓争论。别人发言时要认真听讲，别人讲完要鼓掌致意。

发言过程中主持人要注意把握座谈的进度、氛围。有预先顺序的按照既定顺序请来宾发言。若无顺序请大家自由发言，要注意不要冷场、不要跑题，调节好会场的氛围，保持座谈会的顺利进展。

五、学术研讨会

随着知识型、学习型社会的逐步建立，社会上学术研讨之风日盛。按照百花齐放、百家争鸣的方针，研讨学术问题，除前面已叙述的共同内容之外，要注意以下几个方面。

(一) 主题明确

学术问题因其深刻性、复杂性，进行研讨时往往非常深入。对某一问题研讨，如果主题过于宽泛，大家便很容易在选题目时导致题目之间的关联性不强，从而在各抒已见时，交叉点不多，焦点不集中，难形成共识，甚至成了杂烩。因此，要将主题定得非常明确，

(二) 互相包容

参加学术会议的专家、学者对所研究领域的问题都有深入的、独到的见解。相互之间意见往往不一致甚至相左，在讨论时容易引起争论、激辩。此时，除非是大是大非、原则问题，不要相互争执、相互指责，要相互包容。海纳百川，有容乃大，只有相互包容，才能体现出一位真正的专家、学者的胸襟。

(三) 治学严谨

每名参加研讨的专家、学者，必须按照实事求是的总要求，严谨治学。论理有依据，推理讲逻辑，讲话有根据，结论要正确。真正拿出真知灼见，拿出学者的良心、勇气，摆事实，讲道理。

(四) 联系实际

实践是检验真理的唯一标准。研讨不能空对空，不能纸上谈兵。只有联系实际，经世致用，研讨的结果才有价值，才有意义。

练习题：

1. 主持会议前应注意哪些问题？以主持班会举例说明。
2. 假如你是企业参加展览会的解说人，你应注意哪些方面礼仪？
3. 在座谈会上发言要注意哪些礼仪问题？

第三节　仪式礼仪

【事例】 1999年10月1日，为庆祝中华人民共和国成立50周年，在北京天安门广场举行了隆重的阅兵仪式。阅兵仪式分为阅兵式和分列式两部分。先是江泽民主席在阅兵总指

挥、北京军区司令员李新良的陪同下，乘敞篷车检阅了部队，并在天安门城楼发表讲话。随后，由护卫中国人民解放军军旗的仪仗方队、来自陆海空三军和人民武装警察部队、民兵预备役部队1万多名官兵和400多台战车、火炮、各种导弹等组成的威武雄壮、军容严整、装备精良的42个地面方队依次通过天安门广场。最后，以空军航空兵为主体，联合陆军、海军航空兵组成的10个空中梯队驾驶着歼击机、轰炸机、强击机、轰炸机、直升机等9个机种、15个机型、132架飞机低空飞过天安门广场。通过阅兵，展现了国家的国威，展示了军威，展示了中华民族的浩然正气。

仪式和会议有类似之处。从公关礼仪的角度，我们主要介绍开业典礼、剪彩仪式、签字礼仪、庆典礼仪、婚礼和葬礼几种礼仪，其他礼仪可以诸如此类、举一反三。

一、仪式一般礼仪

仪式一般礼仪是除会议、仪式共同礼仪之外，仪式具有的相同礼仪。通常，仪式是要表示郑重其事，要隆重，需注意下面几个问题。

(一) 氛围问题

无论什么仪式，为隆重起见，要有相应的氛围。一般而言，除葬礼之外，大部分仪式都是热烈，喜庆色彩的。通过设彩虹门、燃放鞭炮、礼炮、礼花、升氦气球、舞龙舞狮、表演节目等方式，将仪式的现场营造的热烈、欢快。参加仪式的人员欢声笑语、兴高采烈，相互之间热情地招呼、问候、祝贺。

另一个方面，要求场合必须庄严、肃穆。参加人员在特定时段内必须严肃、庄重，如奏国歌等。例如葬礼，参加人员从着装、言谈、表情到举止，都必须与场合相适应，不能大声喧哗，不能面带笑容，更不能出现手舞足蹈、欢天喜地等现象。

(二) 礼品问题

举行仪式，举办方通常要准备一定的纪念品或礼品，赠给来参加仪式的来宾。纪念品或礼品在价值、体积、重量、寓意等方面要合适。价值太高有行贿之嫌，体积过大或重量过沉不便携带，寓意最好与仪式内容有某种关联性或有本地特色，能起到纪念作用。

参加仪式，多数情况下要带礼金或礼品。礼金的数量或礼品的价值要与参加的仪式相适应。到达仪式举办地后，通常在签到处或登记处同时设礼品处，交给相应的办理人员。

赠送、接收礼品要大大方方，不能忸怩作态，不能谦虚过度，使对方感到不自然。无礼品赠送双方要正确看待，不能有不正确的看法或行为。

(三) 节俭问题

节约是一种美德，与隆重热烈并不矛盾。仪式之前要考虑举行的必要性，这本身就是一种节约。必要的要举行，且要搞得隆重；不必要的可以采取其他简约的方式。节约还表现在仪式的前前后后，要与自己的经济实力相适应；与通常的同类仪式相比不要太奢侈；该请的来宾请，不该请的无需铺张；该安排的项目安排，没必要安排的尽可省掉等。要体现中华民族传统的俭朴美德，将仪式办的隆重而又节俭。

二、开业典礼

俗话说，开头好，一切都好。开业典礼是一个组织经营、运转的开始。举行一个气氛热烈的开业典礼，请知名人士、媒体记者参加，既可扩大组织的知名度，又可在组织内部起到鼓舞、凝聚、纪念作用。典礼组织的如何，展示了组织领导人的能力和组织的形象。需要注意的事宜有：

（一）邀请出席典礼的贵宾

出席典礼的贵宾通常包括政府相关部门的官员、所在社区负责人、知名人士、同业代表、职工代表、媒体记者等。对所邀请的贵宾，要印制请柬，派专人送达。并注意落实所邀请的贵宾能否参加，以便心中有数，提前做好安排。

（二）典礼程序

开业典礼的程序一般包括以下几项。

第一项：宣布典礼开始。

第二项：介绍贵宾名单及来宾情况。

第三项：贵宾代表致贺词。

第四项：本组织领导致答谢词。

第五项：揭幕、揭牌或剪彩。

（三）准备好贺词和答词

贺词和答词是典礼的主要内容。准备贺词和答词要注意简短、热情、言简意赅、全面条理。起到祝贺、答谢的作用。

（四）确定剪彩人员

剪彩人员一般包括地位较高的有关官员、知名人士及本组织负责人。

（五）做好基础工作

诸如签到、摄像拍照、放鞭炮、招待、典礼现场布置等基础工作要准确到位。其中现场布置视典礼的重要程度可请庆典公司代为布置。

（六）营造氛围

除通常的鸣炮奏乐等渲染气氛的项目外，可再安排锣鼓、舞龙、放和平鸽等项目，以营造出热烈欢快的氛围。

（七）安排参观

典礼结束后，请来宾实地参观本组织的办公场所、厂房设备等体现组织特点的场地、物品，进一步加深印象，促进了解。

（八）剪彩

作为仪式的一个重要部分，有时安排剪彩。当主持人宣布后，确定的剪彩贵宾依次排列好后，接过礼仪小姐手中的红绸缎和剪刀，在红绸缎结好的花团之间剪断。要注意通常组织者事先已将红绸缎剪到一定程度，剪彩贵宾多是象征性地，而不是真去一刀一刀地剪断。细节事宜包括如下方面。

（1）绸缎要结花团。花团要醒目、且数量应与剪彩贵宾的数量相对应。

（2）剪刀要崭新、锋利。崭新是代表一个新的开始，锋利是为防止剪不断等尴尬局面的出现。剪彩完毕后也有将剪刀作为纪念品请贵宾留念的。

（3）托盘。托盘一是放剪刀，剪彩前由礼仪小姐端到贵宾身旁。二是托住剪彩完后的绸缎花团使其不致掉到地上。三是贵宾剪彩完后将剪刀放回。

（4）红地毯。为增添喜庆色彩、体现对贵宾的尊敬及电视、照片上镜，在剪彩处要铺设相应面积的红地毯。

与开业典礼相类似的仪式还有奠基仪式、开工仪式、竣工仪式、通车仪式等。其礼仪基本类似。个别不同如奠基仪式是将剪彩改为由贵宾双手握住系有红绸缎的铁锹向奠基石培土、通车仪式要请贵宾上车做首次通行等。

三、庆典仪式

庆典是常见的仪式。主要是组织庆祝成立若干周年，或取得了重大成绩、突破、发展，或重大节日庆典等。其目的是庆贺、纪念，对外扩大影响、进行宣传，对内凝聚人心、鼓舞士气，对上一阶段工作进行总结，对下一阶段工作进行展望。庆典仪式除前述共同礼仪之外，有以下几个特殊之处：

(一) 场地选择

庆典场地一般要选择在组织内部的门口、广场、礼堂等处。要与庆典内容、规模、环境等方面相适应。

(二) 环境美化

庆典仪式都是喜庆色彩的。美化环境除以前所述内容外，组织内外的卫生要做好；进行适当的绿化，尤其是举行庆典的场地，要精心布置好。

(三) 人员形象

参加庆典的人员，组织之外的来宾同贺共庆，通常会非常注重自己的形象。组织之内的员工要按照参加庆典的要求，将自己装扮的洁净整齐，该统一着装的统一着装。言行举止要文明，对来宾要友好、礼貌。参加庆典活动要认真，不能敷衍、漠不关心甚至有不适的言语、行为。

(四) 宣传工作

庆典的目的之一是做宣传。要做好各方面的工作。如大众媒体的邀请、展室或展厅的布置、宣传画册的印制、光盘等宣传材料的刻录、手提袋等宣传物品的准备等。

(五) 庆典程序

庆典活动的主要项目通常是庆祝大会，议程包括宣布开始、奏国歌、组织负责人致辞、来宾代表致贺词等。会议之后，一般安排来宾到展厅或展室观展，或组织来宾实地参观。

除此之外，为隆重起见，还可安排文艺演出、放礼花等项目，这些一般都安排在晚间进行。

四、签字仪式

签字仪式通常在较大的项目中进行。双边或多边人员为达成的协议签字，目的是使有关各方重视、遵守所签协议，并起到一定的宣传作用。除前述共同礼仪外，签字仪式应注意以下几个问题。

(一) 协议文本

协议文本应注意以下几个基本问题。

1. 内容的完全一致

相同文字的，文字应完全相同。对可能发生歧义的，应备注或说明。文字不同的，要按照法定的官方语言，保证意思一致。

2. 合法性

合法是协议的前提。不合法的协议是无效协议，郑重其事签的协议如果无效，轻则贻笑大方，重则造成重大损失。

3. 标准性

签字仪式所签的都是重要协议。重要协议通常都有标准的格式、书写等要求。协议文本应按照通行标准书写。

（二）座次安排

签字仪式的座次与一般仪式的座次有特殊之处。

1. 签署双边协议时的座次

签署双边协议，签字人、助签人按照右为上、里为上的规则，或坐或站。通常，客方签字人在主方签字人的右侧，坐姿；其助签人在各自的外侧，或坐或站。其他随行人员按照每排里为上、排与排之间前为上的顺序，或坐在签字桌的前边，或站在本方签字人的后边。

2. 签署多边协议时的座次

签署多边协议，一般只设一个签字席。各方按大家同意的顺序依次签字。助签人按照右为上的规则站在签字人左侧助签。其他人在签字桌对面按照一定顺序或坐或站。

3. 国旗

签字时，各国的国旗在签字人所在的一侧。

（三）签字程序

签字程序大致包括。

1. 签字仪式开始

有关各方人员按照一定顺序进入签字场所，各就各位。

2. 签字人签字

按通常惯例，为表示平等，在签署己方保留的文本时，名列首位。签字人先签己方保留的文本，再签对方保留的文本。

3. 交换文本

签字人签字后相互交换，同时热烈握手，相互祝贺，其他人鼓掌庆贺。

4. 共饮香槟

有的签字仪式备有香槟酒，在签字后，共饮一杯香槟，以示共同祝贺。这是国际间签字时的通行做法。

五、婚礼仪式

婚礼仪式虽多属私人行为，但组织通过为员工操办婚礼或举办集体婚礼，既展示了组织对员工的关心，也展示了文明新风，能够起到较好的宣传作用。我们简单地看几个方面。

（一）新郎新娘的站位

中国人一是有“左为上”的习俗，同时有“男尊女卑”的旧俗。流传至今，习惯地成了新娘站在新郎的右侧，戏剧性地和国际流行的女士优先、右为上的礼仪规范一致起来。

（二）主持人礼仪

婚礼主持人要口齿清晰、语音清亮、儒雅识礼、幽默风趣。做到对婚礼程序了然于胸，每个细节清清楚楚，关键词句张口就来，能够把握局面，塑造热烈、欢快的氛围。不能说错关键词句，如有人将给新郎新娘“送花篮”随口说成了“送花圈”；更不能语言粗俗。

（三）鞠躬礼

为表示对长辈、对来宾及相互间的尊敬，新郎新娘要分别向双方父母长辈、向来宾及相互之间三鞠躬。通常，新郎鞠躬要接近 90°，新娘可以幅度稍小一些。

（四）交杯酒

交杯酒是许多地区请新郎新娘喝的酒。以示交杯交心、心心相印。对交杯酒，一般只倒三分之一杯的红酒，通常新郎新娘要一饮而尽，不要慢慢吞吞、犹犹豫豫或只是舔一舔杯、甚至干脆不喝。备酒时不能搞恶作剧，如有人在红酒中加上白酒、醋、盐、甚至辣椒油，还美其名曰代表生活的酸甜苦辣咸等，戏弄新人的做法十分不足取。

（五）衣着服饰

参加婚礼，宾朋满座，喜笑颜开，举杯把盏，喜气洋洋。在这种氛围下，衣着、修饰要与喜庆气氛相适应。女性浓妆艳抹，多着红色、粉色等体现喜庆色彩的服装；男性或西装革履或衣着得体、彬彬有礼，尽展男士风采。

六、丧葬仪式

葬礼是对死者表示哀悼、对生者表示安慰的一种礼节。不同地区、不同级别的葬礼各不相同。以汉族为例，主要包括丧礼、葬礼、服丧三个部分。

（一）丧礼

依照汉族的风俗，人之将死，首先要由其亲人为其换“新衣”或曰“寿衣”。去世之后，死者家属报丧，设灵堂，守灵。亲朋故交闻讯后，携挽幛、挽联等登门哀悼。死者子嗣披麻戴孝吊丧。如果是单位人员，通常由单位“治丧委员会”或类似部门如“红白理事会”负责丧葬的具体事宜。

（二）葬礼

葬礼有些地方也叫“出殡”。通常在第三天举行。古时多土葬，现在多火葬。届时亲朋好友到殡仪馆，按照治丧委员会或类似部门的安排，臂戴黑纱、胸戴白花，参加遗体告别仪式，寄托哀思。之后，将尸体火化，把骨灰盒安放入墓地或其他存放处。

参加葬礼，要注意衣着佩饰、言行举止与肃穆、哀伤的氛围相一致。不能穿艳丽的服装，男士不能扎红色领带，女士不能浓妆，不能花里胡哨，不能邋里邋遢；言语、表情应整肃，不能大声高嗓，更不能故朋至交相见甚欢，谈笑风生；举止要适度、稳重，不能动作过大，更不能手舞足蹈。

（三）服丧

葬礼后，为超度亡灵，民间受传统习俗的影响，盛行“七七”之礼。死者亲属每七天设斋祭奠死者，至七七四十九天停止。

在服丧期间，有许多服丧礼仪。如在一定时期内不参加喜庆场合等。

练习题：

1. 仪式现场的氛围应如何塑造？
2. 观察、记录一次新闻报道或生活中所见到的剪彩仪式。
3. 记录一次新闻报道中所看到的签字仪式。
4. 参加婚礼和葬礼在衣着上有哪些不同？

第八章　商务礼仪

商务礼仪是人们在商务往来中应当遵守的礼仪规范。随着现代社会经济的发展，商业正扮演着日益重要的角色，商业往来成为人们交往的重要部分，相应的商务礼仪也受到越来越多组织、个人的重视。

第一节　商务礼仪概述

【事例】 报载，一位外企老总与国内生产医药器械的一位老总洽谈合作事宜。在一切顺利，即将签署协议之前，中方老总陪同外方老总视察生产车间，其间中方老总忽然痰来，急忙走开几步到近处的一墙角后即吐到了地上，然后用脚踩擦了几下。外方老总看到这一幕，在客气地应酬一会之后，即快步走出车间，并告知中方不签协议了。事后中方老总从翻译口中得知，外方老总说："我们是生产医疗器械的，是要讲'卫生'的，贵国不是说'人命关天'吗"?

一件小事情，可能说明大问题，并影响大生意。礼仪是商务中需要注意的一个方面。

面对日益繁杂的国际经济合作、竞争环境，各种组织已经越来越多地参与到多方交流、合作与竞争中。为把握住社会给我们带来的更多机遇，学习、运用现代商务礼仪，在业务往来中树立良好形象，在纷杂的环境下更好地处理公共关系，已成为提高自身的竞争力和达到更好的合作洽谈效果的基本要求，更是建立双方相互尊重、信任、宽容、友善的良好合作关系的重要手段。

一、商务礼仪的概念

商务礼仪，是指人们在从事商品流通的各种经济行为中应当遵循的一系列行为准则和交往规范。商务礼仪是人在商务交往中的艺术。

二、商务礼仪的目的

商务礼仪的核心目的，是有利于商务活动的有效开展，具体包括如下方面。

（一）提升个人素质

比尔·盖茨讲过："企业竞争，是员工素质的竞争。"进而到企业，就是企业形象的竞争。教养体现细节，细节展示素质。

（二）方便交往应酬

我们在商业交往中会遇到不同的人，对不同的人如何进行交往这是要讲究艺术的。比如夸奖人要讲究艺术，不然的话即使是夸了别人也可能让人感到不舒服。

（三）维护企业形象

在商务交往中个人代表整体，个人形象代表企业形象，个人的所作所为，就是本企业的典型活体广告。一举一动、一言一行，此时无声胜有声。

三、商务礼仪的特性

从不同的角度，商务礼仪表现出不同的特性。包括：

(一) 规定性

从适应范围看，商务礼仪的适用范围是指在从事商品流通的各种商务活动中应遵守的准则、规范，这和其他礼仪有所区别。

(二) 信用性

从商务礼仪的内涵看，要从事商务活动，都有双方利益上的需要，而不是单方面的利益需求。因此，在商务活动中，诚实、守信非常重要。所谓诚实，即诚心诚意地参加商务活动，力求达成协议，而不是夸夸其谈，不着边际，毫无诚意。所谓守信，就是言必信，行必果。签约之后，一定要履行约定。如果出现了意外而不能如期履约，那么应给对方一个满意的结果来弥补，而不应该言而无信，决而不行。

(三) 时机性

从商务礼仪的行为上看，商务活动的时机性很强。有时时过境迁，失去良机；有时在商务活动中，说话做事恰到好处，问题就会迎刃而解；有时商务从业人员坚持"不见兔子不撒鹰"，对方也可能被拖垮，从而失去了一次成功的机会。

(四) 文化性

从礼仪的性质看，商务活动虽然是一种经济活动，但是商务活动中文化含量较高，商务从业人员要体现文明礼貌、谈吐优雅，举止大方的风貌，必须不断提高自身文化素质，树立文明的企业形象，在商务活动中表现出文明典雅，有礼有节。

四、商务人员的外表

曾经在一份报纸上看到过这样一幅漫画，背景环境是一家公司的办公室，主人公是一位年轻时尚的女士，穿着当时很流行的紧身衣、超短裙、烫了一个非常夸张的发型，从图片上看还能感觉到她喷洒了香型比较浓郁的香水。同事都用一种异样的眼光看着她，并且从她身边掩鼻而过。一个年龄比较大的老同志说道："上班怎么能这个样子，打扮得……嗨！现在的人啊！"

在日常生活和工作中，现代人形象至上，形象是金。那么什么是形象呢？一个人在日常生活和工作中，留给他人的印象，以及获得的社会评价，那就是他的形象。塑造完美形象，并尽心竭力地维护个人的形象，是每一个商务人士必须做到的。

在塑造、维护自身形象方面，不同的行业所要求的侧重点则是不同的。一个商务人士，他的穿着打扮直接同留给交往对象的印象好坏密切相关，甚至能够直接影响到交易的成与否，故此应当予以高度的重视。

西方的服装设计大师认为："服装不能造出完人，但是第一印象的80%来自于着装。"又有推销专家称："推销的成功寓于推销自己。"可见，对于销售人员来说，要有效地推销自己，进而成功地销售产品，掌握一定的着装技巧是非常有必要的。

五、商务人员的风度

一个商务人员良好的风度，对于调整人与人之间、人与社会之间的关系，对于顺利地完成本职工作任务等，都有着重要的意义。

(一) 商务人员的良好风度是本组织和国家形象的体现

商务人员的一切公务活动，包括政治性的、经济性的、行政性的活动均有规范。为了体现这种规范性，对商务人员除有其他的要求之外，还要求有端庄的仪表举止，即待人接物的风度要庄重、严肃、得体，做到为人们信赖和受人欢迎、敬慕。人们的这种信赖或敬慕的心理，往往不单纯是对你个人，而是对你所在的组织也无形的产生一种好感。在现实生活中，商务人员端庄的容貌、美好的姿态、得体的服饰，总是使人如沐春风，最受欢迎。而不苟言笑、面无表情、修饰无度，最令人反感。当然，点头哈腰，奴颜婢膝，也不适当。在涉外活动中，商务人员尤其要注意自己的良好风度。因为这时你的气质与风度关系到整个国家的形象。我们不能忘记旧中国时中国人被外国人视为“东亚病夫”和“小脚女人”的耻辱。因此，在与外宾打交道时，应该表现得落落大方、和颜悦色、不卑不亢。这既是一种自尊心和自信心的体现，同时又是对我们中华民族良好的精神风貌、高尚的道德水准的体现。正如北京人提出的：在内宾面前，我代表首都；在外宾面前，我代表国家。

（二）商务人员的良好风度是自身素质修养的客观要求

商务人员的素质是指商务人员的品德、知识、才能、精神、观念、气质、性格、体魄等诸要素的总和。良好的风度则是这些素质的外在表现。因此，商务人员应该注重自身素质的修养，从德、才、学、识等方面下工夫，才能逐渐形成独特的良好风度。

（三）商务人员的良好风度是商务人员职业道德的重要体现

商务人员的职业特征，制约着商务人员必须遵循一定的职业道德。这种职业道德是商务人员顺利完成本职工作的重要保证，是激励其努力做好工作的精神动力，是实现自身完善的基础，更是促进整个社会文明水平提高的关键。商务人员的职业道德，主要包括道德原则、道德规范、道德范畴等几个方面，但归根结底可概括为一句话就是：全心全意为公众服务。由此可见商务人员的风度通过语言、举止、态度、服饰和作风等转换为外在形式时，必须是谦虚谨慎、热情友善、举止优雅、平等待人等。

练习题：

1. 商务礼仪的定义是什么？用自己的语言回答一下为什么我们在商务活动中要使用商务礼仪。
2. 从礼仪的各角度出发评论一下商务礼仪有哪些特点，并加以解释。
3. 商务人员需要特别注意哪些形象问题？

第二节 推销礼仪

【事例】 市民老徐说，他有高血压，老伴有骨质疏松、胃病。2003 年，他们偶遇一名南京仁人公司促销员。促销员夸口“仁人高钙”药效如何如何好，并叫老徐和老伴去参加一个讲座。2003 年 10 月和 2004 年 1 月，老两口先后两次听了讲座。促销员把“仁人高钙”说得好像包治百病，还当场发了宣传单，上面也是介绍得神乎其神。于是，老两口买了两箱共 24 盒“仁人高钙”，花去了 4500 元人民币。坚持吃了一年多后，两人均发现没有效果，到医院检查，病根本没有好。老两口决定要退回没吃完的药，大约有一箱多，价值 2000 多元人民币。但电话打过去，却是仁人大药房接的，工作人员表示，不在他们这里买的药不能退回药店。消协人士发现，“仁人高钙”的批准文号是苏卫食准字［2000］第（097）号，是食品而不是药。老两口被促销员骗了。经了解南京仁人公司曾经招过一批促销员，这些人素质参差不齐，在卖“仁人高钙”时，故意把这种食品说成了包治百病的药品，骗了不少市民上当。后来，受骗市民纷纷投诉到药店与公司，南京仁人公司辞退了这批人，最终把唯一销售权给了药房。南京仁人公司的负责人解释：我们从没说它是药品，素质差的促销员做了坏事跑掉了，公司本身也受到了伤害。

随着市场竞争的不断加剧和日益激烈，特别是流通渠道的优势不在以及国际大卖场的竞相登陆，迫使各快速消费品厂家纷纷渠道下沉，他们或精耕细作、深度分销；或自建终端，亲自操盘。产品推销作为营销4P（产品 product、价格 price、促销 promotion、地点 place）之一，是拉动终端的最为有力而又最为有效的手段，而推销员作为厂家一对一营销的直接代表，在促进产品销售，树立厂家良好形象方面起着不可替代的作用。但是，推销员应该如何去做，才能起到提升产品销量、拉动终端消费者、建立持久有效的厂商关系，从而最终达到企业的战略目的呢？推销员是指综合利用厂家的各种资源，通过科学、有效的推广手段和技巧，在终端售点引导顾客购买、促进产品销售的人员，是厂家产品、服务、品牌等有形、无形产品在终端的直接集中体现者。那么，推销人员应该具备哪些素质以及在销售活动中应该注意哪些礼仪呢？

一、推销员的职责与定位

（一）推销员是营销员

推销员首先是营销员，因为推销员在销售现场，要做好与终端顾客面对面的沟通工作，向顾客介绍产品，回答顾客提出的各式问题，协助和诱导顾客做出正确的购买决策，从而实现最终的产品销售，圆满完成公司下达的销售任务。因此，推销员首先是营销员，她（他）们担负着通过自己良好的推销技巧与服务直接售卖产品的责任。

（二）推销员是服务员

推销员是厂家的服务员，因为推销员在顾客购买时，不仅要适时为顾客提供建议和帮助，给顾客提供优良的服务，而且还要做好顾客购物的帮手和参谋。通过服务，取得客户的认同，从而促使成交。同时，作为优秀的推销员还要及时、妥善地处理顾客的异议，迅速高效地解决顾客的疑难问题和抱怨，化抱怨为满意，增加顾客的满意度，提高顾客的购买频率，全心全意为顾客提供良好服务。

（三）推销员是宣传员

推销员是播种机，是宣传员，她不仅把公司的品牌与理念“播”进了顾客的心智，更是宣传了产品，宣传了文化，宣传了公司。推销员在零售终端除要做好分发 POP（购物地点的广告，point of purchase）、DM（邮递、快讯广告，direct mail）等宣传物料工作外，还要做好宣传产品、品牌和厂家等工作，通过设身处地的宣传，正确的引导，促使顾客对产品、品牌和厂家的高度认知，从而建立顾客对产品、品牌的好感，扩大厂家、产品、品牌的知名度和美誉度，进一步推进产品的良好销售。

（四）推销员是理货员

推销员是理货员，其在做好卖场售卖的同时，还要与卖场人员一道做好本产品的生动化陈列、售点广告以及其他的终端建设与维护工作，保持产品与助销品的摆放整洁有序，通过建立的良好的视觉感受，给顾客以“美感”，从而保持售点良好的展示效果，促使产品更好地销售。

（五）推销员是情报员

推销员还是打入卖场内部的“情报员”，不仅要对竞品诸如新产品推广、价格、促销活动等信息及时收集和整理，以便厂家快速、准确决策，而且还要收集和定期汇报顾客对本品的期望和建议以及产品销售、库存和补货等市场情况；特别是零售终端对供应商的要求和建议等，通过“情报收集”及上报，厂家及时决策，从而更好地实现销售促进等。

（六）推销员是公关员

推销员是企业的公关员，作为推销员不仅要保持与柜组长、店员良好的客户关系，展示企业良好的精神风貌，而且，推销员还要做好卖场内部的终端公关工作，为厂家争取最有利的资源配置，借力使力，达到企业销售促进的目的。同时，推销员还要通过对卖场店员进行销售模拟与示范，教会店员如何销售自己的产品，并树立厂家专业化操作的良好形象。

（七）推销员是形象代言人

促销员处在终端战场的最前沿阵地，是公司营销工作的窗口，促销员在工作中，时刻要注意自己的一言一行，维护好产品形象、品牌形象和公司形象，扮好企业“形象代言人”的角色。促销员要通过自己良好的素养，优雅的举止谈吐，从而实现展示企业形象、展示企业品牌的目的。

二、推销人员应具备的素质

（一）良好的心理素质

厂家在推销的过程中，推销员往往要承受着各种压力、挫折以及失败，加之推销员大多都是女孩，因此，作为推销员没有良好的心理素质肯定是不行的。作为推销员，首先应具有自信的心态，自信是一切推销工作的基础。其次，要具有耐心、恒心，无论遇到哪一种顾客，推销员都要有自制力、忍耐力，对顾客的抱怨要保持冷静与克制，任何冲动都将可能损害自身及公司的利益。

（二）始终如一的敬业精神

推销员要想做好推销工作，必须要有敬业的精神，没有视终端、视卖场如家的敬业精神，就不能沉下心来，把厂家的事情当成自己的事情，从而全身心地投入进去，朝气蓬勃地对待每一位顾客，善待客户，珍惜公司，并尽心尽力地让顾客达到满意。作为一名优秀的推销员只有忠诚于所服务的厂家、所从事的推销岗位，才能做好本职工作，兢兢业业地做好每件事，为企业的发展增光添彩。

（三）积极主动的服务意识

推销员从事推销工作，首先要具有积极主动的服务意识，试想，犹如“木疙瘩”似的服务态度与反应，哪个顾客能够接受和喜欢。优秀的推销员总能用自己积极主动的服务意识在让顾客感受良好服务的同时，也接受自己的公司及产品。推销员直接面对的是消费者，推介产品是与顾客心和心的交流，推销员要用积极主动以及热情去感染对方。推销员可能会因过分积极主动而失去一笔交易，但会因不够积极主动而失去一笔交易。积极主动的服务意识是成功促销员的必备的特质。

（四）敏锐的市场洞察力

优秀的推销员一定是一个善于察言观色、见机行事的人，作为成功的推销员应具备对顾客购买心理敏锐的洞察力，通过观察卖场环境和推介过程的每一个细节以及顾客的动态与表情，揣摩和判断顾客购买心理，进而对顾客施以不同方法，有针对性地进行诱导，从而促使目标的成功。

（五）高超的语言表达技巧

优秀的推销员是通过与顾客良好而深入地沟通从而完成“从商品到货币这惊险一跳的”，因此，优秀而成功的促销员一定要具备高超的语言表达技巧，通过推销员准确的推销措辞，推心置腹的心灵交流，从而取得顾客的深度信任，消除心理距离与隔阂，达到与顾客建立长期而稳定的“经商不言商”的买卖关系。

（六）灵活自如的协作精神

终端卖场是各竞品厂家集中“交火”与角逐的主战场，作为推销员，不仅要能灵活自如地处理好本部的事情，听从指挥，顾全大局，保质保量地完成公司的各项指标，而且还要处理好与卖场的关系，发扬协作精神，与卖场各级人员搞好关系，为厂家争取最优的位置，最好的展示，最理想的人脉，从而达到产品销售、品牌展示以及经销效益最大化的推销成果。

三、推销礼仪

推销活动已经成为商品上市销售的一个主要途径，推销活动的内容、范围各不相同，但说服顾客进行购买或消费是这种活动的主要目的。

在对产品进行推销活动时，应注意以下礼仪。

（一）与顾客建立和谐的关系

在接待顾客时，要让顾客觉得宾至如归，同时我们要像对待自己的朋友、亲人一样去对待他们，在顾客与自己之间，架起一座彼此沟通的桥梁。

（二）态度要诚实质朴，与顾客建立相互信赖的关系

比如顾客要裁料做衣，推销人员就要代他出主意怎样才能省料；顾客要看病买药，推销人员就要代他参谋如何经济实惠、药到病除。俗话说得好：“精诚所至，金石为开”。这样才能在交易过程中与顾客建立起相互信赖的关系。

（三）要让顾客随心所欲的购物

随着现代市场人性化的管理，出现了越来越多的自助型、超市型售货场所，因此，在顾客选购商品时，推销人员要亲切、和蔼、适度地介绍自己的商品。这样，既可以不使顾客觉得受到冷落，又能逐渐引起顾客的购买欲望。

推销员作为厂家的各种身份的“复合体”，随着流通渠道作用的削弱以及终端的快速崛起，而日益发挥着越来越重要的作用，作为厂家，只有打造了一支能征善战的推销人员队伍，才能在终端卖场的激烈争夺中纵横驰骋，从而取得合理的份额和利润，使自己立于不败之地。

四、一般销售礼仪

众所周知，树立良好形象，第一印象也只是一个开始，由于与顾客的交往是一个长期的过程，要在生活中时时处处体现的礼仪礼节和点点滴滴中透露的君子风度才能真正留住顾客的心。

卖产品其实就是推销自己。销售人员良好形象是建立顾客信心的重要基础。要想保持业务的持续发展，除了全面的专业知识，人格魅力同样不可或缺。通过加强自身修养，注重礼节，由内而外折射出的亲和力和感召力，是成功的重要条件之一。

推销人员可通过个人观察、访问和调研，或利用公共信息、社会关系、人际交往寻找适合自己推销的潜在顾客，但兵无常势，水无常形，具体的寻找目标还要靠实践的磨炼，“勤”与“诚”是这一阶段的应该遵循的信条。销售的实质是，通过推销人员的说服，推销对象愿意从推销人员中接受推销品。一般来说推销人员须遵循一定的步骤，包括寻找推销对象、分析接近对象、面谈说服对象、处理和解决问题、达成双方交易、跟踪服务反馈、寻找新的推销对象等。

(一) 分析、接近对象礼仪

确定推销对象后，要尽量做到知己知彼，百战不殆。利用各种资料进行讲解时要注意礼节，充满自信，不卑不亢，善于掌握时机。这一段常用的策略有：通过朋友介绍，认识、接近顾客，利用顾客的心理特征，采用搭讪、聊天、请教等方式沟通话题，从而接近顾客，采用馈赠等利益许诺吸引顾客自动接近等。

(二) 面谈、接近、说服对象礼仪

这一阶段是整个推销活动的关键所在，推销人员与推销对象进行面对面的双向交流，作为推销员更要注重自己的个人仪态、仪容和仪表，正确使用言语交谈与非言语交谈。很难想象一个衣冠不整的推销员能说服客户，使用他手上的化妆品；也很难想象一个奇装异服的怪人能叩开他人的房门，并被允许登堂入室。日本推销大王齐藤竹之助认为，推销员应备四季西装各两套，领带、衬衫、袜子、手帕各十件，皮鞋两双，皮鞋要常擦，衣服、袜子要常洗，指甲每天剪，胡子每天刮，手帕要干净，头发常梳理，并注意发型，整个服饰符合TPO原则。

与顾客面谈时说好第一句话十分重要，要吸引顾客愿意继续听你说下去，吸引对方集中精力听完你的谈话。另外，说话的声音不要太高，吐字要清晰，面部常带笑容，话题要将顾客的购买欲望与商品特性联系起来，面谈时要通过提示、说服的语言来交谈。俗话说，百闻不如一见，推销人员要尽量少空谈产品如何如何，而应尽可能地让顾客亲自检验、使用产品，让他们亲眼瞧一瞧、亲手摸一摸、亲口尝一尝，事实胜于雄辩。适当演讲、示范会收到意想不到的效果。但推销员在演示、示范的过程中要注意熟练、准确，动作干脆、利索，切忌拖泥带水、毛手毛脚，同时要克服示范过程中出现一些不美的体态语，示范时间也不宜过长，以免引起顾客的反感和厌烦。

(三) 推销、处理、解决问题礼仪

顾客在推销员提示或演示后，有时还会产生疑虑或不同意见，这时推销员必须首先认真分析顾客异议的实质与根据，然后有的放矢地处理各种问题。常用的方法有：

1. 肯定后否定法

推销员听到顾客的不同看法后不能立即反驳，即使是由于顾客对于商品知识的缺乏而造成的情况，也不能据理力争，更不能讽刺挖苦，而应当附和对方的意见，然后抓住时机表明自己的观点，否定顾客的意见，说服顾客重新认识。

2. 预防法

事先就针对顾客可能会提出的各种疑虑，做出分析，明确应答方案，在演示或提示说法后紧接着就由推销人员主动提出这些可能会出现的疑虑、异议，并进行解释，以打消顾客疑虑，促成交易。

3. 补偿法

有时推销品确实存在着顾客产生异议的缺陷，但是推销员不能弄虚作假欺骗顾客，也不能强词夺理、强买强卖，可利用顾客异议以外的商品的其他优点来补偿或抵消有异议的缺陷，换取顾客的心理平衡。

(四) 达成双方交易协议

推销双方经过前面一系列的活动最后达成买卖交易，推销品完成移主过程，虽然这是推销中的高潮，但是所费的时间却最短。从顾客角度来看商品已成为自己的财产，从推销人员来讲，服务却并没有结束。完成交易时，推销人员还应把顾客感兴趣的商品优点或自己所做的优惠让步再一次的集中起来告诉顾客，使其心满意足，解除顾客的后顾之忧，使其用的放

心，买的称心。结束交易后，如能够为顾客提供方便则不要吝惜，并注意别忘了说道别语。

（五）跟踪服务、反馈礼仪

跟踪服务能增强顾客对企业和商品的信赖，促使重复购买还可获得各种反馈信息，为企业决策提供依据，也为推销工作积累经验。在售后服务中要坚守信用，热情如一，切忌推销交易前顾客是上帝，交易完成后自己是上帝，这种做法不仅不合商业礼仪，也是违反职业道德的一种丑恶行为。

与客户打交道，有许多细节需要注意。譬如在与客户交往的过程中，打电话、介绍、握手、递名片……需要注意的细节可真不少，而这些细节在不知不觉中会给对方一些暗示，并传递出不同的信息和情感，同时也直接影响着你的形象。

练习题：

1. 推销员应具备哪些素质？
2. 促销礼仪有哪些？设计一个产品的促销场景、促销对白。
3. 结合事例，谈谈作为一名促销人员应如何对促销产品进行宣传，如果你是促销员，你会用什么方式促进你的产品销售量。

第三节　营业员礼仪

【事例】 有位营业员在家里与爱人拌了嘴，心气不顺，上班后看谁都不顺眼，像个点燃的炸药包，随时都可能爆炸。碰巧一客人来买东西，叫她三声都不理睬，客人又大声叫她拿商品，她发起火来："叫什么叫什么？我又不聋！"客人无端受辱，自然不买账。于是，厉声回击，两人唇枪舌剑，你来我往互不相让地吵了起来。后来这位售货员受到领导批评，被扣发当月的奖金。事后，她后悔自己一事当头，火气冲天，控制不住情绪。

一、营业员应具备的素质

（一）良好的心理素质

良好的心理素质是指抵抗挫折的能力很强，遇到困难与失败时，能保持情绪稳定。销售是一种极具挑战性的工作，尤其是现在，形形色色的销售员对于各类消费者"轮番轰炸"，造成了社会对销售员的普遍反感和排斥，销售员所面对的挫折失败比比皆是，如果没有良好的心理素质，就不能成为一名优秀的销售员。

（二）敏锐的洞察力

洞察力，即洞察他人心理活动的能力或善于站在对方的立场上考虑问题。这首先要求销售员善于倾听，能察言观色。另外，还要能设身处地地为顾客着想，帮他们解决各种困难。如果不能清楚地觉察到消费者内心的真实想法，又怎么能将产品销售给消费者呢？

（三）富有可信度的外在形象

一个优秀的营业员不一定要西装革履，但着装一定要整洁大方，给人一种忠厚老实的感觉。那种看上去很精明，生意味太浓的，顾客往往一看就知是销售员，预先在心中建立起一道防线。

（四）强烈的成就欲

高成就欲就是强烈地渴望有所作为，有想达成销售的强烈的个人意识。只有具有一种强烈的成就欲，才会竭尽全力地完成销售工作，并且永不满足。

（五）产品技术知识

任何销售的达成，即是产品卖出的过程，都要求销售员熟知自己产品的特性。有些高科技企业或专业性很强的企业，其产品的销售必须有专门知识，所以对销售员的素质要求相对较高，最好聘用本专业出身的人搞销售。

二、待客礼仪

（一）接待顾客的礼仪

商店的柜台，是商业工作人员为顾客服务的重要场所。顾客来到商店购物，既是对商店的信任，也是对营业员的信任。因此，接待顾客的礼仪，要做到以下几点。

1. 保持柜台的整洁

营业员在开门营业之前，要事先做好清洁卫生工作，把柜台和货架擦拭干净，努力创造整洁的购物环境，不但是对顾客的尊重还是对自己工作态度的展示。如果是经营散装易污染的商品，在营业过程中，应及时清洁，以免弄脏顾客的衣物，决不能对柜台上的污迹和货架上的灰尘听之任之。

2. 要严格遵循相关规定

散装的食品、药品要盛放在清洁的容器中，并且加盖放置。营业员也应遵循相关规定佩戴口罩、穿着制服、借助器械拿取物品。另外，营业员还应特别注意个人卫生，保持制服、口罩的清洁，不要留长指甲，在营业时不要有搔头皮、掏耳朵和挖鼻孔的举动。

3. 合理陈列商品，便于顾客选购

商店应考虑到为顾客购物提供方便，尤其分层较多的大型商店，更要考虑到顾客选购商品的迅速、便捷。商品陈列应当既分门别类，又突出重点，可以利用开架售货的形式，提升顾客购物的自由度。无法开架售货的商品，也要摆放整齐，便于顾客的观看与选择。在陈列商品时，布局要合理，货架与柜台要相互呼应，相互补充。

4. 商品要明码标价，保证货真价实

商品价牌上要准确无误地标明实际价格，还要注明产地、规格和型号，使顾客能够一目了然。另外，严禁出售假冒伪劣商品，严禁使用各种欺骗手段哄抬物价、欺诈顾客，侵犯消费者权益。这是因为质量是产品或服务进入市场的通行证，商业服务只有占有质量优势，才能使自己的服务成为有效的投入，从而在市场上赢得竞争力。

5. 确保售后服务

商品出售后，应定期追踪调查，免费检修，这既维护了顾客的利益，又使商品赢得了信誉。那种商品出门、概不负责的做法，既违背了商务礼仪，也必将使商店在市场竞争中失去生命力。

（二）营业员应注意的礼仪

营业员是代表商店直接与顾客打交道的人员，其言谈举止是否符合礼仪，不仅关系到其个人的形象，而且影响到商店的信誉和形象，关系到企业经营的成败。因此，营业员的礼仪修养，与商品的质量一样，至关重要。

营业员应注意的礼仪，主要有以下几方面。

1. 主动迎客，微笑服务

顾客进店后，营业员应以亲切的目光相迎接，欢迎顾客的光临。

对顾客要始终保持微笑，以微笑接待顾客，会使顾客感到温暖，产生“宾至如归”的感觉。国外不少行业认为“微笑是打动人心最美好的语言，是通向世界的护照”。我国也有句俗语："人无笑脸休开店"。那种脸部表情冷漠地面对顾客，让顾客望而生畏，甚至打消买东西的念头，是不符合礼仪的行为，顾客也绝不会心甘情愿地选购在这种冷漠表情下的任何商品。因此，缺少微笑的营业员，其柜台必将缺少顾客的光临。

另外，作为柜台待客人员，在站立姿态上有一定的要求。手脚可适当的进行放松，不必保持高度紧张的状态。可以以一条腿为中心的同时，将另一条腿向外侧稍稍伸出，使两脚成叉开之状。双手可以指尖朝前的做法，轻轻地扶在身前的柜台上。双膝要尽量伸直，不要令其弯曲。肩、臂自由放松，一定要尽量伸直脊背。

2. 要注意言谈举止，文明礼貌

营业员着装要得体，整洁大方。不要敞胸露怀，不要捏拳挽袖，夏天不能穿着背心、拖鞋上班。

站立时不能靠在货架上或趴在柜台上，东倒西歪，无精打采。身体要自然放松，精神要饱满，面带笑容，目光有亲切感。

营业员不准在营业时间吸烟，更不允许叼着香烟和顾客说话，甚至把烟雾喷到顾客脸上，因为商店是公共场所，禁止吸烟，应该从营业员自身做起。

要轻拿轻放，动作轻巧，不能隔着很远就把货物望顾客面前一扔，那样做是对顾客极大的不尊重。

收款时应坚持唱票，避免发生错差；找零时，要双手交到顾客手中，不能随手一丢。

3. 要准确无误地解答顾客的各种提问

解答要热情，声音要轻柔，答复要具体。解答顾客的提问时，应面对顾客，文明应答。不可低头不理，或者含糊其辞，或者心不在焉，边回答边干其他事情。

应礼貌应答，不能冲撞顾客。无论顾客所提出的问题在营业员看来如何幼稚，甚至是"多余"的，营业员都应很礼貌的答复，不能露出不屑一顾的表情，甚至讽刺挖苦顾客，这些行为都会伤害顾客的自尊心。

要有问必答，百问不厌。有些顾客挑选商品时会不时发问或者反复问一个问题，有时几位顾客会同时发问，让人不知听谁的好，营业员应有充分的耐心，沉得住气，详细地解答。

要真诚解答，实事求是。对商品的质量、材料等，都应真实介绍，决不夸大其词，弄虚作假。如果营业员自作聪明，利用伶牙俐齿信口开河，靠欺骗推销假冒伪劣商品，引诱顾客上当，是严重的商业道德问题，也是与商务礼仪背道而驰的。

练习题：

1. 柜台销售人员应具备哪些素质？

2. 场景模仿：周末，一大型商场搞促销活动，由于让利幅度很大，各个柜台前面都挤满了人，某知名化妆品柜台更是这样，假设你是销售人员，你应该怎样处理好众多顾客之间的关系，并让她们满意而归？

第四节 采购礼仪

【事例】 老王一直在一个大单位的后勤部门负责供暖等事宜，每年冬季到来之前，总会有许多关系、推销人员找上门来，参加大宗取暖用煤的招标。时间久了，老王也习惯了推销人员满脸堆笑、敬烟倒茶的样子，有时甚至摆摆架子，冷面相向。眼看今年冬天已近，老王有点奇怪，前几年这时早有各种关系、推销人员找上门来，通过先送煤后付款等多种促销手段推销取暖用煤，可今年时间到了却没有一点动静。他试着给曾来推销的人员打电话，以往常买方市场接待推销员的口气要求对方来参加招标。满以为对方会很感激、很求之不得地赶快跑来，却不想对方客客气气地只说忙，没时间，不来招标了。老王懵了，寒冬将至，这么大的用煤量，如果采购不到，单位人员还不用唾沫星子把他淹了。赶快了解市场情况，才知道今年成了卖方市场。煤价涨了一倍多不说，还得先付款后交煤，对大宗采购，一次只能给一小部分，得多次交付。没办法，老王只好到原先求他的关系人员那里求对方，端茶倒水、恭恭敬敬、尽说好话地请对方多卖给他一些，甚至得面对个别销售人员的带搭不理。

采购工作中，随供求关系的变化，买方和卖方的角色会发生转变。有许多礼仪问题需要注意。

按照采购金额的大小，采购可简单分为小额采购和大宗采购。小额采购是指组织或个人采购的金额较小，通常只有几十、几百、上千元；大宗采购是指采购的金额大，成万上亿地采购等。

一、日常购物礼仪

在现代社会，购物已是我们日常生活中必需的内容之一。在我国，人与人之间是平等的关系。虽然商店营业员的工作是服务性的，但作为顾客不能因此蛮横无理、百般挑剔，应以平等的关系文明相待、互相尊重。一位懂得购物礼仪、讲究文明礼貌的顾客会获得购物的满足和愉悦心情。

（一）创造良好购物环境

在商场购物过程中要讲究礼貌，不要大声喧哗或高声谈笑，更不可随地吐痰、吸烟，乱扔糖纸、果皮等。要维护公共卫生。给自己及他人创造良好的购物环境。购物时要着装整齐，不宜带宠物到商场内。

（二）文明用语

顾客对商场中的营业员应礼貌称呼，态度谦和。不能高声叫喊，盛气凌人。对年轻的女营业员要称“小姐”或“营业员”，对年长的女营业员要称“女士”。对男营业员要称“先生”。不能“喂”、“喂”地喊叫或敲打柜台等。

理解尊重营业员的工作。在购买物品或购买完物品时应对服务周到、热情的营业员道谢。特别是营业员帮你解决问题和困难时，更应真诚致谢，并给予表扬。当营业员工作出现错误时，顾客应给予谅解或友善提示。如遇到个别营业人员服务态度不好，可以让商场有关领导解决。切忌争吵，出言不逊。

（三）有序购物

在商场内购物要从容有序，不要拥挤围观。如在超市内购物，物品更要取放有序，不买的东西要放回原处。遇到掉在地上的货品，应主动拾起放回原位。

在超市购物时，还应注意手推车的使用。推动手推车时手要抓稳，不要随意晃动。停下来看货品时要把手推车停到合适的位置，不要影响其他顾客选购物品。购物完毕后也应将手推车放到规定位置，以免给超市工作人员带来不必要的麻烦。

乘手扶电梯时，要遵守秩序，靠右站立。如果是乘升降电梯，首先要注意只按你要去的方向。

在商场购物顾客多或结账时要按序排队购买和结账，不能加塞插队。注意礼让老、弱、病、残、妇女儿童及外宾。

（四）文明选择商品

在选购商品时，最好事先稍加考虑，尽快选到自己称心的商品。不要过分挑剔，耗费时间，影响营业员为其他顾客服务。

在未付账之前，不要轻易打开物品包装以免商品无法售出。

挑选容易污损的商品时，要轻拿轻放。如果不慎将其损坏，应主动赔偿。不要无理取闹，故意刁难营业员。

（五）处理好私人事宜

在购物的时候，我们要保管好自己的私人物品，防止丢失、被盗。到超市中，要存放到超市入口处的存物处。

如果带着小孩，应该看管好自己的孩子，不要让他在公共场所大声喧哗或到处奔跑。

二、大宗采购

大宗采购因其金额较大甚至巨大，通常按照不同情况或以货比三家的方式简单采购，或采用招标的方式进行采购。对外涉及政治层面的，要以国家利益为重进行采购。

（一）货比三家式采购

一般数额不是很大，如目前情况下千元以下的采购，通常无须招标。只要采购人员依照以前对市场的考察和采购经验，按照货比三家、物美价廉的原则进行采购即可。其中的礼仪主要是要认真考察、仔细洽谈，对各有关商家有礼有节。不能出现欺上瞒下、吃请送甚至拿回扣现象。同时，要按照有关规定，对购买的物品及时进行交接，按程序履行各自义务。

（二）招标式采购

招标式采购的金额跨度很大，从成千上万元到成万上亿元，一般都采取招标的方式进行采购，这也是市场经济的必然要求。

进行招标式采购，涉及的礼仪包括如下方面。

1. 合法明确

我国有专门的《招标法》。其中对招标过程中的有关方面都做了法律规定。招标前，要按照相关规定，定好标的、程序及全部相关事宜。防止出现漏洞及可能引发的事端。

2. 有礼有节

在具体的招标过程中，情况往往比较复杂。招标方要有礼有节，按照规定要求，该公示的公示，该提供的提供，该答复的答复，该解释的解释，该说明的说明，该回复的回复，该告知的告知等。杜绝使参与招标者有不公平、不满甚至被愚弄的感觉。

3. 长此与共

人与人、人与组织、组织与组织之间的信任关系是靠长期的合作建立起来的。这种关系有其重要的正面意义。当一方面临难处时，通常另一方会进行无私帮助。这种“供求双赢”、“患难与共”、“同甘共苦”“同舟共济”关系的建立对各组织事业的成功有重大意义，要建好这种关系。

（三）对外涉及政治层面的采购

任何国家的经济都不可能真正脱离政治。2005 年 12 月 5 日，在国务院总理温家宝访问法国期间，中国航空器材进出口集团公司与法国空中客车公司在巴黎签署了订购 150 架 A320 系列飞机的框架协议。这是空客进入中国 20 年以来所获得的最大单笔飞机订单，总额接近一百亿美元。中国国务院总理温家宝和法国总理德维尔潘出席了签字仪式。

对于对外涉及政治的大宗采购，国家利益是第一位的。任何企业、个人都要以国家利益为重，从“讲政治”的高度来对待经济问题，而不能简单地以市场经济的眼光、思路来对待经济问题。其中最大的礼仪，就是要从国家利益进行考虑，服从、服务于国家利益。至于其中细枝末节的礼仪，按照涉外礼仪规范进行即可。

练习题：

1. 在商场购物时，应该注意哪些问题？

2. 在超市中，当你发现自己手中的物品并不是真正所需的，但离它原来陈设的地方很远，那么你该怎么办？

3. 大宗采购要注意哪几个方面的问题？

第九章　涉外礼仪

随着我国改革开放事业的不断发展，开放程度越来越高。到国内来的外国人越来越多，走出国门的组织、个人越来越多，涉及的礼仪越来越丰富多彩。简单地说，涉外礼仪即在涉外场合应遵守的行为准则和交往规范。所有涉外人员必须学习、了解、遵守这些准则、规范。

第一节　基本礼仪

【事例】 许多年前，布什总统访问澳大利亚。在澳大利亚期间，布什总统得到了澳大利亚人民的热烈欢迎，访问取得了很大成果。当访问将近圆满结束，布什总统走上飞机舷梯时，为表示对澳大利亚人的赞赏，布什总统从舷梯上转过身来，朝着送行的人们向上竖起了大拇指。这一对多数国家来说是赞赏的举动，立刻在澳大利亚引起了轩然大波，因为澳大利亚人将别人向其竖起大拇指视为猥亵。布什总统一次无意的小动作，引起了一场沸沸扬扬持续多年的风波。

在涉外交往中，有丰富多彩、各种各样的礼节。到不同的国家、地区，需要遵守不同的行为准则和交往规范。必须尽可能多地做好准备。

在涉外礼仪中，有一些准则是共性的，有一些衣食住行方面的规范是类似的。这些基本礼仪大致包括：

一、基本准则

涉外礼仪基本准则是指共同的一些礼仪要求，大致包括如下方面。

(一) 不卑不亢

从世俗的一面看，遇富而卑，见穷而漠，许多人普遍存有这种心态甚至行为。对一个自信、有礼的人而言，应自觉地避免这种心态、举止。尤其在国际交往中，不能妄自菲薄，更不能低三下四甚至卑躬屈膝，无民族气节；同时，也不能高高在上，霸气十足，盛气凌人，傲慢无礼，有失泱泱文明古国的风范。个人要不卑不亢、堂堂正正对别人，无论是欧美发达国家的人还是亚非拉发展中国家的人，无论其肤色黑白、个人美丑，都应一视同仁，以礼相待。

尤其需要说明的是，自 1949 年建国以来，中华民族摆脱了受人压迫、受人欺凌的过去。进入新世纪后，在建设中国特色社会主义道路上阔步前进的中国人民，正在为和平崛起而努力奋斗，取得了举世瞩目的伟大成就。得到了越来越多的世界各国人民的理解和敬佩。我们应摆脱少数人心中的那种自我轻贱的心理倾向，为中华民族的腾飞而自豪，以不卑不亢、有礼有节的态度积极发展和世界各国人民的友好交往。

(二) 诚信守约

诚信守约是社会的基本规范，也是礼仪的基本要求。无论是组织还是个人，必须重信守诺，言必行，信必果。

在法制比较健全的国家尤其是发达国家，由契约型社会发展而来，大家对约定非常重视。是非概念、可与不可概念十分清楚。一般没有“灵活”、“变通”的余地，即便变通，也是在法律制度的框架内变通，而不是由于“人情”而变通。这和我国目前情况下一些问题的处理方式不同。在美国，为鼓励多人乘一辆小车以提高效率，有专门的一人以上行车道。一位怀孕的妇女因急事不得已驾车从一人以上行车道行驶结果被罚。沮丧之余，同事告诉她可以以加上孩子为两人的理由申请不算违规。她依次办理，警方认为可不算违规。这和我国有些地方出现了交通事故，两位司机先掏手机找熟人找关系的情景大不相同。

信守承诺原则要求在承诺之前，必须谨慎考虑、考虑周全。可以则承诺，不可以则不承诺。不能不深思熟虑就做决定。一旦承诺，则必须遵守。万一实在无法遵守，要及时告知对方，除表示歉意外，应自觉地承担应该承担的责任。不能狡辩抵赖，更不能私自毁约一走了之。

(三) 尊重隐私

在我国，出于对对方的关心等理由，哪怕两个人萍水相逢，也经常以对方的一些私人问题为谈资。诸如在哪里工作？收入怎样？多大年龄？结婚了没有？孩子上几年级了？这些问题在西方人眼中是纯属私人问题，非特殊的关系，是不可以随便问的。和西方人交往，要注意不要涉及其隐私，具体概括为“七不问”。

1. 不问宗教信仰

宗教信仰是个人自由，绝大多数国家都保护公民的信仰自由，公民拥有信仰自由的权利。宗教信仰是个人心灵的寄托、是内心的宗教取向，属意识形态问题。这类问题处置不当会直接影响相互间的交往，因而不宜直接询问。尤其是我国不少人是无神论者，不能随意地与别人谈论、甚至争论此类问题。如果对方觉得你亵渎神灵，是一件很失礼的事。

2. 不问政治倾向

政治倾向同宗教信仰类似，既是个人的自由，也是个人的政治选择。人各有志，不宜询问。除非双方有共同感兴趣的问题，愿意展开讨论，并不会因政见的不同而影响双方关系。

3. 不问家庭情况

家庭情况包括家庭住址、联系方式、婚姻状况、子女情况等。西方人通常将上述视为自家的事、闲人免问的事。询问住址、联系方式之类问题，既有查户口之嫌，又让人生出警惕感；问婚姻状况等，让人觉得你有窥探欲、甚至有骚扰之嫌，一般不宜谈论。

4. 不问收支情况

在国内，人们为表示相互关心，对对方的收入情况往往直接询问，都认为可以询问所在单位的收入情况。

在国外，除一些国家要求公务员等有关人员的收入必须公开以外，其他人的个人的收支情况纯属隐私，与个人的财产一样是“神圣不可侵犯的”。不但收支情况，甚至与收支有关的内容，也最好不要询问。譬如个人交税额、保险数额等。

5. 不问年龄大小

西方人对“老”的认识与东方人有差异。他们很注重人的自立，不服老，喜欢永远年轻。不像东方人很注重血缘关系，年老时一般很受晚辈尊敬，常几代同堂，不在一起住的晚辈也要常回家看看。因此，外国人一般不愿谈论年龄，尤其女士，宁可让人一辈子称呼“小姐”。西方人要求男士应“记住女士的生日，忘记女士的年龄”。

6. 不问个人经历

与中国人喜欢问别人的毕业院校、工作经历、官职等有很大不同，西方人不喜欢被人问及这些内容，不喜欢被“抄家底”，一般人也没有跟随一辈子的档案。在他们看来，英雄不问出处，要向前看，向希望看。

不问个人经历，一是不问个人以前的经历，同时也包括不问现在所做的工作。西方人多持拼命工作、好好享受的观点。工作通常是辛苦的，但会少说辛苦话题。

7. 不问健康状况

“讳疾忌医”，世人皆然。西方人既然喜欢永远年轻，又不把询问其健康状况作为是对他的关心，那他就不喜欢别人询问有关内容。别人也别过多过问此类问题。

（四）女士优先

和我国早期的“男尊女卑”思想相反，西方人从生活、工作的各个方面体现着女士优先原则，并逐步成为国际社会公认的礼仪原则。在西方，人们将女性与“母亲”联系起来，加之保护弱者的绅士思维。对成年女性，无论是什么场合，成年男子都要习惯成自然地尊重、照顾女性，并有一整套系统的、可操作的礼仪规范。譬如在很多国家的社交场合，进出大门、上下楼梯、车辆，进出电梯，男士要让女士先行，并先行开、关门，主动予以照顾。对女士携带的较重物品，男士应主动帮助携带。帮助她们穿、脱大衣外套。同桌用餐时要照顾女士入离座椅等。

（五）入乡随俗

入乡随俗是指在涉外交往之中，要了解、遵守对方的礼仪习俗。不因不了解、未遵守而失礼。

古人讲：“入境而问禁，入乡而问俗，入门而问讳”。这是入乡随俗的基本要求之一。在涉外交往中，要做到“入乡随俗”，首先要了解对方的习俗。譬如到日本访问，就要了解日本鞠躬礼、跪坐礼等讲究；到英国工作，要了解下午茶等礼仪规范；外宾到中国来，通常要熟悉用筷子用餐等。其次，除短时间内难以熟悉、做到位的类似日本的跪坐礼之外，要尽力遵守对方的礼俗，以表示对对方的尊敬。最后，鉴于礼仪的相互性，主方在接待时也会考虑客方的礼仪习惯，按照“悉听尊便”的原则尽可能地提供方便。此时，在随俗的同时也要展示本国的礼仪习惯，既相互交流，也将本国的礼仪文化发扬光大。

我们任何一个人到一个陌生的地方、面对陌生的人和陌生的环境，谁也无法将礼仪全部了解清楚、落实到位。这时，一个最简单的办法就是亦步亦趋。晚动一步，看别人是怎么办的，跟着学，一般错不了。即便照猫画虎，学的不是很像，但也不致出现大的差错。

到发达国家，还有诸如关注环保、保护动物等各种习俗。在公共场所不能抽烟，要爱护公物、不能虐待动物等，也应一并注意。

（六）表现适度

表现适度，要体现在交往的方方面面。主要包括谦虚适度、含蓄适度、关心适度、距离适度、举止适度等。

1. 谦虚适度

中国人一大习惯是谦虚，要谦虚谨慎。这和西方人喜欢直来直去、甚至喜欢张扬不同。因此，在涉外场合要谦虚适度，防止谦虚过度使人产生误解或觉得虚假，不诚实。可以落落大方地、直率地表达自己的感情、感受、意见，以获得更好的交流、交往效果。譬如别人夸你漂亮、夸你技艺超群，你大大方方地笑纳即可，没必要谦虚地说我长相一般、我水平尚差。如果问你近期忙些什么，你尽可直言相告你忙的工作，没必要说没忙什么，更不能说“瞎忙”、“混呗”之类的“谦语”。在赠送礼品、宴请外宾时，应当告诉他这是你精心选择的礼品或酒菜，完全没必要说些“略备薄礼、聊表敬意，粗茶淡饭、不成敬意”之类的让对方感到不受尊重的"谦词"。

2. 含蓄适度

含蓄是中国人的另一种习惯，和西方人的直言不讳形成对照。在与外国人打交道时，应多一些率直、直截了当，要更多地开放自己，使自己变得开朗、活泼、积极一些，勇于表达自己的意见、想法，善于和别人沟通、交朋友，使自己融入到组织、团体、伙伴中去。

3. 距离适度

人与人之间相互交往时都要有一定的距离。距离的远近受双方关系、性别、民族习惯等诸多关系的影响。日常交往中，两位女性间的距离小于男性间的距离；有记载说两位不同国家的外交官从楼道的一边相向开始攀谈，2 个小时后，谈兴仍浓的两位已经移到了楼道的另一端。原因是一位觉得相互间距离过近，另一位觉得过远，觉得过近的往后退，觉得过远的向前靠，遂移动到了楼道的另一端。通常，人们将相互间的距离依照双方关系的不同作如下区分：

(1) 亲密距离　双方距离小于 0.5 米。这是与家人、恋人及亲朋故交之间的距离。

(2) 常规距离　双方距离在 0.5～1.5 米之间。这是一般性的交际距离。

(3) 仪式距离　双方距离在 1.5～3 米之间。这是在会见、接见等仪式上双方的距离。

(4) 公共距离　双方距离在 3 米以外。这是公共场所陌生人相处的距离。

4. 关心适度

中国人非常重视血缘关系，重视"人情"，讲民族大团结，讲五湖四海皆兄弟。也因此，大家相互之间都关心对方，经常关心、询问一些私人问题。而西方人通常非常在意自己的隐私权，一般不愿、不允许别人涉及其隐私问题。所以，与西方人交往，要注意关心适度，凡涉及隐私问题一般不要轻易过问，防止让人觉得你在刺探隐私，产生反感，好心不得好报。

关心适度也包括在具体的行动上。在国内，为了表示友好、关心，朋友见面经常拍拍肩膀，见到孩子抚摸一下他的头。这在有的国家是一种侮辱的表现。因为在信仰伊斯兰教的一些国家，认为头部是万物之灵的"人"的"首"，不准别人随便触摸。在这些国家或人群中，切不可随手表示关切。

(七) 以右为上

我国的传统是以左为上，所谓"左膀右臂"。西方人和我国恰好相反，他们以右为上。譬如当主人、客人并排行走时，客人应在主人的右侧；上级和下级并排行走时，上级应在下级的右侧；女性和男性并排行走时，女性应在男性的右侧；晚辈和长辈并排行走，长辈应在晚辈的右侧；乘双排座轿车时一般后排右侧为上座；宴会席上主陪或主人的右侧为上座等。

当然，随着世界一体化的进程加快，我国目前也有许多时候以右为上。譬如宴会席上主陪的右侧为上，乘坐轿车后排右侧为上等。

二、仪容仪表

仪容仪表通俗地说即个人的穿着打扮，是一个人多方面的综合体现。既展示了个人的形象追求、生活态度和精神风貌，表达了对交往对象的重视、尊敬程度，也代表了组织甚至国家的形象。

对仪容仪表的总体要求，通俗地讲要"体面"。西方人稍长时间的外出要带多套衣服，以适应不同场合的穿着。很难想象，如果一个人蓬头垢面，衣衫不整，别人会认为他是一个自信自尊的人、是有一定社会地位的人、是有良好教养的人、是热爱生活的人。更遑论对他产生起码的信任、尊敬，并进而对他所在的组织、他所在的国家产生尊敬。所以，每个人都必须注重维护自身形象，尤其是公关场所，因为你更多的代表的是你所在组织的形象。

要维护好自己的仪容仪表，就要注意自己的穿着打扮。按照涉外礼仪规范，在涉外场合，尤其是在正式的公务场合、交际场合，涉外人员必须注重自己的穿着打扮。具体包括如下方面。

(一) 正式场合

正式场合主要指正式的公务场合。此时的着装，应是“正式”、“考究”。所谓正式，在颜色、布料、款式三要素中，主要是指深色、毛料的套装、套裙或制服。男士最好是选择深色西装，白衬衫，领带颜色庄重，袜子是黑色或近黑色，一般不穿自我感觉清爽干净的白色袜子。穿西装可以不扣最下边的纽扣或全不扣纽扣，但绝不可以只扣下边一个纽扣。女士则是着单一色彩的西服套裙或套装，白衬衫，肉色长统丝袜和黑色高跟皮鞋。无论男士还是女士，要贯彻全身服装颜色不过三种的“三色”等原则。特殊情况下如军人、公检法人员等可穿制服，少数民族可以穿自己民族特色的服装。所谓考究，即服装的颜色、面料、款式等要素要与时俱进，既不过于新潮，也不落伍。同时，做工要考究。因为你代表了组织甚至国家的形象。通常，选择自己喜欢的名牌服装即可。

正式场合除公务外，还包括一些正式的社交场合。如出席宴会、舞会等。此时，服装更加丰富多彩。因为除正式的成分外，个人选择的自由度更大了一些。可以更多地展现个人的与众不同、展现个人的风采。如参加正式舞会，按西方人的礼仪，要着礼服。男士是黑色或近黑色燕尾服，女士是正式的礼服。

在正式场合，仪容要格外注意，这是人的“脸面”。诸如浓妆（舞会时）淡抹（公务时）总相宜；要及时修剪鼻毛使其不外露；女士夏天穿无袖衣裙时不能外露腋毛；佩饰要适当等。既展示自己的品味格调、组织形象，也表示了对对方的尊重。

(二) 休闲场合

休闲场合，是指人们轻松愉快、自由自在的场合。如家居休闲、外出游览。此时，要与“休闲”、“自在”相适应，讲究随意。视不同场合穿休闲西装、运动装等。

休闲场合需要注意的是，穿着打扮不能过于郑重其事、过于正规。要与休闲、自由自在的氛围相适应。别人穿着轻松自在，你西装革履，自己也会觉得不和谐。

三、言行举止

在涉外公关场合，不但要从塑造组织形象的高度约束自己的言行举止，而且要从国家、民族形象的高度约束自己的言行举止，为组织争光，为国家添彩。有时，一个小小的习惯，如个别人无意识地用手指蘸一下嘴唇再点钱的动作，都会给人以不讲卫生、进而联想到你所在国家卫生情况不佳的印象。简要地说，言行举止主要包括仪态、说写两方面的内容。

(一) 仪态

1. 坐立行

坐、立、行是人的基本姿态。在涉外场合，考虑到个人、组织、国家、民族的形象，要按照坐、立、行的规范努力做到仪态端庄、规范、大方。

2. 表情

表情是一个人的心理活动、个性修养的外在表现途径之一。包括眼神、笑容及面部肌肉的运动等。在涉外场合，一般情况下个人应表现的亲切热情、友好大方、自然适度。不能过于夸张、过于严肃，面无表情、无动于衷；其他诸如眉飞色舞、挤眉弄眼等也不合适。

(二) 说写

说写包括说、写两部分，说即通常大家所说的谈吐，写即通常所说的文笔。

1. 谈吐

说是人与人之间相互交流的重要途径之一。一个人的所言所语，既是其谈吐能力的表现，也是其心灵、修养、态度的展示，所谓“言为心声”。在对外交往中，有一个方面需要特别注意，即在大众场合，一定要注意温言细语，文质彬彬，顾及他人；不要手势过多，不可旁若无人地高声大嗓，纵情谈笑，引人侧目。在图书馆、医院、教堂等公共场所，应保持安静。在举行仪式、听讲演、看演出等隆重场合，要保持肃静等。

2. 写作

涉外写作，无论是商业信函还是感谢信、合同，还是备忘录……写作时应注意以下几个问题。

(1) 格式规范　涉外文书要遵照国际通常的格式书写，从诸如年月日的顺序、收信人的称呼到行文的格式等，都要按国际规范书写。

(2) 清楚正确　无论使用中文还是外文，清楚正确既是指字符、拼写必须清楚、正确，也指字意必须清楚、正确。小到标点符号，大到语法正确、语义完整，都要防止出现失误。

(3) 文明礼貌　文明礼貌主要表现在及时回信和语调、语气礼貌两个方面。及时回信是为表示对对方的尊重都应遵守的礼仪规则；语调、语气的礼貌则是展示个人素质修养、保持友谊的需要，不要让对方感到受到了冒犯。

四、饮食起居

饮食起居主要包括餐饮、乘车、吸烟、拜访、日常卫生等几个方面。

(一) 餐饮

在涉外场合，特别需要提出的，是要“节约”，不能为所谓“面子”而浪费。多年前，我国国家主席李先念到美国访问，当时的美国总统里根设宴招待，餐桌上的食物总共包括：两道主菜、一道色拉、一道汤，再加红、白葡萄酒。无独有偶，一位跨国企业的老总宴请国内某地的书记、市长时，宴席上的食品也只是够吃即可。最后，这位老总用面包蘸着菜汤全部吃完。这并不是慢待客人，这和我国一些单位、企业领导宴请时吃一半、剩一半的惊人浪费现象形成鲜明对比。

(二) 乘车

在西方，乘车是“家常便饭”。西方国家尤其是发达国家，轿车拥有率非常高。最普遍的，是驾乘私人车辆。

虽然各国政府也鼓励乘坐公交通工具，但酷爱自由的西方人仍喜欢自驾车辆出行。驾车首先需要注意的是交通规则，譬如大多数国家是车辆靠右行，但英国、日本等是车辆靠左行；在国内是“绿灯行、红灯停、黄灯等一等”，在发达国家为提高通行效率是“黄灯赶快冲”等。

乘坐轿车时，要注意乘坐位置。如果是专职司机开车，在司机的另一侧是随员座，通常是秘书、办公室主任、警卫人员等乘坐。一般而言，后排座与司机斜对的座位是上座。如果是朋友或类似人员自己开车，则司机另一侧的座位为上座。

(三) 吸烟

和我国部分地区逢人敬烟、许多场合招待备烟不同。在国外，吸烟在许多场合被禁止的或被认为是不文明的。譬如在教堂、会议场所等地不得吸烟。在机场、车站等地要到特别设立的吸烟处吸烟。在工作、进餐过程中，一般不吸烟或很少吸烟。到私人住宅做客、到办公室拜访，不知是否允许吸烟时可征询主人的意见。如果有女士在座，应征得女士同意。在涉外场合，若主人不吸烟又未请吸烟，最好不要吸。如果在座身份高的人不吸烟一般也不要吸。

(四) 拜访

到外国人办公室或住所拜访，首先应预先约定，“无事不登三宝殿”。如果是事出有因未约定又必须前往，应尽量避开私人时间。一经约定，必须按时到达。到达的时间迟到早到都不礼貌。事情办完，要适时离开。离开时，应礼貌地向主人告别，并表示感谢。

拜访时，到达办公室或私人家门口，未经允许，不能擅自开门进入。不经主人邀请或同意，不得观看主人的办公资料、藏书等物品，不能参观私人庭院和住房。对主人家中的全体人员都要问候。同时，西方人喜欢宠物，应适度赞美。

(五) 日常卫生

外国人通常非常注重个人卫生。譬如经常理发、头发梳理有形，胡须要净，指甲常修，鼻毛常剪，衣着整洁，皮鞋亮洁等。

作为注意卫生的一部分，西方人认为随地吐痰是极不文明的行为。即便是咳嗽、打喷嚏，也应用手帕捂住口鼻，面向一边，尽力避免发出大声。不得随地丢果皮纸屑。吃食品时要把骨刺等物品放到桌上盘中，不得随手丢到地下。要保持地毯、地板等全方位的清洁等。

练习题：

1. 通过几个具体事项谈一下在涉外交往中如何做到不卑不亢。
2. 与外国人交往要注意避免涉及哪些个人隐私?
3. 谈谈在涉外礼仪中对“适度”的理解。

第二节　风俗禁忌

【事例】 在美国发动伊拉克战争之后，2004 年 6 月，美国总统布什到曾反对伊拉克战争的法国访问。当时，不少法国人反对布什来访，不少美国人对法国不支持美国攻打伊拉克也颇有微词。面对这一切，两位总统从两国关系甚至世界局势的大局出发，一邀一访，按计划进行，以修补、促进两国的盟国关系。

当布什总统到达法国后，希拉克总统依照法国对有王族血统的女士可行以吻手礼的传统，向布什总统夫人劳拉行以优雅的吻手礼。此举化解了双方的尴尬成分，被传为“化干戈为玉帛”的经典一幕。

一、一般礼仪

(一) 见面礼仪

世界不同的国家、地区、民族，见面时的礼节不同。交往之前，应了解、掌握相关的礼仪，以表示对对方的尊重。

世界上见面行礼的方式多种多样，通行的是握手。除此之外，常见的还有拥抱礼、脱帽礼、拱手礼、吻礼、合十礼、鞠躬礼、招手礼、举手礼、点头礼、目视礼等。

在西方，亲人、熟人之间见面多行拥抱礼，包括拥抱、亲脸、贴面颊等几个部分。通常，夫妻之间是拥抱亲吻，长幼之间是亲脸、亲额头，平辈之间贴面颊，关系近的女士之间是亲脸，男士之间是单纯的拥抱，男子对尊贵的女宾往往亲一下手背以示尊敬。

拥抱礼正规的行礼方式是：两人对面而立，右臂偏上，右手抚在对方的左后肩，左臂偏下，左手扶在对方的右后腰，两人的上身、头部先左转，相互拥抱；然后上身、头部向右转，相互拥抱；再转向左，相互拥抱，礼毕。

吻礼视不同情况，一般身份差别越大，吻的位置越靠下。

脱帽礼是西方戴礼帽的男子，在两人相遇时，摘帽点头致意，离开后再戴上帽子的一种礼仪。

另有一些特别情况要注意，如军人戴军帽与对方握手前，应先行军礼后再握手等。

(二) 礼宾顺序

从英文“chairman”一词中不难看出，位次是一个非常重要的问题。礼宾顺序是指不同国家、团体、各国人士参加有关活动时的位次排列顺序。必须按照通用的国际惯例进行安排，并事先在邀请函中注明。通常的礼宾排列方法有三种。

1. 按职务身份排列

这是最常用的排列方式。尤其是官方活动，一般按照职务高低排列，职务高者先排。对不同体制国家的职务对应，都有一定之规，应按规定排列。

2. 按字母顺序排列

通常，是按各国英文名称的字母顺序排列。譬如奥运会的运动员入场式。为更加平等，避免有的国家总是居前而有的国家总是靠后，有时也抽签决定从哪个字母开始循环排列。

3. 按先来后到排列

在多边活动中，按先来后到排列，通常又包括按参加国家的回函答复时间排列和实际抵达时间排列两种。对这些细微的分别，邀请函中也应具体注明，以防止产生麻烦。

(三) 会谈

会谈是指双方或多方就某些重大问题及共同关心的问题进行交流，也可以是洽谈公务。

双边会谈通常用长方形、椭圆形或圆形的会议桌，宾主相对而坐。以正门为准，主人在背门一侧，客人面向正门。如果进门后会议桌是竖向的，客人在进门人所站位置的右侧，主人在左侧。双方主谈人居中，其他人按右为上的顺序依次在主人的右侧、左侧分别排列。我国习惯把翻译安排在主谈人右侧，有的国家让翻译坐在后面。

另一种常见的会谈座位是不用长桌，坐在沙发上会谈。双方座位按照右为上的原则安排。客人坐在主人的右侧，随行人员在自己一方依次就座，翻译坐在主谈人的后侧。

会谈双方要做好充分的准备工作。譬如会谈的时间、地点、出席人员、会谈事项、程序等，并按部就班地进行迎送、接待、会谈等事项。

(四) 国旗悬挂

在许多正式场合，需要悬挂国旗。悬挂国旗是一件严肃的事，礼仪有如下方面。

1. 必须合法

国旗是国家的象征，人们通过悬挂国旗来表达对本国、他国的尊重。世界多数国家都有国旗法，对国旗的悬挂有具体的规定。譬如在一个主权国家不能随便悬挂他国国旗等。悬挂国旗必须符合法律规定。

2. 符合国际惯例

在涉外场合，悬挂双方国旗的惯例有如下。

(1) 右为上　即客方的国旗悬挂在主方国旗的右侧。

(2) 尺寸　悬挂双方的国旗必须尺寸相同或接近。

(3) 升降　在室外的国旗一般日出而升，日落而降。不能悬挂破旧、污损的国旗。

(4) 挂法　悬挂国旗有并挂、悬挂、交叉挂等多种方法。视不同场合运用不同的悬挂方法。譬如体育比赛，常用并挂的方法；正式场合，多用悬挂法；日常则多用交叉悬挂等。

(五) 游览

世界各地的人无论是访问、学习还是旅游，每到一个国家、一个地区，都愿意看看本地具有特色的名山大川、人间胜景等自然景观，游览历史遗迹、现代建筑等人文景观，喜欢到名胜古迹处观光或到企业工厂等自己感兴趣的地方参观。此时是向客人介绍当地文化、扩大对外宣传的良好时机。

安排客人游览，首先要了解客人的爱好、游览需要。通常要在充分考虑安全性、特色性、可行性、保密性等要素后，选定游览的项目，拿出游览意见。征得客人同意后，安排专人陪同，组织实施。

其次，要准备充分。确定游览项目后，要视不同的要求拿出尽可能详尽的方案。行程安排，谁陪同，谁解说，谁接待，采用什么交通工具，如何安排用餐，是否座谈，是否中途休息，摄影摄像等细节均应计划、安排好。应尽可能地周密、细致。譬如外方到单位参观，欢迎横幅上的文字应是欢迎参观，而不能是常用的欢迎领导莅临检查指导工作，且最好是中外文对照等。

最后，把握好行程。在整个游览过程中，陪同人员要掌握行程的进展，及时告知下一站人员做好准备，解决行程中遇到的问题，尽量满足客人的要求，无法满足的做好解释，努力使客人乘兴而来，满意而归。

(六) 舞会礼仪

涉外舞会，较国内的一般舞会要正规。特别要注意对已婚者要请夫妇双方共同参加；非常正式的舞会要在请柬上注明服装要求，第一支舞通常由男女主人、主宾夫妇共舞，第二支舞由男主人与主宾夫人、女主人与男主宾共舞，之后才大家共舞；要尽力避免同性共舞，尤其是两位男士共舞，以避同性恋之嫌；最后一支舞曲要由结伴同来的人共舞等。

(七) 晚会礼仪

出席晚会，尤其是高规格的晚会。首先要了解晚会的内容、礼节要求，并提前到场，对号入座，若戴帽子应脱帽。

其次，要认真观看。不能随便谈话、更不能大声喧哗；不能打瞌睡、更不能哈欠连天；不能吃零食、瓜子之类既出声音又不卫生食品。

最后，注意鼓掌。在演出的过程中，要视节目情况，有的可鼓掌，有的不能鼓掌。节目终了，一般要鼓掌适当时间。

(八) 赠送礼品

赠送礼品是涉外礼仪的重要部分。西方人在“礼品”方面有许多“理念”及法律制度，在这些“理念”和法律制度的约束下，他们对礼品的看法单纯就是“礼”品。譬如必须在一定的金额之内，不能有“行贿”之嫌，不能为有所求、为办事而赠送等。在赠送礼品方面，要注意以下几个方面。

1. 不必太贵重

西方人从自由、平等、博爱等原则出发，对礼品也是“来而不往非礼也”。

首先要想到“还礼”以及可能“有所求”。所以，不喜欢别人送贵重礼品。

2. 包装精美

一般而言，“面子”是大家都要讲的。古今中外，概莫能外。精美的包装犹如人的仪容仪表一样，首先是自己的需要，同时也是对对方的尊重。

3. 大大方方

赠送礼品，在国外赠送者和接受者都没有太多顾虑，礼节而已。所以，双方大都大大方方。赠送的直言自己的意思，而不是另有所图地遮遮掩掩、羞羞答答、欲说还休；接受的也立刻拆看并表示感谢，并不“心知肚明”的“尽在不言中”的笑纳。

二、部分国家礼俗

不同的国家，由于其历史发展和文化传承的不同，具有不同的礼俗。东西方礼仪的主要不同之处主要包括：东方礼仪比较形式化，西方礼仪更注重实用；东方礼仪强调集体性，西方礼仪强调个性；东方礼仪更多地强调尊卑，西方礼仪更多地强调平等；东方妇女地位一般较低，西方妇女普遍受到尊重。这在不同的国家都有不同的表现。

(一) 美国礼俗

美国礼俗，最大的特点是从实用主义的角度出发，注重简约性、实用性，无繁文缛节。实用的就用，不实用的就废，比较自由，很少为礼节所累。譬如衣着，一般情况下以舒适为主，几乎是爱穿什么就穿什么，运动装、牛仔裤、T恤等大为流行。只有到正式场合，才讲究穿着。

美国人姓名的顺序与中国不同，他们是先名后姓。如乔治·布什，布什是姓。虽然正式场合美国人也相互称先生、夫人、女士、小姐，譬如总统先生、赖斯女士。但大多人认为这样太正规，更喜欢直呼其名。认为这样显得亲切、友好。女士结婚后随夫姓。

美国的见面礼充分体现了实用主义，见面一句“嗨”或“哈罗”打个招呼甚至点头示意即可。别说熟人见面熟不拘礼，非正式场合，即便第一次见面，也不一定握手。但美国人在交谈、日常生活中，“请”、“对不起”、“谢谢”等礼貌用语是经常挂在嘴边的。同时，他们很注意“闲谈莫论人非”。

美国人一般不多送礼，要送礼是为了表达友情，而不能是为另有所图而送。送礼最多的是圣诞节给孩子们的礼品，玩具、书籍、食品等，都可作为礼物。接到礼品的人应立刻打开欣赏，并表示感谢。

美国人的实用主义还表现在宴请、用餐上。他们不喜欢大摆宴席，经常是借用餐时间进行交流，诸如“工作早餐”、“工作午餐”之类。其对食物的要求也只是营养、简便即可。不在意精细，在意营养、效率。既不像英国人那么注重礼仪，也不像法国人那么注重烹调，更不像中国人讲究色香味俱全等。

(二) 英国礼俗

英国礼仪在西方国家比较正规，成体系。尤其是皇室礼仪，极其讲究。

英国人的姓名顺序是名在前、姓在后，女性结婚后随夫姓。称呼多是姓加先生、夫人或加教授、博士等职称，如布莱尔先生，撒切尔夫人；也可以职务、职称再加先生，如首相先生，牧师先生；关系紧密的人也可直呼其名或昵称；王室人员中国王、王后称陛下，王子、公主、亲王为殿下，公、侯、伯等有爵位的可称阁下，也可称爵位。

英国人男士多风度翩翩，女士多淑女风范。穿着考究，举止文明，非常注重仪容仪表仪态。待人彬彬有礼，言谈非常客气。话语含蓄、幽默、机智，注意不涉及别人隐私。初见面最好的话题是谈天说地。

英国人尤其是女主人比较热衷于聚会。又以宴会和下午茶为最常见。宴会礼仪和西餐礼仪类似，只是各种礼仪更加规范，非常注重仪容仪态、言谈举止。尤其注重谈话内容，可谈严肃深奥的话题，也可谈轻松愉快的话题。

下午茶是很有英国特色的聚会方式。一般英国人喜欢喝中国的红茶，请三四个朋友，下午四五点钟开始，女主人用沸水泡茶，并注意随时为客人斟满茶。喝茶时可加牛奶、方糖，辅以三明治、糕点、水果等传统食品，聊叙一小时左右客人离去。

（三）法国礼俗

法国人热情、浪漫。法国人姓名也是名在前、姓在后，女性结婚后随夫姓。称呼和英国习惯基本相同。

法国时装享誉全球，引导世界潮流。因此，法国人对衣着非常讲究，将穿着水平与人的身份对应来看，若穿着不当会降低自己的身份。

法国通行握手礼，甚至不论什么场合都要握手。同时，对有王族血统的女士，可行以优雅的吻手礼。

法国人非常讲究饮食、烹调。有“奶酪王国”、“葡萄酒王国”等许多美誉。有一种说法是，英国人“注意着礼仪吃”，德国人“考虑着营养吃”，意大利人“痛痛快快地吃”，法国人“赞扬着厨艺吃”。法国人在就餐过程不允许吸烟。保尔·布勒在其《新交际法》中写道：“在餐桌上吸烟是愚蠢的，这说明他没有能力欣赏向客人们提供的饭菜”。

（四）日本礼俗

日本礼俗可谓贯通古今、融会中西。既保留着日本的古老礼仪文化，又与时代接轨，流行现代礼仪；既保留着重血缘、讲共性等东方特色，也兼收并蓄其他国家礼仪尤其是西方礼仪。

日本人姓名的顺序与我国相同，只是字数通常较多；文字外形常与汉字相同，但读音不同。需要注意的是日本人不仅称呼男性为先生，对有成就、非常受尊重的女性也称先生。

鞠躬和跪坐礼是日本特有的两种礼节。鞠躬视不同情况鞠的角度不同，鞠躬的姿势有具体的要求，譬如手心贴到腿上、耳垂到肩等。跪坐也有规范的要求。譬如双手放到膝盖上缓慢弯曲，先一边膝盖着地另一膝盖再着地；行跪坐礼时以面部距地面1～2厘米、15～20厘米、25～30厘米三种不同情况分为最敬礼、敬礼、普通礼三种等。

日本人喜欢谈的话题除天气等共同话题外，还有日本文化等；不喜欢谈的话题包括第二次世界大战、经济衰退、贸易摩擦等。

日本人相互赠送礼品可与中国媲美，凡婚丧嫁娶、生儿育女、职位高升、节日等多相互赠礼。礼品以茶、酒、食品居多。通常进门后即双手送上礼品，接受礼品后不在客人离开之前打开。

可能与日本人的工作压力大有关，日本男性多喜欢喝酒抽烟。尤其在一天工作完毕，喜欢在外狂饮，甚至大醉。大家将其作为忠诚、好朋友的标志，也不以为是多么不合适。

日本人非常注重着装，不是太正式的场合也衣冠楚楚。通常穿西装，在宗教节日、婚礼等特殊场合穿民族服装——和服。

三、节日

（一）宗教节日

基督教、伊斯兰教、佛教是世界三大宗教。与之相关的节日有如下几种。

1. 基督教节日

（1）圣诞节　圣诞节原是基督教的重要节日，是为纪念耶稣诞生而设立的。发展至今，全世界多数国家过这个节日，只不过程度不同。从12月24日下午开始到1月6日，欧洲、美洲、大洋洲、非洲、亚洲的许多国家和地区的大街小巷、家家户户都张灯结彩，摆满圣诞树、圣诞蜡烛等物品，就像中国人过春节一样，热热闹闹，喜气洋洋。家人共进圣诞晚餐，大家互相道贺，互送礼品，尤以孩子们为最高兴，可以得到很多很多礼品。

(2) 复活节　复活节是为纪念耶稣复活而设立的，是仅次于圣诞节的一个重要节日。日期是每年春分月圆后的第一个星期日。在英、法、美、德等国家，假期中家人团聚，互致问候，其乐融融。

2. 穆斯兰教节日

(1) 开斋节　开斋节是穆斯林国家的盛大节日之一，一般在伊斯兰教历的 9 月 20 日或 10 月 1 日举行，通常全国放假三天。节日清晨，穆斯林们先到清真寺做礼拜，然后家人团聚，同吃开斋饭，之后探亲访友，互致祝福。

(2) 古尔邦节　又名宰牲节，在我国维吾尔、哈萨克等民族称为“库尔班节”，在伊斯兰教历的 12 月 10 日举行。节日当天，首先到清真寺参加参拜仪式，之后杀牛宰羊，傍晚时家人聚餐，之后燃火跳舞，尽情欢乐。

3. 佛教节日

(1) 成道节　成道节是中国人很熟悉的节日，即腊八节，每年农历十二月初八举行。届时，佛教徒用米和果物煮粥供佛，也就是我们喝的腊八粥，纪念释迦牟尼佛祖成道。

(2) 世界佛日　为庆祝释迦牟尼诞生成道和去世，公历四至五月间的月圆日，东南亚许多佛教国家要举行纪念活动。

(二) 其他节日

1. 母亲节　源于对天地造化的感谢，人类自然地产生出对母亲的感谢。目前母亲节在许多国家流行。1913 年 5 月 10 日，美国国会通过决议，将 5 月份的第二个星期天定为母亲节，以表示对母亲的尊敬。世界其他国家在不同日期也设有母亲节，譬如泰国母亲节是在每年的 8 月 12 日，埃及母亲节在每年 3 月的最后一个星期五。我国的母亲节是每年 5 月的第二个星期天。

在母亲节这一天，为表示对母亲的敬意，家庭成员都会从语言到行动对母亲表达敬意。如帮母亲做家务，说感谢母亲的话，祝她身体健康、心情愉快，请父母吃饭等。

2. 父亲节　父亲节是每年的 6 月的第三个星期日。同母亲节一样，是为了表示对亲人的尊敬、感激。

3. 情人节　情人节是从欧美、大洋洲传开的一种节日。每年 2 月 14 日这天，恋爱的男女之间通过互相赠送礼品表达爱慕之情，情人们互相表白爱情。随着全球化和我国对外开放的进程，情人节在我国的许多地方也盛行开来。

4. 愚人节

愚人节是西方流传已久的一个传统节日。每年 4 月 1 日，人们可以互不介意地随意说谎，而且以在大家都“警惕”的情况下能欺骗成功为乐。往往说谎者用心构思，被骗者得知真相后反以为乐。目前我国也有不少人尤其是年轻人在愚人节这一天互相欺骗、搞恶作剧互相取乐。

值得一提的是，在我国目前情况下，有一些政治问题、宗教信仰问题、民族问题等严肃的事情是不能随意“愚人”的，尤其是大众媒体，不能随意开玩笑。20 世纪 90 年代国内某大报就拿计划生育这一基本国策开玩笑，说城市中不再实行一胎政策，结果受到批评。

四、忌讳

忌讳是不同国家、民族在长期的历史发展过程中形成的趋利避害的一种心理、文化现象，并在行为上表现出来。譬如在日本，不愿说第二次世界大战；到马来西亚，人们不愿说新加坡。世界上像我国历史上的为长者讳、为尊者讳之类的事情不少，如果不注意，很容易

“犯忌”。

(一) 宗教忌讳

世界以三大宗教为主的各教派共同的特点是遵守教规，严守戒律。鉴于宗教的特殊性，宗教忌讳是一切忌讳中最需要注意的情形之一。譬如伊斯兰教的忌讳主要有：妇女要用面纱遮住头发不能露出，膝盖以上肩部以下不能暴露；不能用左手和别人打交道，敬茶、端饭等一律用右手；进清真寺要脱鞋、不能戴帽子；不吃猪肉、也忌讳谈与猪有关的话题；斋月里在日出与日落之间不能吃喝等。佛教徒一般不吃荤，包括各种动物肉；戒酒等。

(二) 其他忌讳

世界不同国家、民族、地域的忌讳五花八门。譬如许多东方人忌数字 4，因为 4 与“死”同音；美国人忌讳 13，尤其忌讳 13 日又是星期五；穆斯林以及新加坡、马来西亚等国家忌黄色；使用筷子用餐的国家不可以用一双筷子来回传递，不能把筷子插在饭碗中间；在保加利亚、尼泊尔等一些国家，点头和摇头的意思与我们恰好相反，摇头表示赞赏，点头表示不同意等。

这些风俗习惯若不注意，会使人误以为对他们不尊重或闹出笑话。新到一个国家或初次参加活动，应多了解，多观察，不懂或不会做的事，可效仿别人。

练习题：

1. 观察、记录一次国家领导人会见外宾时的座次安排。
2. 国旗应如何悬挂？
3. 向西方人赠送礼品需要注意哪些方面？
4. 说一下你感兴趣的几个节日及节日应注意的礼仪。
5. 举几个涉外禁忌的事例。

参 考 文 献

1 田晓娜，杨猛，崔雪松．礼仪全书．北京：人民中国出版社，1998
2 黄荣生．公共关系学．大连：东北财经大学出版社，2000
3 马飞．商务礼仪规范手册．北京：金城出版社，2005
4 金正昆．商务礼仪．第2版．北京：北京大学出版社，2004
5 陈向军，周庆，刘宗主．商务谈判技术．武汉：武汉大学出版社，2004
6 杨眉．现代商务礼仪．大连：东北财经大学出版社，2000
7 麦迪．公关的101个误区．北京：企业管理出版社，2003
8 王黎云．演讲与口才．杭州：浙江大学出版社，2004
9 周彬琳．实用演讲与口才．大连：东北财经大学出版社，2000
10 马银春．口才训练与演讲艺术．北京：中国物资出版社，2005
11 李仲华．赢在口才：口才非天生，说话靠训练．福建：海峡文艺出版社，2005
12 陈龙海，韩庭卫．企业培训故事全书．深圳：海天出版社，2004
13 曾文旭．新管理赢家大事典Ⅰ：管理赢家技巧100则．广州：南方日报出版社，2003
14 吴唐青．MBA典型案例评析精华读本．合肥：安徽人民出版社，2002
15 金正昆．社交礼仪教程．第2版．北京：中国人民大学出版社，2005
16 韩平．市民礼仪．北京：中国社会出版社，2005
17 张文．生活礼仪．广州：华南理工大学出版社，2004
18 李兴国．市民文明礼仪读本．北京：北京出版社出版集团、北京出版社，2005
19 关彤．社交礼仪．第2版．海口：南海出版社，2003
20 韩英．现代社交礼仪．第2版．青岛：青岛出版社，2005
21 袁革．社交礼仪与口才．北京：中国商业出版社，1995

全国医药中等职业技术学校教材可供书目

	书　名	书　号	主　编	主　审	定　价
1	中医学基础	7876	石　磊	刘笑非	16.00
2	中药与方剂	7893	张晓瑞	范　颖	23.00
3	药用植物基础	7910	秦泽平	初　敏	25.00
4	中药化学基础	7997	张　梅	杜芳麓	18.00
5	中药炮制技术	7861	李松涛	孙秀梅	26.00
6	中药鉴定技术	7986	吕　薇	潘力佳	28.00
7	中药调剂技术	7894	阎　萍	李广庆	16.00
8	中药制剂技术	8001	张　杰	陈　祥	21.00
9	中药制剂分析技术	8040	陶定阑	朱品业	23.00
10	无机化学基础	7332	陈　艳	黄　如	22.00
11	有机化学基础	7999	梁绮思	党丽娟	24.00
12	药物化学基础	8043	叶云华	张春桃	23.00
13	生物化学	7333	王建新	苏怀德	20.00
14	仪器分析	7334	齐宗韶	胡家炽	26.00
15	药用化学基础(一)(第二版)	04538	常光萍	侯秀峰	22.00
16	药用化学基础(二)	7993	陈　蓉	宋丹青	24.00
17	药物分析技术	7336	霍燕兰	何铭新	30.00
18	药品生物测定技术	7338	汪穗福	张新妹	29.00
19	化学制药工艺	7978	金学平	张　珩	18.00
20	现代生物制药技术	7337	劳文艳	李　津	28.00
21	药品储存与养护技术	7860	夏鸿林	徐荣周	22.00
22	职业生涯规划(第二版)	04539	陆祖庆	陆国民	20.00
23	药事法规与管理(第二版)	04879	左淑芬	苏怀德	28.00
24	医药会计实务(第二版)	06017	董桂真	胡仁昱	15.00
25	药学信息检索技术	8066	周淑琴	苏怀德	20.00
26	药学基础	8865	潘　雪	苏怀德	21.00
27	药用医学基础(第二版)	05530	赵统臣	苏怀德	39.00
28	公关礼仪	9019	陈世伟	李松涛	23.00
29	药用微生物基础	8917	林　勇	黄武军	22.00
30	医药市场营销	9134	杨文章	杨　悦	20.00
31	生物学基础	9016	赵　军	苏怀德	25.00
32	药物制剂技术	8908	刘娇娥	罗杰英	36.00
33	药品购销实务	8387	张　蕾	吴闿云	23.00
34	医药职业道德	00054	谢淑俊	苏怀德	15.00
35	药品 GMP 实务	03810	范松华	文　彬	24.00
36	固体制剂技术	03760	熊野娟	孙忠达	27.00
37	液体制剂技术	03746	孙彤伟	张玉莲	25.00
38	半固体及其他制剂技术	03781	温博栋	王建平	20.00
39	医药商品采购	05231	陆国民	徐　东	25.00
40	药店零售技术	05161	苏兰宜	陈云鹏	26.00
41	医药商品销售	05602	王冬丽	陈军力	29.00
42	药品检验技术	05879	顾　平	董　政	29.00
43	药品服务英语	06297	侯居左	苏怀德	20.00
44	全国医药中等职业技术教育专业技能标准	6282	全国医药职业技术教育研究会		8.00

欲订购上述教材，请联系我社发行部：010-64519684，010-64518888

如果您需要了解详细的信息，欢迎登录我社网站：www.cip.com.cn